本书的出版得到
国家重点文物保护专项补助经费资助

庆祝宁夏文物考古研究所成立三十周年

宁夏文物考古研究所丛刊之三十三

西夏宏佛塔

上

宁夏文物考古研究所　编著

文物出版社

北京·2017

图书在版编目（CIP）数据

西夏宏佛塔/宁夏文物考古研究所编著．—北京：文物
出版社，2017.10

ISBN　978-7-5010-4797-0

Ⅰ.①西…　Ⅱ.①宁…　Ⅲ.①　佛塔－介绍－贺兰县
Ⅳ.①K928.75

中国版本图书馆CIP数据核字（2016）第237208号

西夏宏佛塔

编　　著　宁夏文物考古研究所
责任编辑　王　戈
封面设计　周小玮
责任印制　陈　杰
出版发行　文物出版社
地　　址　北京市东直门内北小街2号楼
　　　　　邮政编码　100007
　　　　　http：//www.wenwu.com
　　　　　E-mail：web@wenwu.com

制版印刷　鑫艺佳利（天津）印刷有限公司
经　　销　新华书店
开　　本　889×1194　1/16
印　　张　43.25
版　　次　2017年10月第1版第1次印刷
书　　号　ISBN　978-7-5010-4797-0
定　　价　880.00元（上、下册）

HONG OF PAGODA

I

The Institute Of Archaeology And Cultural Relics Of

Ningxia Hui Autonomous Region

Cultural Relics Press

Beijing · 2017

目　录

插图目录

附图目录

图版目录

前 言

　　银川地区保存下来的佛塔较多，在国家文物局的大力支持下，经20世纪八九十年代古建筑抢险加固维修，发现其中6座属西夏时期始建的佛教建筑遗存。这一发现填补了西夏建筑考古和文物考古的许多空白。西夏佛塔及其寺院遗址和出土物，包含大量西夏佛教建筑的文化信息，为研究西夏王朝的历史提供了丰富的实物资料。银川市城区东北郊的西夏宏佛塔天宫出土遗物，被文物考古界和新闻媒体评为"1990年全国十大考古新发现"之一，是西夏考古史上，继国外探险队在内蒙古自治区额济纳旗西夏黑水城古塔内发现大量西夏遗物之后的又一重大发现。西夏宏佛塔完整保存了西夏佛塔的构造特点，成为研究西夏佛寺塔庙建筑不可多得的第一手实物资料。文字不是历史的唯一载体，一座佛塔，一处寺院，一尊造像，一幅佛画，一块西夏文雕版，都是历史的无言述说者。它以古朴苍凉的面容，向世人展示着曾被尘封的传奇，见证着王朝的兴衰和历史的演进。

一

　　在唐末藩镇割据的纷争中，夏州拓跋政权接受中原汉唐先进文化，向西开拓发展，以河套与贺兰山河西地区为中心，渐而掌控丝路古道方圆两万余里，并于1038年建国，国号"大夏"，定都兴庆府（今宁夏银川）。西夏先与北宋和辽，后与金和南宋鼎足而立190年，直至1227年（南宋理宗宝庆三年），为崛起的成吉思汗蒙古军所灭。

　　西夏是古代史家和汉文典籍对党项贵族拓跋氏，以兴庆府为中心建立割据政权的称谓。叛宋称帝的李元昊用党项语自称"邦泥定"国，汉译意为"大白上国"。该政权是以党项贵族为统治者的各民族联合政权，境内的主体民族有党项各部、回鹘各部、吐蕃各部、契丹各部和定居的汉族。伴随着封建王朝的建立和社会文明的进程，体现这一群体的伦理思想、思维方式、价值观念、民族性格、宗教情感、审美情趣的西夏建筑，始于立国前的夏州政权时期，盛行于大夏立国之初，贯穿于整个王朝的始终。西夏官式建筑大都毁弃于蒙古兵灭西夏的战火中，但其独具特色的建筑文化，被蒙元吸收改造。诚如我国著名建筑学宗师、古建专家梁思成先生所说："建筑之规模、形体、工程、艺术之嬗递演变，乃其民族特殊文化兴衰潮汐之映影。"文化是建筑发展的决定因素，也是建筑深蕴的内涵。其外在的艺术，或称之为审美的表现，则是风格。风格的确立，是艺术趋向成熟的标志，而建筑则是文化的载体和风格的物化体现。西夏党项人在与周边各民族的交往互动中，学习、借鉴、吸收了各民族传统文化中有益成分，在实现民族自强与发展进步的同时，首先继承和传承发展了华夏的建筑文化，并将各民族、各地区的建筑文化元素引入该地区，结合自身的情况及自然条件与生态环境，加以糅合创新，构建出本民族的建筑体系，并深刻影响着元明清三代和蒙古人、女真人、藏人的文化与传承。

塔的修造起源于印度，东汉时传入中国，后与中国本土文化相融合。其盛行于南北朝，发展于隋唐，创新于宋元，繁荣于明清。按照建筑类型与装饰特色，学术界将终唐以前的古塔定为第一期。第一期古塔以方形密檐式塔、亭阁式塔、楼阁式塔为主要形式，而且密檐式塔多于楼阁式塔。隋唐时期木构楼阁塔渐为砖石仿木塔所取代，以砖石塔为多，木土塔较少。此期是中国古塔的形成发展期。五代十国、宋、辽、西夏、金塔为第二期。第二期古塔以八角形楼阁式塔和八角密檐式塔为主要形式，亭式塔逐渐减少，并出现了一些楼阁式与密檐式及亭式塔相结合的变体式复合塔——花塔。覆钵式塔先在卫藏地区生成，后陆续在西夏、辽、金统治的地域出现，并与楼阁式塔相结合，创新为复合式变体塔[1]。此期是中国古塔的繁荣创新发展期。元、明、清的古塔为第三期。第三期古塔，除楼阁式塔外，覆钵式塔和金刚宝座式塔与过街式塔在内地也有了很大发展，尤其是在北方和西部地区，数量逐渐增多，成为藏传佛教的建筑文化符号。这一期密檐式塔逐渐绝迹，楼阁式塔的宗教功能淡化，世俗功能增大，演变成风水塔，成为标志性建筑，更为华丽壮观。

党项人在从青藏高原东麓向内地迁徙的过程中，逐水草，住毡帐，沿途所经均是佛教盛行之地。他们效法汉、吐谷浑、契丹、回鹘、藏等民族，将信奉佛教当作本民族的精神慰藉与追求。在建造王朝都城、宫室、署衙时，他们也不断修建佛寺、塔庙。

据历年文物普查与重点文物维修和考古勘察，西夏重修和构筑的佛塔保存至今的砖木混构与土砖塔有24处，单体数量达200座。

---

[1]　张驭寰、罗哲文《中国古塔精萃》，科学出版社，1988年，第37~40、49页。

西夏重修和构筑的砖塔（5处，7座）

名称与类型	所在地	备注
拜寺沟十三级密檐式实心方塔	宁夏银川贺兰山	20世纪90年代初被盗宝人炸毁
拜寺口十三级密檐式空心双塔	宁夏贺兰	两塔造型、体量不同
宏佛塔八角楼阁与覆钵式复合变体塔	宁夏贺兰潘昶乡	落架修复
康济寺十三级密檐式空心砖塔	宁夏同心韦州古城内	在城内北侧还有一覆钵式砖塔
圣容寺南北七级密檐式方砖塔	甘肃永昌	

西夏构筑的土塔与土塔遗址（5处，约200座）

名称与类型	所在地	备注
一百零八塔覆钵式土砖塔	宁夏青铜峡口	除塔群外，邻西还曾有3座塔
塔林遗址覆钵式土砖塔	宁夏拜寺口双塔庙院	62座
土塔群覆钵式土塔	甘肃敦煌莫高窟前党河两岸	20余座
土塔群覆钵式土塔	内蒙古额济纳旗黑水城与绿城一带	10余座

西夏塔址遗迹与在塔址上后代重修的砖塔（7处，6座）

名称与类型	所在地	备注
承天寺八角十一级楼阁式砖塔	宁夏银川兴庆区	清嘉庆年重修
海宝寺"亚"字九级楼阁式砖塔	宁夏银川兴庆区	清乾隆年重修
田州六角七级楼阁式砖塔	宁夏平罗姚伏镇	清康熙年重修
永寿八角十一级楼阁式砖塔	宁夏中宁鸣沙安庆寺址内	明隆庆年重修
寿佛寺"亚"字五级楼阁式砖塔	宁夏石嘴山武当山	清康熙年重修
金刚宝座弥陀千佛砖塔	甘肃张掖大佛寺内	元代重修
重修护国寺感通塔（方砖木塔）	甘肃武威大云寺内	塔毁，存修塔西夏文、汉文碑

西夏石刻塔（3处，60余座）和受西夏后期影响的蒙元石刻塔（4处）

名称与类型	所在地	备注
崖刻石塔	宁夏石嘴山贺兰山大武口沟口	2处7座
石刻线画塔	内蒙古阿拉善右旗曼德拉山岩画石上	2座
崖刻石塔群	甘肃永昌金川西村龙首山断崖上	50余座
西夏遗风石刻塔	甘肃张掖马蹄寺石窟千佛洞北崖面塔龛群、甘肃永靖炳灵寺石窟塔龛、宁夏固原须弥山石窟、内蒙古鄂托克旗阿尔寨石窟	4处

　　另外，西夏陵区陵塔遗存近百处，其中帝王陵园内9座陵塔，陪葬墓园中幸存上百座墓塔。

　　运用考古类型学方法，结合中国古塔类型与分期研究和各类遗存实例，对西夏佛塔遗存和遗迹进行梳理，发现其中包含了各种类型的佛塔。依塔体平面划分，有方形、八边形、六边形、多边"亚"字形、圆形；以外形划分，有楼阁式、密檐式、亭阁式、叠涩式、覆钵式、金刚宝座式、花塔式、复合变体式；依建筑材料划分，有木构塔、砖木混构塔、砖塔、石塔、土塔、陶塔；按内部构筑方式区分，有空筒式塔、实心塔，有塔心室塔，有地宫塔、有天宫塔，有塔心柱塔、无塔心柱塔，有楼梯可登临塔、无楼梯塔等。其类型与构造比同时代宋塔、辽塔、金塔、吐蕃与回鹘塔繁复多变。宿白先生将西夏佛塔归类，分为七型十式，并绘制了西夏佛塔类型示意图，提出对其遗存实例的分期见解，引领西夏佛教建筑研究进入全新领域[2]。此类西夏佛教建筑遗存，大多都经后代重修、重建而保持原建风貌和筑体的佛塔，特别是大型砖塔，仅存5处6座。位于西夏都城兴庆府近郊的贺兰宏佛塔，是目前发现的唯一一座仿木构八角楼阁式与十字折角座覆钵式相结合的复合变体砖塔，凝聚和保存了西夏佛塔建修历史的诸多信息与建筑语言。

[2]　宿白《西夏古塔的类型》，《中国古建筑·西夏佛塔》，文物出版社，1995年，1～15页。

西夏佛塔类型示意表

期　型	I	II	III	IV	V	VI	A	B	C	D
							VII			

　　宁夏各类文博机构于20世纪80年代相继成立，但当时古建筑与文物修复技术人才极度匮乏，地方财政困难。时值自治区文物主管部门抢抓国家文物局和中国文物保护科学技术研究所（1990年改名中国文物研究所，2007年更名为中国文化遗产研究院，下文皆同）大力支持与帮扶的机遇，忙于策划组织抢修一批古塔、寺庙和出土遗物，对于维修的古建筑与石窟寺相关报告，未能及时组织整理编写，仅在维修工程竣工后，整理发表了一部分加固维修简报，在《文物》月刊上发表。

二

　　宏佛塔勘测维修保护历时五年，是宁夏境内全国重点文物保护单位中，耗时最长、收获最大的一项古建筑抢救性维修保护工程，也是西夏古迹中最大的一项修缮保护工程。此项维修保护工程顺利完工，是西夏文物抢救保护工作的重大收获。

　　国家文物局和自治区文化厅对此项工程高度重视，原国家文物局局长吕济民、张德勤和业务处室主管领导罗哲文、朱长龄、郭旃、杨烈都曾亲临现场，与自治区文化厅和文物管理委员会负责人共同审定工程方案，并委派古建与文保专家祁英涛、姜怀英、杨玉柱、于倬云、傅连兴、黄克忠等，多次亲临勘测维修现场，指导地方主管部门会同专家拟定抢修保护和施工设计方案，并帮助地方主管部门组织勘测和拆卸维修施工。

　　在拆卸维修过程中，发现大量残损西夏文物，他们及时邀请文物专家宿白、俞伟超、王丹华、陈炳应、汤池、马世长、王军等指导抢救清理和文物鉴定与资料整理，随后又划拨文物加固修复和整理专项经费，聘请胡继高、王振江等进行文物修复工作，邀请王露、陈思禹、陈志安、薛玉尧等拍摄照片，并请敦煌研究院李其琼、关友惠等临摹出土的西夏绢画。同时，派文物保护科学技术研究所检测室人员提取朽木标本，进行碳十四数据检测，使该塔出土的珍贵西夏文物得以及时修复。而后将全部文物分类整理，编号登记，送至贺兰县当地文化局所属的文管所妥为保管。

　　宏佛塔的勘测与拆卸修复、出土遗物的清理与修复、文物的鉴定研究和资料记录整理，是一项系统工程。主持该维修工程和文物考古研究的雷润泽、于存海、何继英，怀着对民族文化遗产保护的强烈责任感和对西夏文物古迹的热爱，主动整理了当年保存的重点文物保护维修工程与出土遗物的记录资料。

　　本书的编写获国家文物局批准立项。

　　三位专家带领宁夏文物考古研究所相关专业人员组成编写小组，经过一年的奔波努力，将分散收藏在贺兰县文广局、西夏陵区博物馆、宁夏回族自治区博物馆的宏佛塔出土文物，进行分类整理、编号，并拍照、拓印、绘制线图，与当年勘测维修时的记录资料，集中整合梳理，编写报告。

第一章 宏佛塔所处的地理位置和生成环境

第一节 地理位置和自然与历史环境

一 地理位置

宏佛塔位于宁夏回族自治区银川市属贺兰县现今习岗镇王澄堡村（原属潘昶乡，后与习岗乡合并改为镇属地）东北500米的废寺内。寺塔位于东经106°24′，北纬34°24′，海拔高度1109米。该塔地处沟渠纵横、湖田相间的银川平原中部乡村田野中，东临河滩湖泊湿地，距黄河黄沙古渡5公里，西临汉代开凿的自流灌溉汉延渠1公里，西南距曾作为西夏都城的兴庆府遗址银川老城区15公里，南距掌政镇洼路村的西夏高台寺遗址约10公里，北距曾为西夏定州的平罗县姚伏镇西夏佛教建筑田州塔15公里，西距西夏拜寺口双塔30公里（图1）。

二 自然环境

银川平原位于河套平原的前部，西北有新生代隆起的贺兰山，东有黄河与鄂尔多斯古陆台地相隔，地处地质构造的断裂带。由于黄河至此地河道宽阔平缓，上游夹带大量泥沙和贺兰山冲积扇下泄的土石汇集，将断裂带逐渐填充，形成有大量河汊、漫滩与牛扼湖的冲积平原。地势西南高、东北低，地形由西南往东北倾斜。这里虽属温带大陆性气候的干旱地区，但因有黄河和贺兰山提供的丰富水源，加之日照时间长，昼夜温差大，土肥水美，适宜发展种植业和养殖业。自秦汉以来，中原农耕先民戍边屯垦，移民实边拓植，自上游峡口开河修渠，引黄河水自流灌溉，形成以水渠两侧为中心的农田与村庄。广阔的湖滩平原逐渐被开发为"塞北江南"的"鱼米之乡"，形成有建筑物和行政建置的定居地，成为通往北方草原和西域途中的一大绿洲。自古以来，北方草原上的游牧民族和黄土高原农耕民族在这里交往汇聚、迁徙定居。经北朝至隋唐数代

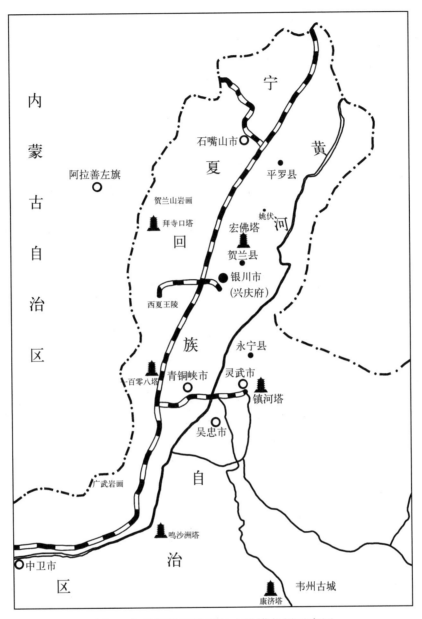

图1　宁夏贺兰王澄堡村宏佛塔位置示意图

王朝的经营，该地区逐渐成为西北地区粮草、果蔬、畜类的生产基地，开疆拓土、拱卫西北边地和关中的战略要地，丝绸之路灵州西域道和六城水陆转运地之枢纽。

宏佛塔选建在兴庆府东北郊渠田与湖泊相间的河滩上，正是凭借这里自然环境的优越和交通的便利。塔西南有农田供应粮油果蔬，塔东北系党项蕃部在河滩上放牧饲养畜类之地。随着社会发展，人口增长，新开挖的灌溉渠和排水沟增多，湖泊湿地减少，出现大片农田与村庄，生态环境发生重大变化（图2）。

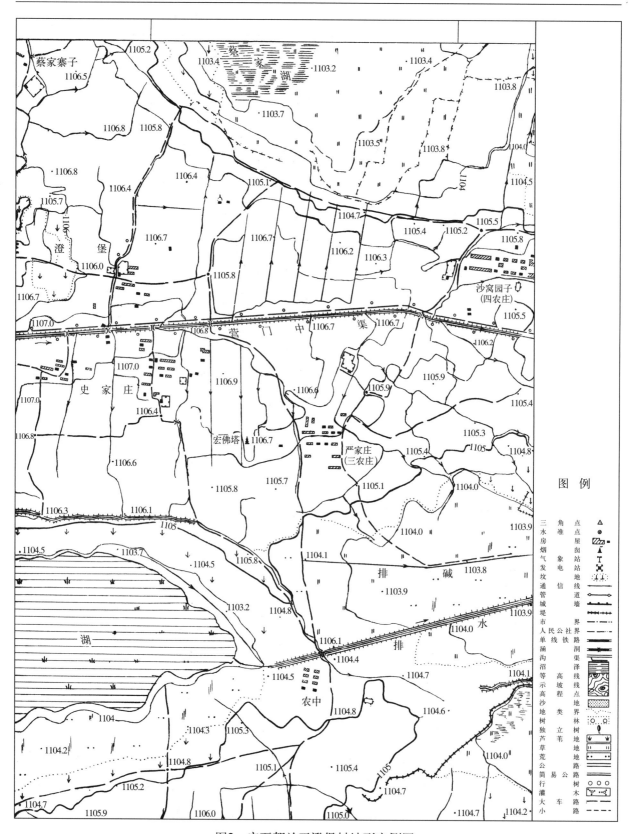

图2 宁夏贺兰王澄堡村地形实测图

三　历史背景

崛起于夏州的具有战略眼光的党项贵族，凭借的政治外交与军事手段，将统治中心从河套毛乌素沙漠南缘的夏州世袭领地西移。李继迁率部于1002年攻下灵州城，改称西平府。1004年，宋朝和契丹签订盟约，宋辽关系转变。继迁子德明于1005年，接受了宋朝提出的媾和条件。经过生息治理，德明占有比其前代祖先更为广阔的领土。他认为怀远镇"西北有贺兰之固，黄河绕其东南，西平为其障蔽，形势利便"，便筑城徙居，大建门阙、宫殿、宗庙、官署等，将怀远改称兴州，作为西夏的新都和立国的基地，图谋向河西发展。德明死，其子元昊代表以党项羌为首的藩族利益，开始筑坛制册称皇帝，设官制，尊崇佛法，兴建塔寺，制西夏文字，改行和汉族传统有别的礼乐制度。其政治目的在于增强民族意识，稳定部落联盟，建立各民族联合政权，加强统治力量，以便摆脱宋王朝的控制和影响，并通过宗教的影响，巩固政治地位。德明和元昊都通晓佛学，皆曾遣使到五台山敬佛供僧，并多次从宋朝带回卷帙繁复的《大藏经》。为王朝政治统治的需要，西夏历代统治者都倡导佛教，在境内各地修建塔寺，亲自迎请大德高僧，兴办讲经、译经的大法会，主持印施佛典等重大活动。除党项羌族，西夏还包括藏、契丹、回鹘等族。他们"衣皮毛，事畜牧，蓄性所便"，崇信万物有灵。唐代以后，在不断迁徙的过程中，又逐渐接受汉唐文明与佛教文化的熏陶。而西夏故地长期固守在河川各地的汉民，在西夏王朝人口中占有极大比重。在这样的社会环境下，建修塔寺，有广泛的民众基础。宏佛塔正是在这样的历史人文环境中产生。

第二节　宏佛塔是西夏王朝尊崇佛教文化的产物

一　西夏故地自古以来就是佛教盛行地

西夏故地自北朝以来就是佛教广泛传播的地区，相传东晋大夏国王赫连勃勃曾在此地修建佛寺塔庙。据《宋史》与《高僧传》《续高僧传》记载，五代时就有西行求取佛典的新罗、百济高僧，在灵州与贺兰山百草谷讲经作法，演绎佛经。西夏偏安于丝绸之路的北方，其北是崇佛的辽国，东与东南是崇佛的宋与金，西南与西北是崇佛的吐蕃与回鹘。统治者为了树立起自己的政权形象，巩固统治，实现独立自强，与周边邻邦友好交往，需要大力崇佛敬佛，故在其统治中心和战略要地先后兴建、扩建塔寺。为迎赎《大藏经》，延请各方大德高僧，译释经典，弘扬佛法，提供必要的场地和处所，以彰显自己的政治形象与实力地位。西夏建造佛塔的历史经久不衰，与该王朝相始相终。

二　西夏建修佛寺塔庙的金石文字记载

据《嘉靖宁夏新志》中《大夏国葬舍利碣》录文载，西夏立国（1038）前两个月，西夏"大庆三年八月十日"开国皇帝李元昊曾在兴庆府建"舍利连云塔"。清吴广成《西夏书事》十八卷载，西夏天授礼法延祚十年（1047），元昊又曾"于兴庆府东一十五里役民夫建高台寺及诸浮屠，俱高数十丈，贮中国所赐大藏经，广延回鹘僧居之，演绎经文，易为蕃字"。又据《嘉靖宁夏新志》中《夏国皇太后新建承天寺瘗佛顶骨舍利碑铭》载，"西夏天祐垂圣元年（1050），谅祚母后没藏氏在兴庆府"，"大崇精舍，中立浮屠"，起建承天寺，"顾命承天，册制临轩"，以保幼子登基，皇权永固。据《嘉靖宁夏新志》载，位于宁夏中宁县鸣沙州的安庆寺永寿塔"相传建于谅祚之时"。据宁夏贺兰山拜寺沟内方塔被罪犯炸毁后，发掘清理废墟时出土的塔柱木和发愿文木牌题记称，这座保存近千年的古塔为西夏惠宗大安元年（1075）皇帝、皇太后倡修重建。据武威保存的《凉州重修护国寺感通塔碑铭》汉文与西夏文记载，西夏天祐民安四年（1093）乾顺帝和梁太后发愿，动用大量人财物力重修凉州感通塔。第二年护国寺和这座七级浮屠完工时，立碑纪功，颂扬佛光灵应和皇帝与太后功德。据清钟庚起修纂的《甘州府志》卷十三载，西夏永安元年（1098）嵬咩思能国师主持在甘州修建迦什如来寺，并在寺中建弥陀千佛塔。永安二年，梁太后卒，崇宗乾顺"辄供佛，为母祈福"，贞观三年（1103）赐寺额"卧佛"，此即张掖卧佛寺的由来。这些记载中的佛塔都是西夏王朝的标志性建筑。

三　西夏故地幸存下来的西夏佛塔

西夏前四代有明确纪年和倡修人的七座佛塔，因地震和战乱已损毁无存，在原址上保存的承天寺塔、安庆寺永寿塔与卧佛寺金刚宝座塔，也是后代重修之物。而在西夏故地，据宁夏、甘肃、内蒙古与陕西等省文物普查和考古勘测，标注在《中国文物地图集》上各类形制的西夏佛塔，林林总总还有二百余座。其中以各类覆钵式土塔数量为多，但体量较小，结构简单。这是西夏中晚期各地军民信士，为摆脱战乱苦难，祈求佛祖和神灵保佑平安、慰藉恐慌心理而建，如青铜峡一百零八塔、拜寺口双塔院北覆钵式土塔群、河西地区各式土塔及黑水城等地众多覆钵式土塔。西夏帝王迎请回鹘和藏传佛教大德高僧，倡行藏传佛教之后，西夏后期各地土坯塔、砖石垒砌塔、石刻塔、灵骨塔林立。其形制庞杂，与西夏前中期皇室倡建的大型佛塔形成鲜明的对比，反映了西夏佛教建筑文化的普及和民俗化的进程。

据建筑遗迹和文献记载、题记文字分析，西夏高大的砖砌佛塔，如甘肃武威护国寺八角七级楼阁式感通塔、永昌圣容寺七级方形砖塔，宁夏贺兰山拜寺沟十三级密檐方砖塔、贺兰拜寺口八角十三级密檐式双塔、同心韦州西夏古城内康济寺八角十三级密檐式砖塔、贺兰王澄堡村宏佛塔，应是西夏早中期西夏皇室举王朝之力，为政治需求所建。有些塔是西夏后期仁宗皇帝、皇太后主持重修，晚期至蒙元间又多次重新粉装。这几处保存至今的佛塔，体现了西夏皇家佛塔的构造形制、建筑水平与装饰风格。塔内的装藏供奉物，则代表了西夏佛教造像、绘画和经籍印制极高的艺术水平和技艺，蕴含了西夏各代建塔、修塔、彩绘、粉装、装藏的历史沿革与信息，见证了西夏佛教传承创新发展的历史。其中以宏佛塔最具代表性和典型意义，从塔身的结构到造型，从建造到重修，从塔身遗迹到装藏物的种类，皆具有较高的艺术水平和研究价值。

第三节　宏佛塔被发现注录的认识过程

一　曾被遗忘的佛塔

西夏王朝被蒙古军攻灭后，许多建筑遭到毁弃。作为西夏皇家寺塔的宏佛塔，在斗转星移的历史进程中也逐渐被淡忘。文献与史志，均未见有只言片语的记载，更无文人墨客去寻古探幽。蒙古军攻灭西夏，西夏行政建制被废弃，蒙元大汗在中兴府始设"宁夏路"、"宁夏行省"，银川平原始有地名。明代在银川地区设置卫所，立宁夏府，在卫所堡寨的基础上，随后分设县，清代延续下来。宏佛塔寺所在地的王澄堡，西夏隶属兴庆府（中兴府），元代隶属宁夏路，明清隶属宁夏府管辖。1929年设立宁夏省，分置县时，隶属宁夏县，1945年才隶属新设贺兰县管辖。因历史和行政区划与陆路、水路码头的变迁，至20世纪五六十年代，宏佛塔寺已鲜为人知，这与声名在外的银川城内外的西塔（承天寺塔）和北塔（海宝塔）、灵武镇河塔、青铜峡一百零八塔、中宁鸣沙塔、平罗姚伏田州塔、永宁李俊塔，甚至中卫县的舟塔、恩和塔，形成鲜明的对比。1949年，宁夏省和平解放。宁夏回族自治区成立后，1963年审定公布第一批自治区文物保护单位时，因信息不畅，宏佛塔未被列入。直至20世纪80年代，按照国家文物局统一部署，开展全区文物普查时，宏佛塔才在贺兰县文化部门普查队调查时被发现，并登记在册。据走访王澄堡村得知，废弃寺庙遗址中的残塔，清代名为宏佛塔，乡民们俗称"王澄塔"[1]。

二　备受文物主管部门关注的佛塔

在全区文物普查中，注录登记的贺兰县潘昶乡王澄堡村附近荒野中的残塔，据当时调查人员推测认为是一座明代砖塔。此次发现得到自治区文物管理部门的重视。自治区文物管理委员会办公室在编制全区古建筑受损抢修规划时，聘请中国文物保护科学技术研究所高级工程师姜怀英、杨玉柱，在文物保护专业人员于存海等陪同下，亲临现场考察，认为这是一座时代早于明清、风格较为古朴的砖塔，但保存状况较差，应列入抢险加固维修计划之中。自治区文管会办公室1984年编制上报《全区古建筑受损抢救维修计划》，时任国家文物局局长的吕济民，在文物处郭旃陪同下，于1985年7月14日来到银川，现场视察了需要抢修的重点文物保护单位，并听取了自治区文化厅和文管会办公室的汇报，当年就计划安排，拨付古塔维修专项补助经费，及时支持地方开展抢险加固维修工作。中国文物保护科学技术研究所委派著名古建专家祁英涛，率领古建研究室主任崔兆忠、副主任李竹君及高级工程师梁超、孔祥祯，于1986年春来到银川，指导古塔维修工程。祁先生到贺兰宏佛塔现场勘察之后，当即就说，这座塔从结构造型与风格看，和京津冀地区的一些辽金塔相类似，应是同时代的构筑，在银川地区年代最为古老。看到塔身侵蚀劈裂及结构损伤的状况，诸位古建专家认为该塔抢险加固维修难度较大，建议认真研究抢救办法。

三　对宏佛塔建修史的认识

为了弄清该塔寺的历史沿革，自治区文物管理委员会办公室文物考古人员认真查阅文献与宁夏地方志的相关资料，在明代《宁夏志》卷一"（五）山川"条下有"三塔湖在城东北三十里"，卷十七"五卫"条下有"宁夏卫领堡寨十一……潘昶堡"，"左屯卫领屯堡十四……王澄堡（有仓场）"，卷三十一"景致"条下有"黄沙古渡，在王澄堡东，庆靖王朱㮮曾赋有诗文"等记载。归纳明代志书的记载，对宏佛塔寺所处王澄堡的历史地位和塔的建修，有了全新的了解。志书记载三塔湖的方位与宏佛塔寺址方位相合，说明这一带湖滩田地上曾有三座塔，

---

[1]　宁夏回族自治区文化厅文物处编《宁夏文物普查登记册》，1995年；国家文物局编《中国文物地图集·宁夏分册》（初稿本），1994年。

故该地湖泊被命名为"三塔湖"。王澄堡是明代之前和明初宁夏卫设置的一处仓储物资基地，地近黄河黄沙古渡口，说明该地曾是古代水陆交通的枢纽[2]。潘昶堡和王澄堡是前朝的仓储基地与驿站，明初庆靖王朱㮷就藩宁夏府时，曾到府城东的高台寺与城东北的王澄堡、三塔湖、黄沙古渡考察，并将此处古遗址与古遗迹作为宁夏八景之一，赋诗于府志之中。据研究宁夏交通史的鲁人勇实地考察，并对照古文献考证，王澄堡位于西夏通辽直道与通夏州道水陆两道的交汇处。辽亦是一个崇尚佛教的王朝，西夏向宋求取《大藏经》未果后，也曾向辽求取过"契丹藏"。西夏统治者为了崛起自立，曾三世与辽联姻（李继迁、李元昊、李乾顺续娶辽公主为妃）。据此分析，并由此结合宏佛塔构筑中辽文化元素的影响，西夏将宏佛塔寺选建在此地，与和辽抗宋的立国战略意图应有联系。

自治区文物主管部门，依据多名古建专家勘察结果，对照拜寺口双塔加固维修时的一些发现，并结合明代《宁夏志》提供的信息，初步认定，宏佛塔是西夏时期在兴庆府近郊（银川地区）修建的一座佛塔。该塔劈裂侵蚀状况较宁夏其他各地古塔更为严重，应及时将其列入抢救维修计划中，并作为重点工程项目，尽快实施抢救。

---

[2]　胡汝砺编、管律重修《嘉靖宁夏新志》，宁夏人民出版社，1982年，14、62、68、171页。

第二章   宏佛塔的勘测与维修

第一节   原始风貌与危状

一   塔院遗址与地面堆积

在1983年全区文物普查工作中发现宏佛塔后，自治区文物保护专业人员与古建专家曾于1984年赴现场进行复查。该塔当时耸立在王澄堡村东田野中的长方形灰土堆积的遗址内（图3、4；图版一～五）。塔院未被耕作扰动的灰土遗址，南北长约120米，东西宽约70米，灰土堆积较厚。残塔四周堆积较高，周围空地稀疏散布着簇状野草。灰土堆中，裸露出残砖断瓦。据当地村民讲："塔周围原有前大殿、后大殿、左右厢房及山门等建筑物。前、后大殿出檐，为大屋脊。前大殿面阔五间，后大殿比前大殿还大，两侧厢房为平房。前大殿内塑有观音菩萨像，两侧为护法力士像等。20世纪50年代，前、后大殿被拆，拆下的木料盖了贺兰县电影院。塔门前原有一口铁钟，钟上布满铭文，1958年大炼钢铁时被毁。"经洛阳文物工作队布方探查，原建寺庙建筑基址，埋在当代地表灰土之下1.4米处。以塔为中心，系有山门、前殿、后殿与配殿的三进院落，类似银川承天寺的平面布局。塔后寺院部分遗址后被扩复为耕地（图5）。塔院西北是古代开凿、沿用至今的汉延渠和肥沃的农田与村庄，东、南两侧是靠近黄河古渡较大的湖滩地，与古代地貌已有较大变化。

二   残危状况

孤立在寺址中的砖塔，残损严重。尤以第一层残破最甚，所砌的墙体自塔檐（包括塔门），几乎全部坍塌，包筑夯土墙亦风蚀塌落，成为堆积。楼阁式塔身各面均有不同程度的纵斜向劈裂，其中以东南壁面与西北壁面断裂较宽、较长、较深（图版六、七）。塔檐与檐角坍裂风化酥

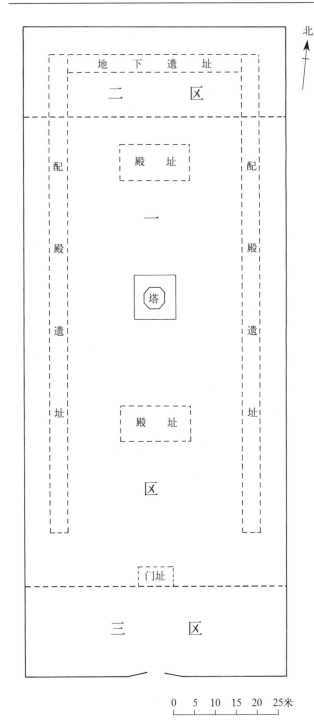

北

1. 一区系宏佛塔维修前塔区保留的遗址，遗址内虚线处系西夏地下建筑基址；
2. 二区系经钻探和挖沟发现的原寺遗址区，故将其后代复耕地征用在院内；
3. 三区系维修后划保护范围绕征用地。

图3　宏佛塔寺遗址平面示意图

图4　宏佛塔（1983年摄）

碱较严重，残塔下部塔身粉装灰泥皮和彩绘多有脱落。塔身上十字折角相轮座的覆钵式砖塔，相轮宝顶已坍毁，仅剩底层残迹。塔室内壁砌层砖多处有大面积剥落。塔身底部内外塌落堆积物较厚。

经初步勘察，由于元代以来自流灌溉的垦殖与农业开发，塔寺周围地面增高，地下水位上升，加之湿陷性黄土地下沉与地震等因素的影响，以及人为掏挖的损坏，塔的整体结构受到严重损伤，砌体出现裂变与倾斜，塔身生有青苔。

图5　塔院后北部试掘探沟

第二节　勘测维修的组织

　　宏佛塔的勘测维修是宁夏回族自治区境内古建筑实施抢救保护的重点工程，受到国家和自治区地方文物主管部门的重视。宁夏回族自治区文物管理委员会办公室依照1984年5月上报国家文物局的《宁夏濒危古塔抢险加固维修计划》，在1985年和1986年完成同心康济寺塔、中宁鸣沙永寿塔和贺兰山拜寺口双塔与永宁李俊多宝塔加固维修工程，取得古塔加固维修施工经验的基础上，对宏佛塔逐步实施勘测维修工程。该项工程获得国家文物局的鼎力支持和特别关注，中国文物保护科学技术研究所在工程的勘测设计、维修咨询指导，以及出土遗物的修复和检测方面，给予了大力支持和帮助。

一　勘测维修组织管理机构的建立与参与工作的人员

1986年10月15日，国家文物局文物处副处长朱长翎和高级工程师杨烈至银川，检查重点文物维修工程，并到贺兰宏佛塔现场勘察。回京与罗哲文处长商议后，决定支持宁夏文物管理部门，对该塔进行勘测后，议定维修事宜。为保障宏佛塔勘测维修工程有效实施和顺利进行，实行项目管理专人负责制，由自治区文化厅和文管办出面，于1987年与贺兰县人民政府协商，从区、县两级主管部门抽调专门人员，成立一个由主管领导与业务干部、专业技术人员组成的宏佛塔维修工程领导小组，下辖维修工程办公室，专门负责项目的组织管理和实施。领导小组组长由文化厅副厅长叶勃兼任，副组长由贺兰县人民政府副县长顾淑华兼任，成员包括自治区文管办主任雷润泽、贺兰县文化局局长王省方、中国文物保护科学技术研究所姜怀英。五人领导小组负责工程项目计划与方案的审定，以及各部门相关事务的协调与组织领导。1989年经领导小组研究决定，从区文管办和贺兰县文化局、文管所抽调人员，组成维修工程办公室，由雷润泽与王省方兼任正、副主任，主持勘测维修工程的实施，区文管办的于存海负责工程协调与文物保护技术的质量监督，区文管办会计马丁宝与贺兰县文管所何慧琴、张秀琴负责工程财务开支，县文化局欣希贤和文管办米自嘉、李全福负责工程后勤与工地采购。1990年春，工作人员基本到位，搭建工棚设施，清理场地、通电通水，着手开展工作[1]。参加拆卸维修工程与文物清理和修复工作的还有文博系统的何继英、张莉。

二　勘测维修工程协议与施工合同的签订

该项勘测维修工程由自治区文管会办公室委托文物保护科学技术研究所，聘请石窟室高级工程师姜怀英，负责完成宏佛塔的勘测与维修设计和施工的技术咨询与指导。

工程搭建勘测脚手架、搭建拆卸与维修施工的脚手架，以及拆卸施工和修复施工等工程，委托有丰富维修古塔经验的云南大理古塔维修队承担。按照国家文物局批准的勘测维修项目和工程预算与施工进程，由张祥队长与维修工程办公室负责人，依次签订施工协议与合同，各项工作有序展开。

为了保障维修砖塔时提供符合要求的替换和弥补残损的砌体砖料，维修工程办按照宏佛塔塔身不同型号、尺寸方砖与条砖的强度要求，委托县文化局寻找民间砖窑，预制砖坯，提前烧制修

---

[1]　宁夏文管会办公室编《宁夏文博事业发展纪事》，《宁夏文物》1999年第8期，60~65页。

塔用砖十万块。

出土文物的修复加固与检测，由自治区文管办与中国文物保护科学技术研究所研究室、实验室、检监室签订合同，依出土文物修复和标本采集的需要，送到所里分批次完成。

三 勘测与勘察设计过程

在搭建维修工程工作班子和签订各项协议的同时，云南大理古塔维修队开始搭建勘测脚手架。时任宏佛塔勘测设计与维修工程技术顾问的高级工程师姜怀英，于1987年6月下旬带领助手许言来到银川，在于存海的陪同下，前往贺兰县王澄堡村，攀上脚手架，对宏佛塔塔体进行测绘，绘制宏佛塔实测图，获取该塔体结构形制的第一手资料。

经与文管办会商后，提出该塔抢险加固维修的初步设计方案，并由文化厅文物处拟文于1987年8月呈报国家文物局。国家文物局审查了宁夏文化厅关于宏佛塔加固维修设计方案后，提出该塔劈裂损毁严重，整体结构松散变形倾斜，能否采取前几座塔圈梁加固的方案。为慎重起见，国家文物局文物处委派故宫博物院著名古建筑专家于倬云和古建筑高级工程师傅连兴，与姜怀英一同前往宏佛塔勘测现场，对塔体的残裂状况进行详细勘察。经勘察，他们认为该塔体结构劈裂倾斜，加固维修难度较大。依据塔体危状，建议先不急于加固维修施工，请勘测设计单位布设观测点，对塔体倾斜与劈裂进行跟踪测量记录，取得对比数据后，再拟定维修设计方案。

宁夏文管办按照上级主管部门的意见，由工程办王省方局长聘请县勘测大队，于1987年底在宏佛塔四面布设固定测量点，定期对塔体进行跟踪测量，并将测量数据记录在案，及时向工程办汇报。跟踪测量工作延续了近两年，观测记录数据证实，塔体向西北方向缓慢倾斜。1989年底，依据跟踪观测的数据和进一步勘察塔身裂变的状况，在姜怀英指导下，自治区文化厅与文管办重新拟定《加固维修宏佛塔施工设计方案》，于1990年2月12日，以文化厅宁文物字（1990）016号文，重新呈报国家文物局。

1990年4月下旬，银川地区连续发生两次3~4级的有感地震。据地震台网测定，震中在银川清河北街向东北贺兰县延伸的断裂带上。受这两次小震的影响，宏佛塔塔室内发生砌砖大面积剥落坍塌。勘测维修工程办现场人员及时将险情报告自治区文管办与文化厅文物处。文管办人员及时到现场察看后，将险情向国家文物局文物处进行电话汇报。国家文物局十分重视，及时派文物处高级工程师杨烈和中国文物研究所研究员黄克忠、姜怀英、杨玉柱等，于1990年6月初，到贺兰宏佛塔勘察该塔的病害与灾情。

专家现场察看后认为，该塔整体倾斜，结构断裂变形松散垮塌，采用设计的加固方案施工太危险，不能保证安全。经与领导小组与工程办会商后，指导文化厅制定《变更宏佛塔维修设计方案》，拟变更为拆卸修复，并于6月24日紧急上报国家文物局，获国家文物局批准后，领导小组召集会议，研究安全拆卸和文物资料的记录收集，责成维修工程办立即组织施工力量，精心做出妥善安排，拟于7月初开始进行拆卸工作[2]。

第三节　病害与维修方案的变更

宏佛塔被列入古塔抢险加固计划之初，与1985年加固维修的同心康济寺塔和中宁鸣沙塔残损糟朽状况类似。康济寺八角密檐式砖塔始建于西夏，明代增修塔身九级以上的四级与刹顶，嘉靖年间地震震毁后，万历年间复修。历四百余年风雨侵蚀和战乱损害，塔檐和刹顶酥碱剥蚀残损，塔身底层内外砌砖人为掏挖损伤严重。清代信士为了稳固塔身，在底层墙体掏挖损伤部位，以土坯草泥砌补，并塑护塔泥像，用夯土墙夯筑加以卫护。塔附近残状与宏佛塔类似。中宁鸣沙永寿塔，系明代在西夏前期修造的安庆寺址内，重修的一座八角楼阁式砖塔，后由于地震灾害，塔身上部六级被震毁，成为六级半残塔。其塔身稍有裂缝，塔檐酥碱糟朽。1986年加固维修的贺兰山拜寺口西夏八角密檐式砖塔，塔身有纵斜裂缝，塔檐与塔刹顶风蚀残损。其状况与宏佛塔也有相似之处。为测绘需要，1987年搭建过较为简单的勘测脚手架，塔下夯土墙堆积未清理，底层塔身结构的许多隐患、病害未被发现。出于抢险加固古迹的急切心理，依照前两年加固维修古塔的成功经验和加固维修设计与施工实践，编制在宏佛塔下部楼阁式塔身与塔檐上浇注钢筋水泥圈梁或用钢带锚固，进行加固修复的施工设计方案，低估了该塔的险情和病害。国家文物局文物处会同多位专家，考察研究了塔身内外危残状况后认为，该塔所处地质地貌环境与前两年加固维修的古塔不同，塔身结构性裂变较为严重，不能照搬前两年加固维修古塔的设计方案，要真正找出病害原因，采取稳妥有效的保护手段施工。借加固施工脚手架之机，试掘清理塔下夯土堆积，勘察塔身内外和底层夯土墙下的各种隐患，相关工程负责人员对塔体结构的损伤有了深刻认识。

（一）湿陷性黄土湖滩地水碱对塔体的浸蚀

宏佛塔坐落在湿陷性黄土地的银川平原湖滩水系农田间，自流灌溉携带大量泥沙淤积，使周围农田地面逐年增高，塔身底层日渐没入地下，常年受地下水往复冻化的浸蚀，塔基软化。盐碱结晶物浸透塔身底层，促使砖体酥脆风化，结构松动，这是造成宏佛塔塔身劈裂倾斜的主因之

[2]　宁夏文管会办公室编《宁夏文博事业发展纪事》，《宁夏文物》1999年第8期，60~65页。

一。之前加固维修的拜寺口双塔和韦州康济寺塔、一百零八塔，均建在岩层堆积的地表上，地层密实，承载力强，故未受水碱浸蚀和沉降之影响。地基构造不同，构筑物的稳定性亦不同，这是加固维修必须考虑的前提。

（二）宏佛塔处在构造断裂带上

据宁夏地质与地震部门长期勘探观测与调查研究获取的信息资料可知，银川市城区沿明清古城墙东侧，有一自永宁县望远镇向东北贺兰县延伸的构造断裂带，地壳内部变动，引发该地区历史上多次发生重大的地震灾害。据记载，西夏时期曾发生过两次对兴庆府与周边建筑造成严重毁坏的地震，元明时期先后发生过三次、清代发生过两次、民国时期发生过一次，银川平原各地多座古塔被震毁。而有感地震亦经常发生，故地质构造对塔体的稳定与整体结构造成损伤是无法避免的。高大的银川承天寺塔和海宝塔清代毁于地震，就是最好的例证。宏佛塔可能是由于高度较低，才幸免垮塌残存至今。

（三）人为的损伤

宏佛塔在朝代更替的动乱中，塔体砖料被当地人掏挖挪作他用，致使塔身底层承重负荷失衡，造成不均匀沉降。加之碱水浸泡与地震冲击，塔身下层各面塔壁砌体整体断裂，塔身斜向劈裂与倾斜，导致整体结构松散走形，不适宜分层加筑钢砼圈梁。

综上所述，宏佛塔所处地理与地质环境、震灾和人为的掏挖损伤，纠集在一起互相作用，造成了该塔病害的形成和深层次结构的损伤。从拆卸塔身和清除后代加筑支护墙，看到塔身断裂残损的底层砌体遗迹，证实国家文物局批准变更方案为拆卸修复，是抢救保护这处西夏文化遗产适时做出的安全选择。

第四节　拆卸与修复施工

一　拆卸

（一）拆卸工作的准备

宏佛塔拆卸按照国家文物局1990年6月28日批复，由维修工程领导小组专门召开会议，按照古建筑维修施工的基本要求，就文物古迹的保护和施工过程中的人身安全，文物遗迹、遗物的记录与标本采集，进行周密部署与安排。维修工程办7月1日召开全体参与拆卸施工人员动员会，及时安排拆卸步骤、程序和操作方法，指定拆卸构件材料的码放地点和顺序，明确了甲、乙方及工作人员的具体分工和职责，及时购置和制作拆卸使用的工具、器材和文物标本采集保存的箱柜囊匣，并与电视台联系，派出摄像人员，届时来现场进行录像记录。在做好各项准备工作的同时，指挥云南大理古塔修缮队加固原搭建用于勘测的脚手架，并依照白族动土习俗，选择吉日开始自上而下逐层落架，人工拆卸。

（二）拆卸的过程

1990年7月初，在做好各项准备工作的基础上，维修工程领导小组向上海市文物管理委员会求援，聘请已办好调动手续返回上海的古建专业人员于存海，担任拆卸工作的技术监督和文保专员。在施工现场，他指导和监督云南大理古塔修缮队，从宏佛塔塔刹顶部残存两层相轮之上的塔砖堆积开始，由上往下逐层手工拆卸，并将拆卸下的砌砖逐层装筐，小心搬运，依序码放在塔的东侧院内，以备依序复位回砌时使用。拆卸宏佛塔塔身367层砌塔砖，落架施工耗时两月余，开挖清理塔基地基十余天。整个落架拆卸施工费时三个月，施工分三个工段依序相继进行。

1．上部十字折角座覆钵塔身的拆卸

宏佛塔塔身上部残高12.53米的覆钵塔，除刹顶相轮大部坍塌外，整个塔身砌筑体结构未受到裂变损伤和破坏，且是用黄泥浆满铺砌筑，外壁仅存粉装灰皮，无彩绘与附加装饰，逐层落架拆卸较为顺利。先清除了塔刹顶部完整的二层相轮之上坍塌的相轮残砖堆积，测量了相轮的直径后，往下逐层拆卸十字折角相轮座，测量了塔刹座的高度与上下底径，拍摄记录照片后，往下开始拆卸。在覆钵式塔带肩的圆形塔身上十字折角座下19层砌砖的中心，发现一长方孔。其上至刹座与相轮各层砌砖均为满铺，未发现中心有方孔。从19层继续往下拆卸至塔身砌体砖24层时，确定中心预留方孔为塔身上树立塔柱木的孔，并下延至29层砌体砖面。方孔见底时，发现有中心柱木落座在横梁木上的榫卯遗迹。拆卸提取横梁木及其朽木标本后，到32层砖中心位置处仍有一小孔。7月17日，继续往下逐层拆卸，发现塔身砌体中部砌筑成叠涩收分覆斗状方形槽室，即是建修塔身时设计构筑装藏供奉物与寺庙遗物的天宫。槽室口逐层拆卸打开后，暴露出丰富的装藏物，及时调派考古人员协助于存海进行清理，并做好记录工作。同时，请摄像人员来现场录制出土物清理工作现场，并对槽室进行勘察测绘。这一重大发现被及时上报自治区文物主管部门，文物部门指示工程办做好天宫出土物的清理与保管工作。在维修工程队的配合下，用了三天时间将文物全部安全转运到塔下工棚内的保管室，交由文物考古人员进行分类注录登记。槽室系用19层砖叠涩砌筑后上收封口，口上叠压塔柱木横梁。自50层槽室底塔身砌体又是逐层满铺的实体，当拆卸到60层砌体砖时，发现覆钵式塔带肩塔身下部和十字折角座中间，与下部楼阁式塔身八边形空筒塔心室相通，仅是往上叠涩收分于60层。覆钵式塔身拆卸于7月21日完成，从落架拆卸宏佛塔上部覆钵式砖塔130层砌体得知，这座覆钵式砖塔的内部结构，上半截刹座与相轮为实心，下半截塔身与塔座为有塔心室的空心，上半截砌砖满铺，中心未留塔柱木方孔，而其下塔身中心留有塔柱木孔和被压盖的塔柱木遗存，说明塔刹系损毁后二次增修，再未立塔柱木，仅为砖筑。

2．下部仿木构八角楼阁塔身的拆卸

宏佛塔下部三层八角楼阁式塔身，自下而上纵斜向劈裂的裂缝较多，每层塔檐与檐角酥碱损坏和闪裂部位也较多。塔体出现结构性损伤，拆卸完上部塔身后，增加了松散塔体的不稳定性，故施工的危险性亦增大。再加上塔身上装设有仿木构的砖雕斗栱、普柏枋额枋、栏杆、倚柱和叠涩砖檐与角木，每层塔身壁面均有彩绘和刻划的图案装饰。为了保存这些西夏建筑遗构和遗迹，留住历史的记忆，维修工程办专门召集施工队和参加维修清理工作人员会议，就拆卸八角楼阁塔身时做好拆卸安全和拍摄记录与装饰构件的拆卸安放保管，进行了具体部署，并于7月21日开始往下落架拆卸。上部覆钵式塔座是十字折角座，其平面与下部八角楼阁式塔身三层檐上平座阑额采用平面相契合的砌筑方法，内、外衔接处无其他差异。继续往下拆到135层砌塔砖时，发现在塔东北檐角和南檐角的砖面上，散置有北宋铜钱18枚；拆到129层塔檐砖面上，发现散置北宋铜钱2枚。这在拆卸塔身上部覆钵式塔砖面上未能见到，继续往下拆卸楼阁式塔身时，也未再见到此类散置物。落架拆卸第三、二层楼阁式塔身时，于存海详细记录和拍摄了塔身与塔檐建筑的各部位遗迹和构筑方法。第一层楼阁式塔身被后代夯筑的土墙与砌筑的支护体所掩埋，故只得将脚手架拆除后，先行发掘清理这些后代附加的构筑和堆积，再对发掘出来塔身底层各面的后代补砌加筑的支护遗构，进行勘测、解剖、拍照。当将其附加构筑拆除后，发现底层塔身四方八面砌体转角处与中间已多处整体断裂，内外壁面砖曾被人为掏挖拆毁，使塔身砌体严重受损，北面墙体最薄处仅存0.65米，并且塔身底层下部沉降，砌体被埋入当代地面水平之下1米余。残存的塔身底层砖，砌筑在方形夯土塔基之上，平地起塔，未发现有台座等构筑。八边形塔心室由南向甬道门与塔院相通，塔心室内外堆积中清理出土铜造像、石雕残头像、铁铎、西夏文木简等遗物。

3．塔基的发掘与清理

1990年8月20日完成塔身的拆卸之后，开始发掘清理塔身周围后代淤积增高的地面，发现西夏时期建塔时的夯土塔基为方形，四边略宽出塔身底层平面约0.5米。砖塔在方形夯基上平地起塔，与此前加固维修时发现的始建于西夏的同心韦州康济寺塔和贺兰山拜寺口西夏双塔的砌筑砖塔的方法相似，皆为平地起塔的同一建造佛塔的模式。因为夯土塔基中心是一疑似地宫的椭圆形灰坑，于是修缮队对塔基灰坑进行清理。同时，鉴于当代塔院地面增高的实际情况，按中国文物研究所修复该塔所做的施工设计方案，重新修复的宏佛塔需要将地平正负零提高1.5米，故决定亦对原有夯土塔基进行发掘清理。

发掘塔基时发现，塔基中心填埋的灰坑土质与夯土基四边外的纯净黄沙生土完全不同。灰坑呈不规则的椭圆形，从回填灰土的坑底清理出土10件泥塔模（俗称"擦擦"）。灰土坑是在夯筑的方形塔基中间挖掘而成，坑壁周围清楚显现出塔基夯筑时形成的三合土夯层和夯层中间瓦碴与瓷片的垫层。7层夯层，每层厚13～15厘米；6层垫层，每层厚6～8厘米。瓦碴中多见绿色建筑琉璃饰件的残片与残块，夯基之下为生黄沙土层。发掘清理完夯筑塔基后，按做钢砼基础的构筑方法，依照修复设计图纸与方案，于10月初开始，沿方形塔基坑底部，绑扎钢筋浇筑混凝土，重新构筑宏佛塔的塔基。重新修复宏佛塔时，构筑的钢砼塔基，在原夯土塔基坑的基础上增高了1.5米，使起塔的塔基比塔院周围地平略高出15厘米，便于制作塔身四周的散水台。依照国家文物局批复的拆卸修复方案，历时三个月的拆卸工程，有序完成。

二　复位修复

经过冬春之交的施工设计，材料与装设构件的定制，待加工复制西夏大方砖和长条砖出窑到位之后，在新筑钢砼塔基之上开始宏佛塔修复工程。修复施工始于1991年5月入夏之际，在维修工程办专业技术人员于存海指导和监督之下，按照修复施工设计图纸和最大限度利用原有构件材料及保留历史信息的施工要求，由古塔修缮队分两步进行操作实施。

（一）下部八角楼阁式砖塔的修复

为了准确把握西夏宏佛塔仿木构八角楼阁式塔构造形制的原始风貌与特色，依照实测图的数据尺寸，尽量利用原塔拆卸下的砖料，从塔基之上一层层圈砌复位起塔身，砌筑出塔壁墙体与塔心室和塔门，并尽量使用原有构件，在塔身底层上部修复出叠涩塔檐，在塔檐上下原位装置斗栱、阑额。同时，利用原有砖料复制雕作损毁的装饰构件，进行复位修补。为了增强稳固的整体结构，又在每层塔檐中加筑钢砼圈梁，隐蔽于出檐砖砌体内，然后继续按收分尺寸，逐层上砌复位装设斗栱、阑额、角木等构件，依序将三层八角楼阁式空筒塔身砌筑修复，并在每层塔檐角木上悬挂了复铸的铁铎。在下部塔身的修复施工中，尽量使用拆卸下的旧砖，减少使用补烧复制的新砖。

在考虑修复八角楼阁式塔身的过程中，维修工程领导小组和维修工程办与国家文物局业务主管部门和中国文物研究所文保专家反复商讨，塔身是否要粉装彩绘。专家普遍认为，原塔塔身的彩画、刻划因塔身裂变剥落损毁，图案漫漶不清，复原修复无法进行，应保持仿木构砖塔形制与风貌的清水壁面为宜，故未进行粉装彩画的修复设计和施工。

（二）上部覆钵式砖塔的修复

覆钵式砖塔的修复，是在三层八角楼阁式砖塔身上，依照实测图造型数据与尺寸和施工设计，依序在逐层、逐部位进行。首先修复了十字折角塔座，在塔座中间加筑钢砼圈梁后，依序砌筑带肩的覆钟形塔身，并在其上层加筑了钢砼圈梁，封护了八边空筒式塔心室，然后砌筑塔刹座。在砌筑十字折角塔刹座时，依照覆斗状槽室的原形与尺寸，在座中复位砌筑出方形槽室，在覆斗状梯形槽室中心位置焊装了金属制件的塔心柱，并将自治区文物管理委员会办公室与维修工程办公室刻制的宏佛塔维修工程记事碑和塔天宫出土的装藏物碎片，一并装放于修复的天宫槽室内。刹座与槽室砌筑完成后，依序在刹座上修复砌筑出一层层圆形束腰相轮体，并在轮中钢管顶端焊装设计制作的金属伞盖宝珠塔顶与避雷设施。

历时两个月的宏佛塔复位修复施工工程于1991年6月底完工。一座保持西夏仿木构八角楼阁式与十字折角座覆钵式构造形制的复合体砖塔，重新屹立在贺兰县王澄堡村西夏宏佛塔的原址上。

第三章 宏佛塔建筑结构

宏佛塔位于贺兰县王澄堡村东部田野中一处长方形灰土堆积遗址内，残高28.34米，由夯筑塔基、楼阁式塔身、覆钵式塔刹等部分构成（图6、7）。

根据宏佛塔的建筑结构、实际保存现状和装藏的珍贵遗物等因素，本章按塔身、塔刹、地基的序列编排。考虑到该塔为落架修复，故将修复前拍摄的不同角度的塔体、彩绘等照片尽量收入本报告中。

第一节 楼阁式塔身

宏佛塔楼阁式塔身直接砌筑在夯筑的塔基上。楼阁式塔身三层，八角形，砖砌，厚壁空心，通高15.81米（图版八）。塔身从下至上三层，三层的形制、建筑结构基本相同，尺寸由下到上逐渐收缩。每层塔身又分别由塔身、塔檐、仿木结构平座栏杆三部分组成。

一 楼阁式塔身第一层

楼阁式塔身第一层高5.31米，其中塔身高3.45米，塔檐高1.32米，檐下斗栱及阑额、普柏枋高0.54米。塔身下部平面直径10.7米，外边长4.5米；上部平面直径10.3米，外边长4.3米（图8）。

第一层塔身残毁严重，塔身下部1.35米的部分埋入现代地面以下，地面以上部分除一层塔身上部露出断断续续的塔檐、平座栏杆外，绝大部分被历代修补的砖墙、砖支护、夯土墙、黄土堆积及常年淤积的沙土、自然垃圾所掩埋。经过分段、由外到内对后代修补物的拆除，大致清楚了第一层塔身的建筑结构，除南面有一个塔门外，其余和第二、三层塔身结构基本相同。

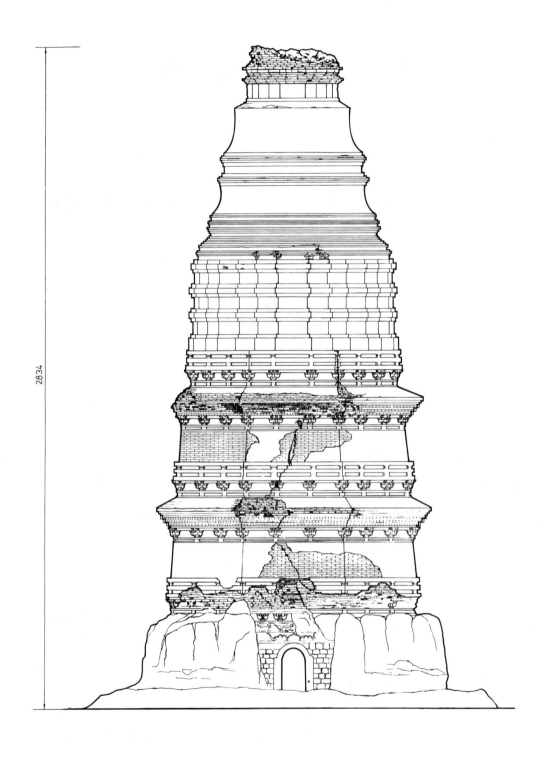

图6 宏佛塔立面图

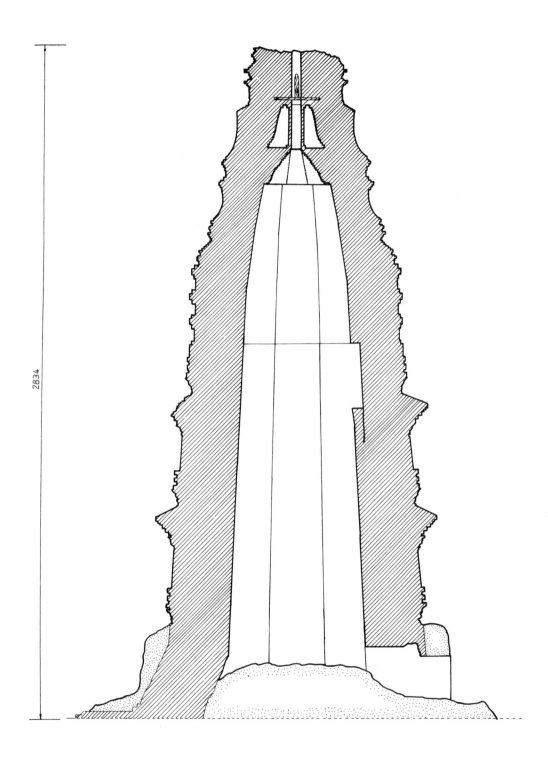

图7　宏佛塔剖面图

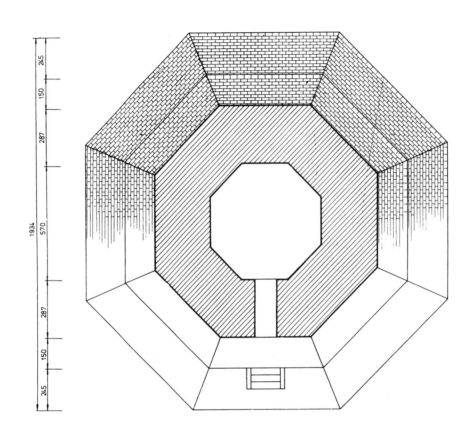

图8　宏佛塔第一层塔身平面图

　　从清理的残迹看，塔门上半部分经后代修复已形制不清，残留的下半部分成一过道，门两侧的砖墙残存砌砖25皮，残高1.35米。门宽约0.8米（图版九）。

　　埋在地面以下的塔身下半部分墙体砌砖多用沟纹方砖砌筑（图版一〇）。塔身砌砖内外剥落严重，少见完好壁面。南面墙体自一层塔檐以下，包括塔门几乎全部坍塌，北面墙体的厚度不足1米，最薄处仅剩0.65米，余下各面的厚度从1.2～2.1米不等。

　　保留在地面以上的一层塔身上半部分拆除历代补砌、加砌的塔门、砖墙、夯土墙、内外支护墙等。拆除历代修补支撑墙体后，露出残破不堪、摇摇欲坠、毫无支撑力的原塔身（图版一一～一六）。塔身上的斗栱、阑额、塔檐等严重损毁，从保留的残迹看，同塔身第二层建筑结构相同。

二　楼阁式塔身第二层

二层塔身高4.68米，其中斗栱、平座栏杆高1.4米，二层平座栏杆下的斗栱部分多已残损或被后期支撑墙掩埋，塔身高1.39米，塔檐高1.39米，斗栱及阑额、普柏枋高0.5米。塔身下部平面直径10.18米，外边长4.25米；上部平面直径10.04米，外边长4.12米，上下略有收分。塔身砖砌体厚2.65米。

二层塔身除外壁面表面白灰皮多脱落、墙体有裂缝、平座栏杆部分残毁、内壁砌砖局部脱落外，主体结构基本都存在。

二层塔身外壁面涂抹白灰泥，从残破处看，先后涂抹过两层（图版一七）。其作法是先于砖砌体表面抹一层厚约1厘米的黄泥，黄泥上再抹一层厚约0.5厘米的白灰泥。这是第一次涂抹的白灰皮层，灰泥表面留有红色彩绘的痕迹，可惜被第二次涂抹的白灰泥层所覆盖，已漫漶不清。第二层白灰皮直接抹在第一层白灰皮之上，厚0.5厘米左右，说明宏佛塔外壁面至少经过前后两次粉饰。第二层白灰皮上残存有刻线勾勒出的几何形棂窗、隔扇门等，线条纤细，多施绿色，亦见红色。

二层塔身上部用砖砌出仿木结构的普柏枋及柱子。柱高15厘米，宽11厘米，厚4.2厘米（图版一八）。普柏枋上承托砖雕斗栱。斗栱高34厘米，栱宽47厘米。栱上施红、绿彩绘。斗栱中有转角斗栱各一朵，柱头斗栱两朵，为一斗三升交麻叶式（图版一九、二〇）。

斗栱上承托塔檐，塔檐叠涩砖下出十皮，上收六皮，出檐78厘米（图版二一、二二）。其中下出的第三、五、七皮砖砌成菱角牙子（图版二三）。值得注意的是有数块砌成菱角牙子的条砖的一面模印忍冬卷草纹图案（图版二四、二五）。塔檐的叠涩砖全部用红、绿色勾边，菱角牙子施以红、绿、蓝三色。

第二层塔檐转角处皆装有木质角梁，维修前多已朽毁。残存的两根角梁为半圆柱形，其中一根直径9厘米，残长52厘米。

塔檐下的斗栱与斗栱之间的栱眼壁上原施有彩绘，现多模糊不清，尚可辨认的图案有用红、绿色绘出的花草纹及人物形象等。

二层塔檐下一斗栱间彩绘表面有后人刻写的"秦始皇"三字。彩绘纹饰已模糊不清，从断断续续的线条看，纹饰分为左、中、右三部分，中间不清，左右似为舞动的飞天（图版二六～二九）。

二层塔檐下一斗栱间彩绘表面有后人刻写的"丙寅年吾与王建□到此一游"等字样。彩绘纹饰模糊不清，仅留线条残迹。

二层塔檐下一斗栱间彩绘表面有后人刻"……今日……"等字样。彩绘为红、绿色，纹饰满铺，已模糊不清。

二层塔檐下一斗栱间彩绘表面有后人刻"古塔……"等字样。纹饰满铺，已模糊不清，仅留残迹，似为人、佛传故事图等。

二层塔檐下一斗栱间彩绘表面有"张林……"等字样，为1949年后所刻。纹饰满铺，已模糊不清，左右似各为一飞天等。

二层塔檐下一斗栱间彩绘表面有后人刻痕。纹饰满铺，已模糊不清，右上方似见人物上半身残迹。

二层塔檐下一斗栱间彩绘表面有后人刻痕。纹饰满铺，已模糊不清，左上方似有人物残迹。

二层塔檐下一斗栱间彩绘表面有后人刻"朱……到此一游"等字样。纹饰已模糊不清，似有人物残迹。

二层塔檐下一斗栱间彩绘表面有后人刻字。纹饰满铺，已模糊不清，似见人物残迹。

二层塔檐下一斗栱间彩绘表面边沿为红彩连弧粗线，内似为绿彩莲瓣纹。

二层塔檐下一斗栱间彩绘表面边沿为红彩连弧粗线，内似为绿彩花草纹。

二层塔檐下一斗栱间彩绘表面有后人刻"刘晓峰"等字样。纹饰满铺，已模糊不清。

三　楼阁式塔身第三层

三层塔身高4.39米，其中斗栱、平座栏杆高1.4米，塔身高1.23米，塔檐高1.3米，塔檐下斗栱和普柏枋高0.48米。塔身下部平面直径9.2米，外边长3.85米；上部平面直径9.11米，外边长3.77米。塔身砖砌体厚2.6米，出檐0.85米（图9）。

第三层塔身的结构、装饰、彩绘与第二层塔身基本相同。塔身壁面白灰皮局部脱落。从脱落处看，白灰皮同第二层塔身一样，亦有两层，表层白灰皮上留有划刻的横、竖线条等，线条横平竖直。如在第三层塔身东面灰皮脱落部位露出两层白灰泥，第一层白灰泥表面原有彩绘，已漫漶不清；第二层白灰皮上亦有彩绘痕迹，似红色，也已磨损不清（图版三〇）。

在第三层塔身南壁面白灰皮上，从上到下划刻一道竖线，左上方见划刻的方格纹（图版三一）。

第三层塔身西北面左下角白灰皮脱落，断面可见白灰皮内、外两层，第一层白灰皮上有黑色痕迹；第二层西北壁面从上到下划刻十道等距离横线，从右到左刻数道竖线，其中右边的两

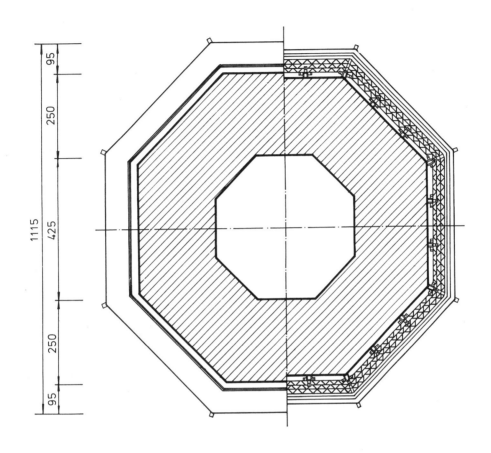

图9　宏佛塔第三层塔身平面图

道较清晰，其余断断续续。划线内有彩绘痕迹，似为朱红色，可惜多磨损不清（图版三二）。第三层塔身之上的塔檐、斗栱和平座栏杆等，形式与第二层塔身斗栱、平座栏杆几乎完全相同（图版三三、三四）。

第三层一斗栱上的白灰皮多脱落，保留部分可清晰看出两层白灰皮，表层白灰皮上有红色彩绘（图版三五）。

在第三层塔檐下斗栱间的栱眼壁上亦可清晰看出内、外两层白灰皮，第一层上有红色彩绘，第二层上亦见红色（图版三六）。

第三层塔檐下斗栱间的栱眼壁面同第二层一样，亦有彩绘。

第三层塔檐下一栱眼壁上彩绘三个圆形图像，圆形上出两犄角。圆形内绘钱币（图版三七）。

第三层塔檐下南面东栱眼壁面彩绘，上部见红色边框，似莲瓣形。内白灰皮表面有似彩绘，笔画较粗，线条流畅（图版三八）。

第三层塔檐下南面西斗栱间的彩绘，上部见红色边框，似莲瓣形。第一层白灰皮表面似有彩绘。值得注意的是中间偏左似为一人像，彩绘褪色，露出白描底像，应是先用线描出轮廓，再上色。笔画较粗，线条流畅（图版三九~四三）。

第三层塔檐下西南面南斗栱间彩绘，上部见红色边框，似莲瓣形。第一层白灰皮表面似有彩绘，已漫漶不清，笔画较粗，线条流畅（图版四四）。

第三层塔檐下西南面西斗栱间彩绘，上部见红色边框，似莲瓣形。内白灰皮表面似有彩绘，已漫漶不清，线条流畅（图版四五）。

第三层塔檐下西面南栱眼壁面彩绘，上部见红色边框，似莲瓣形。内白灰皮表面似有彩绘，已漫漶不清，线条较粗且流畅（图版四六）。

第三层塔檐下东南面南斗栱间彩绘，上部见红色边框，似莲瓣形。内白灰皮表面似有彩绘，已漫漶不清。

三层平座下的斗栱形制、尺寸同塔檐下的斗栱基本相同（图版四七）。栱眼壁上亦有彩绘。

三层平座下一斗栱间尚可辨兰草之类植物花草（图版四八）。

三层平座下一斗栱间彩绘，尚可看清左侧似一持荷童子。童子侧身直立，面朝内，手执莲枝，莲花从左肩至身后盛开。右侧从痕迹看似为一禽鸟。

三层平座下一斗栱间彩绘，左侧似为树木之类，右侧漫漶不清（图版四九）。

第三层塔檐之上有仿木结构的斗栱和平座栏杆，斗栱、平座栏杆高1.38米。栱眼壁面上亦有彩绘，多磨损不清。

第三层塔檐上一斗栱栱眼壁面上尚可辨有兰草之类植物，与三层平座下斗栱间彩绘兰草大同小异（图版五〇）。

第三层塔檐上一斗栱栱眼壁面上中间似有一圆形图像，左、右两侧似为花草之类（图版五一）。

第三层塔檐上一斗栱栱眼壁面上彩绘树木花草之类（图版五二）。

第二节　覆钵塔塔刹及天宫

三层楼阁式塔身以上是一座完整的十字折角覆钵式塔。覆钵塔残高13.96米，亦由塔座、塔身、塔刹三部分构成（图版五三）。

一　覆钵式塔塔座

塔座高6.93米，由三部分组成。上部为圆形束腰，高1.86米，底部直径7.36米。其下为高3.64米、底部直径8.57米的十字折角形基座。基座下为仿木结构的平座栏杆，高1.43米，平面采取十字向内折二角的形式，往上逐渐收缩（图10）。

二　覆钵式塔塔刹

塔身之上砌十字折角刹座，刹座高1.27米，底部平面直径3.65米，刹座形制与覆钵式塔塔座相同。刹座上为圆筒形束腰和相轮。相轮残存两层，残高1.39米。两层相轮以上残缺，刹顶形制不清（图版五四）。

三　覆钵式塔塔身及天宫

十字折角覆钵式塔塔座上砌带肩覆钟形塔身，塔身底部平面直径6.56米，高4.37米。塔身遍施白灰泥皮，稍有局部剥落，未发现彩绘与刻划纹饰。塔身内砌筑装藏供奉品的天宫。

天宫砌筑在覆钵式塔塔身内。落架拆卸时，在覆钵式塔塔身上部的第19层砌砖层中心，发现一个长方孔，而其上的第1～18层砖全部是满铺。长方孔长32厘米，宽23厘米，四边各铺一块砖，长边铺条砖，宽边铺方砖，形成孔边沿。边沿砖同周围砌砖呈45度。孔内填满碎泥块等（图版五五）。

掏出长方孔内填塞的碎泥块，往下约10厘米处，发现朽木，继续往下掏，至砌砖第24层，确认朽木为竖立的塔中心柱木。中心柱木残长70厘米，直径13厘米（图版五六、五七）。至第29层砌砖时，中心柱木到底，又露出一方孔（图版五八）。

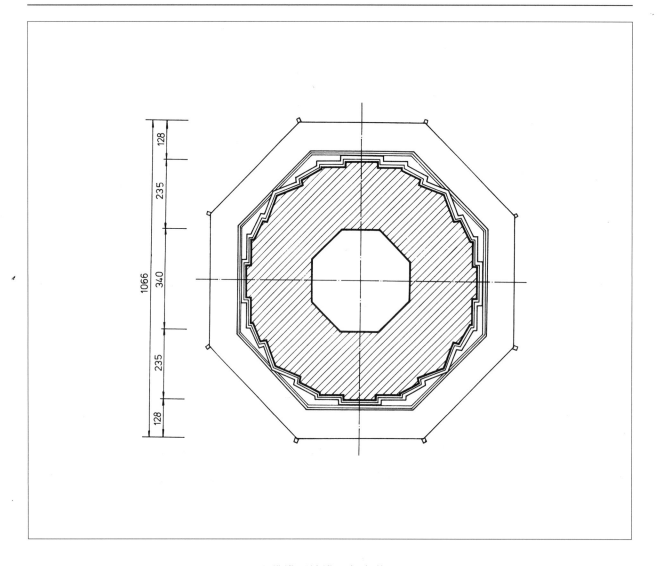

图10 宏佛塔覆钵塔上折角基座平面图

拔起中心柱木，发现中心柱木底端的方孔用一块厚木板遮盖，木板长条形，长183厘米，宽32厘米，厚9厘米。此木板应该是放置中心柱的横梁木（图版五九、六○）。横梁木上部的方孔内保存有一段残朽的中心柱木，此木为圆柱形，残长87厘米，直径16厘米。

起取横梁木，继续下拆两层砖至第32层砖，发现原中心柱孔位置的周围新开了一个11～14厘米见方的小方孔，孔边沿平砌一道条砖，口上盖一块沟纹方砖，方孔外围铺砖为方砖和条砖，铺砌不甚齐整。揭掉方孔上的沟纹方砖，露出方形中心柱孔（图版六一）。

继续揭掉第32层砌砖，发现第33层砌砖中心柱孔外围砖不是向第32层那样满铺，而是留了宽37厘米的孔槽，表面暴露出天宫开口（图版六二）。

到第34层砌砖，天宫开口逐层加大，天宫内表层满堆绢绘佛画、西夏文字雕版、木雕观音像、木轴杆等较轻的遗物。其中木雕观音像立靠在槽室一边墙上，绢画散乱堆置在表面，西夏文字雕版随处散置，毫无规律（图版六三～六七）。

起取天宫上层的绢画、西夏文字版等遗物，下面为满堆的泥塑佛教造像残件，夹杂有西夏文字木雕版、腐朽的书籍等等。此堆积以泥塑像的排序可分为两层，即天宫中层和天宫下层。

在覆钵塔塔身砌砖第40层，清理出1尊佛头像，3尊无头身像上半身（图版六八）。佛头像供置在天宫槽室西北角，面南，编号佛头像1（图版六九、七〇）。

清理到塔身砌砖第44层，3尊身像大部分暴露出来。

3尊身像分别靠立在中心柱孔外壁。其中东面居中1尊，编号身像1，缺双手，腿部残，从坐姿看，原为跏趺坐（图版七一）。南面居中1尊，编号身像2，保存相对较完整，双手残缺，腿部右侧残缺，跏趺坐（图版七二）。西面居中1尊，编号身像3，双手、腿残缺，坐姿端庄（图版七三、七四）。3尊身像皆背靠中心柱孔，面朝外。在身像3的右面又清理出1尊身像。此身像已分裂成数块，残损严重，斜靠在身像3右臂，周围全是泥塑像残块及碎渣（图版七五）。

清理到塔身砌砖第47层，天宫北面露出一排泥塑身像，面东背西（图版七六）。

清理到塔身砌砖第49层，北面的一排泥塑像身基本清理出来，由东到西共4尊，一尊挨一尊，排列有序（图版七七、七八）；在西面又清理出4尊罗汉头像。罗汉头像放置在身像3下方偏右，皆面朝西，大体呈一横排排列（图版七九）。在西北角又清理出佛面像1尊和残损的佛头像1尊（图版八〇）。佛面像靠在一身像的肩部，面朝北（图版八一）；在东面新露出身像，经清理基本为身像残块。

清理到塔身砌砖第47～49层，佛头像、面像、罗汉头像、身像基本全部暴露出来。佛头像、面像或放置在罗汉身像上，或靠在身像旁边（图版八二～八六）。

清理到塔身砌砖第50层，将泥塑像全部取出，暴露出天宫底部。底部呈方形，四边框砌筑齐整。其中两对称边各5块方砖，1块长方形砖，一边2块方砖，5块条砖。底部铺砖平整（图版八七）。

经过对天宫的逐层清理，搞清楚了装藏文物的天宫是一个平面为方形、上小下大、中间有方砖孔的砖砌梯形槽室。槽室高1.63米，底边长2.2米，四壁由下至上砌砖19层，层层叠涩上收（图11；图版八八）。

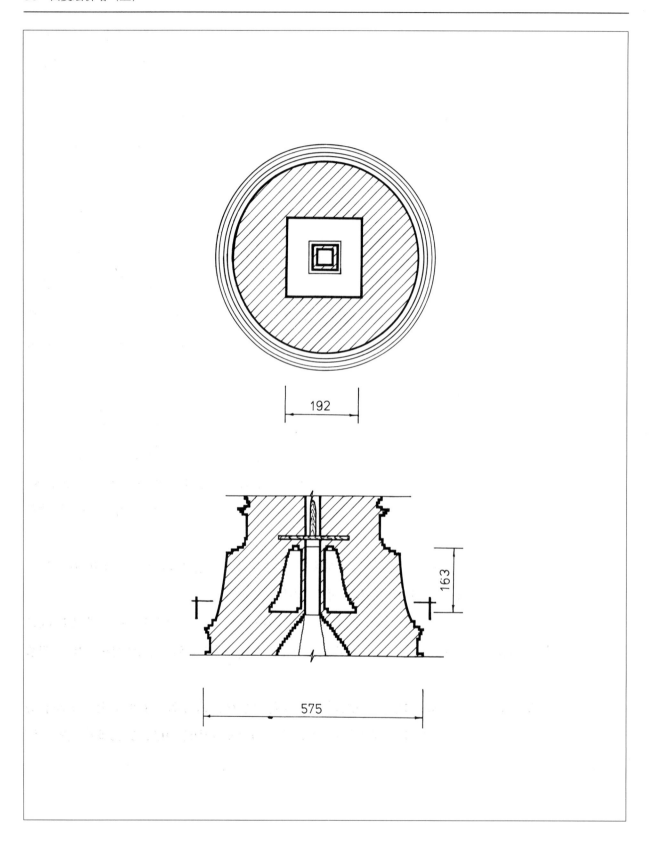

图11　宏佛塔天宫平、剖面图

第三节　塔心室

宏佛塔塔心室从楼阁式塔身第一层底部至覆钵式塔的塔身中部，由下向上内收叠涩封顶（图版八九），高约23.5米。塔心室平面八边形，同塔身外壁面一样（图版九〇～九二）。

第四节　塔基及地宫

一　塔基

塔基表面现埋于目前的地表以下约1.35米处。

塔基方形，边长11.5米，略大于塔身底层，深1.5米。塔基表层中部填土同周围土质明显不同，经清理，发现是一个椭圆形土坑，土坑口大底小。坑口长径3.5米，短径2米，坑深1.8米（图版九三）。坑内填满黄土，土质纯净无包含物，仅在坑底部出土10多件泥塔模（俗称"擦擦"），同黄土夹杂在一起（图版九四）。土坑坑壁由一层黄土、一层碎砖瓦层层夯筑而成。在土坑底部，地下水已经渗进来，当地乡民告诉我们，塔的下面有一眼井，看来说的就是这个土坑。

塔基的夯筑方法为，先在当时的地表以下挖一个边长11.5、深1.5米的方形大坑，坑挖好后，在坑底填一层黄土，夯打筑实后在黄土上填一层碎砖瓦，继续夯实。在碎砖瓦层上再填一层黄土，黄土层上再填碎砖瓦，依次交错，层层夯筑，形成了坚硬的三合土层，硬度不比今天的水泥浇筑差。

三合土层，从上至地宫底部，共有七层黄土夯层和六层建筑残件垫层（图版九五～九七）。7层黄土夯层每层厚13～15厘米，纯净无物，同地宫中填的黄土相同。六层建筑残件垫层，每层厚6～8厘米。从清理出的残件看，所垫建筑构件以砖、灰陶板瓦、红陶板瓦和筒瓦为大宗，次为破碎的绿琉璃建筑饰件，亦有少量黄琉璃建筑饰件碎片及碎瓷片等等（图版九八）。

在六层建筑构件垫层中，尤以第五层的绿色琉璃构件最为密集，在地基东北3平方米范围内，为纯净的绿琉璃构件层，清理出龙首、龙爪、瓦当等建筑残件（图版九九、一〇〇）。

夯筑塔基的第七层黄土之下为生土层。

二　地宫

清理完塔基中部的椭圆形土坑，开始由上往下一层层清理塔基夯层，发现塔基夯层同土坑壁面的夯层衔接紧密。建塔时应先将塔的基础部分满夯，后特意在夯实的塔基中心位置从上往下掏挖了一个坑，坑底供置泥塔模，坑内填纯净黄土。尽管形式简单，这个挖筑的土坑应该是宏佛塔的地宫。

第五节　保存现状

1983～1990年，在对宏佛塔的数年跟踪调查、勘测、论证、测绘中，发现宏佛塔虽然仍耸立，但保存现状不容乐观，随时有倒塌的危险。这主要表现在以下几个方面。

（一）塔身倾斜

宏佛塔体目测明显向西北倾斜，越往上倾斜度越明显。

（二）外壁面劈裂开缝严重，粉装泥层绝大部分剥落

1.塔体劈裂开缝

据维修前拍摄的宏佛塔照片看，从地面至塔刹基座处有多条裂缝，其中最大、最致命的有两道裂缝。

一道裂缝从第一层塔身南面后补砌的南门洞上方，穿过第二层、第三层塔身直至塔刹十字折角基座中部，形成一道大斜线。裂缝从上至下逐渐加大，由最上面裂缝约3厘米，至塔身第三层上部，裂缝加大到5～10厘米，至塔身第二层塔檐处裂缝最大，为15～20厘米，并形成一条主裂缝和两三条小裂缝。一道裂缝由第一层塔身西南面，距南门洞2～3米处，斜线向上，至二层塔身塔檐处同第一道裂缝相交，形成一个长三角裂缝区域（图版一〇一）。

在塔身第三层南面等处也有多道裂缝（图版一〇二、一〇三）。

2.　粉饰泥层剥落

塔身上的出檐砖多脱落残缺，有几处檐角砌体出现整体性断裂，随时有坠落的危状，如第三层西南角出檐砖几乎全部脱落（图版一〇四、一〇五）。

塔刹残毁，相轮以上部分大部分残缺，保留砌砖约六分之一，最上部的10多层砖直接堆放在一起，随时有塌落或砖块掉下来的危险（图版一〇六、一〇七）。

塔刹刹座十字折角上有裂缝，表面白灰泥皮多有脱落，呈斑驳状（图版一〇八）。

（三）塔体砌砖剥落严重

宏佛塔为砖砌厚壁空心塔，高大的塔身全靠一层层砌砖上下左右相互咬合支撑，砌砖的剥落，特别是第一层塔身砖砌体的大面积剥落，致使宏佛塔不堪重负，岌岌可危。主要表现：

塔心室壁面的砌砖从楼阁式塔身第三层开始，砌砖多有裂缝和脱落（图版一〇九）。

塔身第158~159层砌砖，砖与砖之间立面错位变形，平面缝隙加大（图版一一〇、一一一）。

自塔身第168层砌砖以下，内壁砌砖大面积脱落，出现裂缝（图版一一二）。

自塔身180层砌砖以下内壁砌砖大面积脱落，缝隙加大（图版一一三）。

自塔身第184层砌砖以下内壁砌砖脱落及缝隙逐渐加大（图版一一四）。

自塔身第202层砌砖以下的内壁砌砖半数以上脱落。从第202层砌砖平面看到，平面上有三四道裂缝，内壁的一道砖从上至下已倾斜、错位（图版一一五~一一七）。

塔身第253层砌砖，从平面看，塔心室壁面砖同相接的砖之间出现错位裂缝，咬合面脱开。塔心室内壁砖各个面都出现不同程度的大面积脱落（图版一一八~一二二）。

其中东北部砌砖倒塌，裂缝较大且深。

西北部砌砖错位变形。

西—西北—北砌砖脱落，错位。

东南—南—西南砌砖大面积脱落。

东—东南砌砖裂缝严重，砖大面积脱落。

自塔身第289层砌砖以下产生严重裂隙和倒塌。从第289层砌砖平、立面看，塔身的八个角都出现大裂缝，其中有四个角从上到下断裂，使塔身分成几大块（图版一二三~一二六）。塌落的砖块将塔心室第289层以下基本填满，塔身内壁被后代修补砌砖包裹并补砌出塔门洞。

第289层塔室南—东南壁交接处劈裂严重（图版一二七）。

第289层塔室塔室南—西南壁交接处劈裂严重（图版一二八）。

第289层塔室西南—西壁交接处劈裂严重（图版一二九）。

塔身砌砖第302层为补砌出的塔门洞门楣装饰部位，塔心室基本被塌落的砖块填满。一层塔身除露出部分塔檐外，基本被后代加固的砖、土坯、夯土墙、堆土所埋，已看不出塔身一层的本来面目，连补砌出的南门洞也快被堆土掩埋了（图版一三〇~一三三）。

塔身砌砖第317层接近现代地面（图版一三四、一三五）。

塔身砌砖第334层与现代地面近平。第334层以下砌砖埋在地表以下，塔身亦有不同程度的残毁、转角断裂等（图版一三六～一三九）。

塔身砌砖第345层在现代地面以下，塔身砖砌体内外都被后代修补的砖墙包裹。拆除后代包砖，原壁面不同程度残缺，北面塔壁的厚度仅为65厘米，余下各面的厚度也只有1.2～2.1米不等（图版一四〇～一四三）。

塔身砌砖第349～354层接近一层塔身底层，八边形砖砌体保存较砌砖第345层略好（图版一四四～一四六）。塔身砌砖第358～367层，为一层塔身的底层，八角形塔体保存相对较好（图版一四七、一四八）。

第六节　历代对宏佛塔的维修

宏佛塔残毁严重，尤以第一层最甚。其南面在始建时所砌的墙体自塔檐以下（包括塔门）全部坍塌，其余各面的塔壁内外剥落严重。北面塔壁的厚度仅为65厘米，余下各面厚度为1.2～2.1米不等。

在对宏佛塔进行落架拆卸时，发现历代对残毁的塔身曾采取补砌、加砌、打夯土墙、筑内外支护墙等方法进行过维修。历代加固维修的遗迹显示，曾三次维修过，其中以补砌砖墙那次的规模最大。

（一）补砌砖墙

补砌的砖墙是在现地面上进行的，塔身下陷部分未触及。补砌的方法是按照当时塔壁残损实际情况，即塔身一层南壁坍塌、塔门上部坍塌，下半部分已下陷到地表以下；塔身一层内外壁砌砖大面积脱落，剥蚀严重，塔身倾斜等等，用砖将塌圮的南壁、残破的其他壁面砌砖补砌完整（图版一四九～一五一），并于南壁补开了券形塔门。塔门高2.4米，宽0.95米（图版一五二～一五四）。门楣上做出装饰，有砖斗栱和砖雕龙、凤、卷草纹等。其中门楣左侧雕刻保存相对较好，右侧雕刻残缺（图版一五五）。从门前杂土中清理出部分砖雕（图版一五六、一五七）。当地乡民讲，20世纪50年代，门上砖雕保存基本完好，右侧砖雕与左侧相同。门额上嵌一块砖雕匾额，匾额上刻一束葡萄，其下站立一鼠，正抬头张望。匾下的横楣上雕刻"崎岖凌空"四字，两侧的对联为"一柱擎天耸现广严发界，五云绕地宏开默雾禅机"。

塔壁、塔门修好后，针对宏佛塔由东南向西北方向倾斜的危状，又在西、西北、北、东北几面加了厚0.3～1.5米的支护砖墙，从下到上一层层内收，至一层塔身上部塔檐处平齐。有的面又在支护砖墙外补加了支撑墙。如东北面仅加了支护砖墙，墙体上部与一层塔檐平齐。墙体下部厚1米，上部厚0.3米（图版一五八、一五九）。北面不仅加了支护砖墙，又在支护砖墙外加砌了支撑墙，并在支撑墙的两边各砌出宽48厘米、高40厘米的砖砌体，以保护倾斜的塔身。支护墙厚1米，支撑墙体厚1.5米（图版一六〇～一六二）。西北面补砌砖墙体外加的支护墙厚1.5米，墙体砌砖多被掏空（图版一六三）。

（二）筑打夯土墙

第一次补砌的砖墙、支护砖墙遭到毁坏后，在支护砖墙外，围塔一周，先用木桩斜撑支护，顶住倾斜的塔身，又夯筑了一周黄土墙，墙体下宽上窄，高至原塔一层塔檐（图版一六四、一六五）。筑打的夯土墙由黄土层层夯筑，夯层清晰，每层厚10～12厘米，土质纯净（图版一六六）。

（三）夯土墙外堆垒土块和黄土（主要是黄土）

仅在南壁塔门两侧发现。堆垒的土块长方形，长25厘米，宽20厘米，厚20厘米左右，同黄土堆积在一起（图版一六七）。其余为堆土。堆土由外而内逐渐升高呈斜坡状，内为黄土，土质纯净，是为维护古塔而有意识堆积的。堆土表层为常年积累的沙尘垃圾土，表面长满灌木，属于自然形成（图版一六八、一六九）。

第七节　修筑用砖

宏佛塔是一座砖塔，从塔身一层至塔顶，全部用砖砌筑。所用砖基本为方砖和条砖两大类。

（一）方砖

主要分为手掌印痕砖、沟纹砖、素面砖三种。

1. 手掌印痕方砖

此砖的规格为37厘米×37厘米×6.5厘米。砖的一面印一个人手掌的轮廓。手掌一般长18厘米，宽15厘米，手掌宽厚，手指较粗。手掌印系砖坯做好后，直接按上手印，然后再烧制（图版一七〇、一七一）。手掌印痕砖在宁夏同心县康济寺塔、银川市郊西夏王陵多有发现。

2．沟纹方砖

沟纹方砖的规格较手掌印痕砖为大，多为39厘米×39厘米×7.5厘米。沟纹砖正中多有一个戳记。戳记分两种，一为"固"字戳记（图版一七二、一七三），少量的戳记为"沉泥"二字（图版一七四）。沟纹砖是典型辽砖，辽塔中常见。

3．素面方砖

制素面砖的规格同手掌印痕砖基本相同，为37厘米×37厘米×6.5厘米。

（二）条砖

分为手掌印痕砖、忍冬纹砖、划线砖、素面砖四类。

1．手掌印痕条砖

规格为37厘米×18厘米×6.5厘米。此类砖与手掌印痕方砖一样，一面有一手掌印（图版一七五）。

2．忍冬纹条砖

总共发现了57块，规格为36厘米×18厘米×6厘米，砖的一面模印忍冬纹。这57块砖全部砌在楼阁式塔第二层塔檐上（图版一七六、一七七）。

3．划线条砖

仅发现4块，规格较小，为35厘米×17厘米×6厘米，多于砖的边沿刻出一道边框线（图版一七八、一七九）。

4．素面条砖

素面砖一般的规格为37厘米×18厘米×6.5厘米，亦有少量规格为42厘米×22厘米×8厘米、41厘米×20厘米×8厘米的特大号砖。

在上述方砖、条砖中，以手掌印痕条砖最多，沟纹方砖次之。在宏佛塔所用的砖中，还发现一块特殊的墨绘棋盘格方砖。此砖的规格与素面方砖相同，棋盘的格式与今天的象棋棋盘近似（图版一八〇）。

第八节 复原修葺

宏佛塔落架拆卸时，就严格按照原地、原汁原味复原维修的要求，在认真做好了塔的文字记录、拍照、测绘等一套系统工作后，搭脚手架，从塔顶部至塔下地基，由上至下，将塔体的每间一层、每一块砌砖，按同一方向、同一顺序揭起，统一编号，有序排放，并统计出残损、缺砖数量，按原塔砖规格定制。

复原施工时，对照实测图、照片、文字记录、砖的排放序列等等，按塔基、塔身、塔刹顺序，由下至上，层层砌砖。现将复原修葺介绍如下。

一　塔基复原

考虑到拆卸前的宏佛塔塔身一层下部1米多处在地表以下，设计复原时首先将埋在地面下的塔身部分抬升到地面以上，地面以下做塔的基础。具体施工方法：先将拆卸清理出的塔基坑坑壁、底部修补齐整，填回并夯实已清理出的原塔基三合土，再在三合土层上满扎一层钢筋网，其上浇筑50厘米厚的钢筋混凝土，混凝土上满砌砖与现地面找平。

二　楼阁塔身复原

塔基浇筑牢固平整后，即在塔基上按照原塔的形制、尺寸先砌筑一层塔身。由于原塔身一层面目全非，塔体内、外壁面砖剥落殆尽，塔檐、斗栱、平座栏杆等几近损毁，塔体砌砖三分之二以上已被掏挖缺失，复原难度较大。依据原塔身第一至三层建筑结构基本相同，第二、三层塔身保存相对完整，故施工时按原塔身一层的尺寸、二层的建筑结构砌筑。砌砖时尽量将原塔砖用在壁面，给人以修旧如旧的感觉。砌筑塔身第二、三层时，则是基本按照已拆卸下来的每块砖、斗栱等，在原塔中的具体位置原样砌筑。又依据原楼阁塔身转角处发现的装置铜铎的木制角梁，增补了铜铎。对原塔心室壁面因脱落砖而留下的缺口，则用新砖补砌。

三　塔刹复原

拆卸前的宏佛塔塔刹相轮以下部分，主体结构基本保存。复原时将拆卸下的砖材料照原样先后砌出覆钵塔十字折角基座、圆形束腰须弥座、覆钟形塔身和塔身内的天宫、中心柱木方孔等，并在新砌的天宫中供置了原天宫中的部分泥塑像碎块和1990年"贺兰县宏佛塔维修工程记"石碑1方等。又依据残存的2层相轮，按西夏塔、宋塔风格，增补砌筑了相轮、宝盖和葫芦宝珠。

新复原的宏佛塔所用建筑材料百分之八十以上为原塔拆卸的旧料，不足和缺失部分用新材料替补。其中砖、斗栱的不足部分，以新定制出的形制、尺寸相同的砖、斗栱填补；塔中心柱用1根钢管替代了已朽损的木制中心柱；砌砖灰浆用水泥砂浆替代原塔的石灰黄土灰浆等；新增加了铜铎、铜宝盖、铜葫芦宝珠等。

复原后的宏佛塔，从局部到整体，与原塔构造形制几乎如出一辙，不同的是原塔外壁面抹有白灰皮，局部有彩绘，新修复的宏佛塔为砖壁素面。因原塔身粉妆彩绘大多剥落毁失，无法复原粉妆灰皮（图版一八一、一八二）。

第四章　宏佛塔遗物

第一节　天宫遗物

在天宫有限的空间内，放置着朽腐、残损的彩绘绢画、彩绘泥塑佛教造像残块、彩绘木雕残件、西夏文木雕残版、经书残页、丝织品和其他文物等等。其中绢画、经书残页等堆放于佛教造像残块上部，西夏文木雕残版散置于天宫之内。分类介绍如下。

一　天宫藏彩绘绢画

在天宫上层近表面，清理出彩绘绢画14幅及残片等。其中较完整的有10幅，另有4幅画面残破，所绘内容已漫漶不清。编号天宫绢画1～14；天宫绢画残块1～4。题材内容相同的绘画3种（坐佛图2、护法图2、炽盛光佛图2），道教绘画2幅，其余均为佛画。

（一）画幅较完整的绢画

1. 胜乐金刚图（唐卡）

1幅。纵61.3厘米，横40厘米。

画面中间主尊部分绘胜乐金刚与明妃像。胜乐金刚全裸，周身蓝色，头戴骷髅头冠，冠顶有似日月装饰。金刚有红、黄、蓝、白、绿五面，正面为一大面，深蓝色，左、右两侧各置两小面，右面黄色，左面灰绿色。另两面右后红色，左后白色仅见轮廓。每面有三目。主面为红眼黑眼珠，眼珠周圈白色。金刚十二臂，其中两只主臂拥抱明妃，双手腕相交，手中各握一法器金刚杵。明妃亦全裸，通体红色，头戴五骷髅冠，三目，大眼高鼻，五官丰美。仰首垂发，面对主尊。另十臂向左、右两侧伸展，手中各握一法器。最上面的左、右臂折上举。左侧五只手握法器，从上到下依次为左1手握白象皮的一角；左2手捧一盛血骷髅碗；左3手握绳索法器；左4手提人头，人头露出三面，从上提的发髻看，应该是五个面，面部勾勒出五官；左5手握一长柄法器。右侧五只手从上到下分别为右1手同左1手一样，手握白象皮的另一角；右2手握法器不清；右3手握带柄法器；右4手握法器不清，从残迹看似为人头；右5手握长柄三叉器，叉头向上。明妃左臂搂抱主尊脖颈，右臂侧上举，手握月牙形勾刀，左腿与主尊右腿并立，严丝合缝。右腿置在主尊腰际，右脚搭在主尊脚腕处。明妃颈佩骷髅项圈，戴耳环，手、脚佩环状金色腕钏，着莲瓣纹短罗裙。胜乐金刚双腿弓立，双脚各踩踏一仰一覆的2个怪魔。左侧魔女作趴伏挣扎状，四臂，两臂于胸前，右手捧血钵，左手握一法器，似金刚杵之类。一左臂折上举，手执长柄法器，一右臂翻至股间，手中持物不清。头戴骷髅冠，面相丰满，躯体圆滚。双腿呈挣扎状。右侧魔女仰卧，撑脚抬头作挣扎状。毛发上竖，头亦戴骷髅冠，瘦骨嶙峋，右手于腹际握金刚杵，左手捧骷髅血钵。其下置覆莲座，莲瓣肥大厚实，莲尖呈云头状，莲瓣用红、蓝、黄三色相间。

　　胜乐金刚身上的装饰依照密宗规范：头戴骷髅串珠，身挂骷髅念珠，手、脚佩骷髅臂钏和腕钏，胯着虎皮。胜乐金刚与明妃像后有圆形头光、椭圆形身光。身光后面的蓝色绢地上饰花卉，花卉间有一飞舞的舞女，宽胸细腰，双手弯屈上举，右腿内弯，左腿直立，左脚踩一朵小花。花朵红色，舞女颜色已脱落，主要颜色为红、白、黄诸色。主像胯部两侧露出象头和象尾，白色，长鼻下卷。

　　画面上方横置六个长方形小框，框高8厘米，宽6.7厘米。框内皆绘四臂金刚。六尊金刚的形态、大小完全相同，仅颜色不同，由右至左为红、蓝、白、黄、白和绿色。金刚双腿弓立莲瓣座上，莲瓣黑色线条勾勒出轮廓。头戴五骷髅冠，身挂骷髅珠，两臂折上举，左手执长柄骷髅头法器，右手握金刚杵。剩余两臂左臂至胸前，手中端盛血钵形颅器，右臂侧伸，右手捏一条形物，不清。皆有椭圆形红色身光。

　　金刚画面下方一横排绘八尊坐像，皆五官丰满端庄，面部略带微笑。身体丰满，八人面相、手印、坐姿和颜色有所不同。右1双目前视，作降魔印，右腿平放座上，左腿搭右腿上，红色，左胸处似有两墨书文字，已漫漶不清；右2头微低，交脚坐，作转法轮印，黄色。右3盘坐，作说法印，蓝色。右4作降魔印，交脚坐，橘红色。右5作降魔印，箕坐，红色。右6作降魔印，盘坐，黄色，胸部似墨书"花□白"字样。右7作降魔印，盘坐，浅红色，右侧似墨书"白弧"字样，已模糊不清。右8作禅定印，盘坐，黄色。这八尊坐像皆有圆形头光。

　　这幅唐卡的画面有不同程度的磨损，右上角残破，中部有裂缝。作画的方法是：先于绢上刷一层胶状物，待干后打磨光滑，再在其上作画。画面设色厚重艳丽（图版一八三～二〇八）。

2．千佛图（唐卡）

1幅。纵123厘米，横82.5厘米。

画面中心部位绘一尊坐佛，佛尖顶螺髻，有顶严。细长眉，眼睛微下垂，大耳。身着朱红色袈裟，施降魔印，结跏趺坐，有椭圆形项光、背光、身光。身光上绘有鲸鱼和怪兽。坐佛像上方绘有一座覆钵式灵塔。坐佛像周围又划分出35个长方形塔龛。每个塔龛内绘一尊结跏趺坐的佛像，身披朱红袈裟，面部和身体外露部分呈黄色，手印有降魔、说法、禅定、转法轮几种，皆有项光、背光、身光。每尊坐佛像身后绘一座覆钵式塔。塔身被佛像遮挡，仅露出上方塔刹部分。塔刹由须弥座、相轮和日月宝珠构成。画面色泽深沉，以红、黄、蓝色为主，其上描金。

此图绢质柔软，表面光滑，有不同程度磨损和烟熏的痕迹。根据此图四角留有捆扎痕迹判断，这幅唐卡应该是四角扎绳悬挂（图版二〇九～二一九）。

3．坐佛图1（唐卡）

1幅。纵62厘米，横47厘米。

画面上的坐佛像尖顶螺髻，髻顶有红色顶严。面相圆润，双耳垂肩，弯眉细长，口涂红唇。身着圆领红色袈裟，禅定印，结跏趺坐于双层仰莲花座上。有椭圆形头光、背光和身光。在坐佛图背面右下角有一方形戳记，边长1.7厘米，内有黑字，已漫漶不清，似为西夏文字。

此画绢薄而柔软，绢上似未刷胶糊状物，而是在背面直接裱糊了一层西夏文的印经纸，现纸已大部分脱落（图版二二〇～二二三）。

4．坐佛图2（唐卡）

1幅。纵46.5厘米，横30厘米。

画面上的坐佛像为低尖顶螺髻，面相方圆，大耳垂肩，长眉细眼，眉间有白毫。鼻梁直挺，嘴角微上翘，略露笑意。五官用墨线勾勒，面部以淡淡的红色晕染。颈部墨线画旋纹。身穿红色圆领袈裟，衣褶墨线勾勒，婉转流畅。双手于胸前，手印模糊不清，似为转法轮印。结跏趺坐于盛开的莲花座上，莲瓣圆润肥厚似鲜桃。莲座上沿施细密连珠纹。莲花座下为束腰须弥台，上下六层，台上绘红、绿色花纹，已漫漶不清。佛像身后有椭圆形头光、背光和身光。头光黄色红边，身光外圈红色。

这幅画在作画前先于绢上刷了一层胶状物，颗粒较粗，刷得也不均匀，故略显粗糙。画面四边及中部多有破损（图12；图版二二四～二二七）。

5．侼星真君图（唐卡）

1幅。纵80厘米，横51.5厘米，发现时横断为三截，拼接修复。

画面上绘侼星真君像。头戴箍环，环红色，上面的圆形装饰黄色。头顶一法像，法像前额高

图12　坐佛图　　　　　　　　　　图13　侼星真君图

凸，双目圆瞪。长发飞扬，凸眉怒目，大嘴龇咧，脖围红巾，一条红蓝相间长帛带从左肩绕腹飘至脚下。帛带红色处饰等距花朵纹。右手握长柄法器，柄首结红色带状装饰。左手折举，手心朝上，手中托一蓝色物，已残破磨损，模糊不清。双腿直立，左脚踩地，右脚后跟抬起。身上装饰金色耳环、手镯、脚钏等饰件。画面主要用红、黄、蓝色，设色浓艳，线条流畅。画面左上角有一长方形榜题，长11.5厘米，宽2.8厘米，为红色底，其上墨书四个汉字，似为"侼星真君"（图13；图版二二八～二三一）。

6. 护法神图（唐卡）

1幅。纵63.5厘米，横46.5厘米。

护法头戴珠饰宝冠，面相丰腴，双眉上挑，杏眼圆瞪，上身裸露，下着红色短裙，戴连珠纹耳饰、圆珠纹臂饰、项饰、环形手镯、脚钏。项挂骷髅头和两圈连珠纹项圈等。左手于腰际执折枝花枝。右臂侧伸，手中持一物，已破损不清。有圆形项光、背光和身光。护法游戏坐于盛开的莲花座上。其下为须弥台座，座上画有珠点纹装饰。画面经烟熏火燎，已严重污损且局部残破（图版二三二～二三四）。

7. 炽盛光佛图1

1幅。纵139厘米，横80厘米。

发现时画面已严重污染和磨损脱色，经初步清洗修复，可以看出画面居中的主像为炽盛光佛。

炽盛光佛像尖螺髻，有红色顶严，表日月光。面相方圆，五官庄重慈祥，身着右袒朱红色袈裟，袈裟上饰圆形花纹，圆形内纹饰已磨损模糊不清。手结三昧印，持法轮，结跏趺坐于盛开的莲花座上。莲花座下为束腰须弥台，须弥台前置一案台，台面上为盛开的莲花和两个扛荷童子。童子裸体。炽盛光佛像后面有圆形头光、背光和身光。主尊炽盛光佛像上方绘星宿、黄道十二宫和六朵祥云等。

正中的星宿已模糊不清，整体形似穹隆顶帐篷，蓝色尖圆顶，顶内见红色云纹，云纹下为盛开的莲瓣座。座前为长方形案，案面有香炉、烛台等供器。两侧从上到下各垂两道花卉纹飘带，有红、蓝、黄、海蓝、绿等色，色泽艳丽，金碧辉煌。

六朵祥云分布在正中星宿的四角和炽盛光佛左、右两侧。六朵祥云除右上角一朵破损外，其余五朵基本完整，内各绘七尊立像。立像皆面朝主尊炽盛光佛，头戴冠，身着蓝色或红色长衫，双手执笏板于胸前。围绕着星宿的四朵祥云应该为二十八宿。二十八宿外围左、右两侧和上部又绘黄道十二宫，现存十个。从残损的右上角看，正好是已缺损的两个宫的位置。十二宫圆形，圆内各绘一星座。其中左侧从上到下为天平宫、白羊宫、狮子宫，上部天平宫右面为双女宫，右侧从下到上为天蝎宫、白马宫、双鱼宫。另五宫中的两宫残缺，三宫漫漶不清，仅存圆形轮廓。

主尊炽盛光佛左、右两侧和下部绘金星、木星、水星、火星、土星、日、月、罗睺、计都、月孛和紫炁，合称十一曜。这十一位曜星官分立于由一道弧形彩虹连在一起的十一朵祥云上。

居中为一老翁，侧身，面朝左，头戴牛首冠，手提香炉、刻有咒语的牌子、杖等，形似穷婆罗门，以豹皮披肩，貌似西方人，为土星。土星左、右两侧，皆为女像，发髻高耸，容颜秀丽，身着交领长裙。右侧女像头戴花冠，面相丰腴，眉清目秀，身着长裙，外帔帛，右手握一卷纸札，左手执笔。脚下立一猴，猴双手捧砚台，仰首面对女像。此女像为水星。左侧女像，装扮同水星基本相同，左手托一物，脚旁立一只鸡。此女像为金星。水星右上侧女像，装束与水星、金星基本相同，唯双手于胸前捧白色圆月，为月星。月星对面男像，面朝月星，头上冠呈帝王扮

图14　炽盛光佛图1

相，身着交领长衫，双手于胸前捧红色太阳，为日星。剩下六曜中的两星为文臣像，一左一右。左像头戴黑色巾帽，身着交领长衫，上有大圆形图案，双手于胸前握笏板，神态肃静。右像装扮与左像基本相同，为紫炁和木星。剩余四尊武将像，分别代表火星、月孛、罗睺和计都。武将皆长发后扬，凸眉怒目，手中执法器，威风凛凛。其中右侧两武将毛发上扬，面相丰满，五官暴凸，服饰基本相同，袒胸露腹，肌肤颜色呈蓝色，下着红色裤裙。位于水星后侧的武将，头顶盘一蛇，双手于胸腹间执剑，为月孛。月孛上方为一武将，面部模糊，头顶上方立一法相，右手执长柄法器，法器直立，左臂折举，手心托一物，已磨损不清。左侧两武将，靠上的武将，毛发上扬，头戴驴首冠，龇牙咧嘴，袒胸露腹，右手握一长把带穗法器，为火星；靠下的武将，侧身面朝外，毛发稀疏，似髡顶，头箍红色发带，发带在头后打结，带穗上扬。其双眼圆凸，头上的冠帽不清。右手持剑，剑锋朝下。左手握于右胸际。手腕上挂蓝色帛带。十一位曜星官皆有圆形项光。

画面下方形成左、右两个三角形空间。左下角空间内绘一个小和尚、一个老翁和一辆牛车及山峦等。小和尚侧身面对老翁，五官清秀，神态天真，身着朱红交领僧衣，双手合十，似在迎接老翁的到来。老翁发髻高束，抬头面朝小和尚，蓝衣红裤，躬身弯腰，手牵缰绳，似为车夫。牛车为红色，牛头微上抬，拉车呈行进状。右下角空间内绘两个和尚。一和尚结跏趺坐于须弥座上，面相丰腴，细眉小眼，棱鼻小嘴，五官清秀。身着交领袈裟，双手模糊不清。一和尚直立，身着朱红交领袈裟，面朝小和尚，双手持长杆，杆头指向小和尚。

整幅画面内容丰富，布局严谨，线条流畅，晕染设色适度（图14；图版二三五～二七〇）。

8．炽盛光佛图2

1幅。纵120.5厘米，横61.8厘米。

画面居中绘主尊炽盛光佛像。炽盛光佛螺髻，前顶有红色顶严。面相椭圆形，弯眉细长，眼角上翘，鼻梁与弯眉连为一体，双唇紧合，大耳垂肩，颈部三道弧线。身着朱红色右袒袈裟，袈裟领边绘S形忍冬纹连续图案，腰部束绳带。袈裟外披红色大衣，左肩处有固定大衣的带及圆环带扣，带扣长带呈圆弧形从左肩至腹部绕至右腋下经背部形成圆环状。左手于腹际施手印，右手上举与肩平齐，手中捏一法轮。结跏趺坐在一朵盛开的莲花上，莲花下为须弥座。其后有圆形项光、背光和身光。

主尊炽盛光佛像上部绘十二宫和二十八宿及祥云。十二宫仅保存圆形轮廓，外缘一圈红色线圈，内部星座已磨损，漫漶不清，布局有致。十二宫间绘祥云四朵，云头呈弧形，由如意卷云状云头组成。每朵内皆有七尊人物立像，惜已磨损不清，仅存痕迹。七尊立像皆头戴冠，身着交领长衫，双手拱于胸前。

图15　炽盛光佛图2

主尊炽盛光佛像两侧及下方绘十一曜星官，其布局与炽盛光佛图1相同。下方居中为土星，形似婆罗门，侧身，面朝左，头顶一牛首。眼睛黑白分明，炯炯有神，长髯下垂。肩披豹皮，身着红色长袍，脚穿红色草鞋，手提香炉等，貌似西方人。土星上方左、右两侧各立一仕女，分别为金星和水星。右侧金星侧身扭颈面朝右，头戴高冠，鬓角插花簪，面相丰满，身着交领大袖长裙，裙黄色，领边红色。手中抱一红色琵琶，似在弹奏，神情专注。右侧水星发髻盘向右侧，左边头发上插一花瓣簪。身着交领长裙，裙黑色，领部红色。右手上举，手中握一支笔，左手于胸前抱一卷纸札。金星上部为月星，仅露出头、手部。头戴高冠，冠前一白色圆月，面相丰满，弯眉，眼角上挑，棱鼻小嘴，唇涂红色，神态冷艳。双手于胸前捧一只白兔。右侧日星，头戴冠，冠前有一红色太阳。面相长圆，短胡须，神态肃穆。身穿交领宽袖长袍，双手握笏板。日星、月星背后偏上方，各有一文臣像，皆着交领长衫，腰束带，带缀方板。右侧文臣头戴幞头，面相饱满，双眉上挑，八字胡须，长髯下垂。左侧文臣头戴束发冠，顶部饰一物，仅见红色，形体不清，椭圆脸，神态肃穆。他们是木星和紫炁。剩下四曜皆武士扮相。右上方的武士侧身面朝右，毛发上扬，头顶上立一人头像，头像头戴珠环，颈围红色巾带，巾带两端上扬。武士面相方圆，双眼圆凸，缩鼻鼓唇，神态威猛。身披红绿色帛带，脖子上系黄色领巾，右臂上屈，手心托一山形器，大小臂紧贴，腱子肉凸起。左手握长柄三叉法器，法器上饰红黄相间的长穗，为月孛。右上方武士毛发上竖，发梢前扬，毛发中露出一驴头像，驴头竖耳，圆眼，吻部前伸，面相温和。武士面相方圆，竖勾眉，凸眼，血口大张，龇牙咧嘴，表情凶恶。右肩抗长柄骨朵首法器，长穗飘舞。左下侧武士毛发上扬，头戴五骷髅冠，眼珠暴凸，血口大张，挺胸鼓腹，下着红短裙，腿膝盖处打带结，赤足，戴脚钏。双手持剑于胸前，肌肉暴起。右下侧武士长发后梳，披至头右侧，前额上方头顶立一像，模糊不清，瞪眼，下颌翘起，红绿相间的长条帛带绕身，身体后倾，双手残损不清，宝剑斜挂后背，露出剑鞘。赤足，双脚侧立。画面题材新颖，布局有致，线条流畅，设色晕染适度，艺术水平较高（图15；图版二七一～二八九）。

9．玄武大帝图

1幅。纵78厘米，横57厘米。

画面磨损残破，上半部尤甚。经过清洗，可见画面中部主尊为玄武大帝。玄武大帝秃顶，披发，方圆脸，长眉细眼，棱鼻，双唇闭合，面部表情严肃。身穿黑色铠甲，腰束宽带，下着宽腿裤，膝盖下部裤腿扎紧。右手持剑，剑尖上翘。左手抚左膝，席地而坐，有圆形项光。玄武大帝两侧侍立文臣、武将、侍女计十一人，左六人，右五人。左面六人分上、中、下三层，上三人皆头戴束发冠，身着交领大袖长衫。中间一人双手于胸前抱一物，两侧一人皆手执长柄

图16　玄武大帝图

器杖。中层两侍女，均发髻高盘，身着红色交领长裙。右侧一女双手于胸前托一圆物。左侧侍女双手执一剑鞘，上有花纹。下层一人头戴官帽，身着圆领宽袖长衫，腰束带，左臂夹一卷纸札。右侧五人上方两人头戴束发冠，身着交领长衫，腰束带，带缀方板。右侧一人手执黑旗，左侧一人手执长柄器杖。中层两人头戴尖顶幞头，身着圆领窄袖衫，腰束宽带。右侧男子佩剑，剑挎在腰带上。左侧男子左手扶持剑柄。下层一侍女面朝玄武大帝而立，双手端果盘，头戴花冠，面相丰满，身着交领长裙。玄武大帝、文臣和侍女完全是宋人装扮（图16；图版二九〇～二九八）。

图17 大日如来佛图

10．大日如来佛图（唐卡）

1幅。纵115厘米，横64厘米。

画面经烟熏火燎，已多处残破和漫漶不清。经过清洗，可见中部主尊为大日如来佛。大日如来头戴五朵花冠，冠前部残损，形制不清。头冠上飘下的两长带自左、右耳至肩部下垂至膝盖部位，向两侧延展出卷云纹。大日如来面相方圆，五官端庄，大耳垂肩。身着通领袈裟，腰束带。施禅定印，结跏趺坐于盛开的仰莲花须弥座上。莲瓣圆润肥厚，须弥座沿绘有缠枝忍冬纹。有圆形项光、背光和身光。须弥座前有长方形供案，仿木制，案面四围做出边沿，前沿刻图案花纹，下围布幔。案上置三供器，居中为三足香炉，两侧各为一烛台。三供器间各置一果盘，右侧的两只果盘比较清楚，左侧两只从残痕看与左面两只形制相同，皆大口，浅腹，平底。须弥座两侧各侍立一位供养人。左、右供养人均侧身面朝大日如来，直立，外形、神态、装扮大同小异，均头戴花冠，面相圆腴，五官秀美，大耳垂肩。身着大袖长裙，衣褶线条婉转流畅。佩圆珠组成的项饰、腕钏等。画面上方两侧绘上升的卷云，中间绘三朵缠枝花卉（图17；图版二九九～三〇八）。

（二）画幅残断或残破的绢画

1．千手观音图（唐卡）

1幅。残长93厘米，宽60厘米。

画面已严重缺损。经过清洗拼对，始成现状。观音直立于盛开的莲花瓣上。头、面部缺损，仅见左面颊一小部分，颈部饰几道黑色旋纹。右肩缺损，左肩保存相对完好。无数只手四面展开，手势自然多变，手印各异。每只手的掌心上绘一只眼睛。其中左右各3只手臂内屈至胸部；两只手屈至胸腹际，食指相触；左右各两手至胯部，其余手多向两侧、向上、向下或握或伸。观音像用墨线勾描，线条流畅，笔法娴熟。

画面下方左、右两角，各绘一供养童子。左童子侧身面向观音，头戴花冠，披巾绕身。面相圆腴，眉清目秀，双腿跪立，双手托供盘，有圆形项光和背光。右童子仅存头、肩部，面朝观音，装束与左面童子基本相同，手托一盘形器。

观音头部上方见一尊小佛像，身着红色袈裟，施禅定印，结跏趺坐于盛开的莲花座上（图18；图版三〇九～三一六）。

2．接引佛图

1幅。纵84.5厘米，横53.5厘米。

画面严重磨损，已漫漶不清。经过清洗后，细辨为接引佛。阿弥陀佛立于两朵盛开的莲花上，面部偏向右侧，手结来迎印。画面右侧残存朱红、蓝色衣纹痕迹和残缺不清的人物面部，似

图18　千手观音图

图19　接引佛图

为侧身直立的两个人像。从整幅画面残迹看，此接引佛图同黑水城发现、现藏冬宫博物馆的《阿弥陀佛来迎图》相似[1]（图19；图版三一七）。

3. 八相塔图（唐卡）

1幅。残长47厘米，残宽30厘米。

残存画面上有宝塔6座，塔形、大小基本相同，其中有三座塔的榜题尚存，皆残缺不全。塔图画面右侧为西夏文榜题，左侧为汉文榜题。

右侧三塔上下相连，尚可辨认的汉文榜题最上面的塔，在左侧长条题记内可见竖写"鹿园转

---

[1] 台北"国立"博物馆《丝路上消失的艺术——西夏黑水城的佛教艺术》，1995年。

法轮塔"六字。与左侧题记相对的右侧也有题记，大部分已残缺，仅剩下榜题最下部一字的下半部，似为"义"（義）的下部。其右为一"塔"字，红底黑字。塔刹日月宝珠顶，宝盖，相轮，下大上小逐渐收分。相轮下为须弥座。其下为覆钵形塔身，呈钟形。塔身下为十字折角须弥座，须弥座右侧保留一块残损菩提树图案。

右侧中间一塔右面榜题文字可见"释□□□□处塔"，应该为"释迦如来生处塔"，右面榜题仅剩最下侧一字，漫漶不清，似"义"字。

右侧下部一塔左面榜题看见最下面三字"□□□□涅槃塔"，应该是"拘尸那城涅槃塔"，右面亦有榜题，仅见左下角框线。

左侧有西夏文榜题的上、中、下三座塔中，榜题也是塔左、右两侧都有，且左右对称。上面一座塔的左面榜题见一竖条西夏文字，右面榜题残损，文字模糊。

左侧中间一塔右榜题为一行竖排西夏文字，似有八字，上面四字较清楚。左侧榜题仅见边框右下，文字缺损。在塔与榜题间的上部空隙处，左右各绘一朵祥云。左侧祥云残损，仅剩部分边缘轮廓。右侧祥云基本完整。祥云内有一托盘供养人，面朝宝塔，头上盘双发髻，发髻上插花。面相丰满，浓眉大眼，双手托盘于胸际。祥云边缘以墨线粗绘。此塔相轮以上部分保存相对完整。相轮红色，墨线画出上下十三层，为"十三天"。相轮上黄色宝顶用红色线条勾勒。

左侧下面一塔，破损较甚。右侧榜题仅存下部，文字模糊不清，难以辨识。左侧榜题为一竖行西夏文字，中间三字比较清楚（图版三一八～三二三）。

4．菩萨坐像图

1幅。残长62厘米，宽47厘米。

画面残损，经过清洗拼对，可见中部为一尊菩萨坐像。菩萨头戴冠，面部不清（图版三二四～三二八）。

（三）绢画残片

从其质地和局部有画痕迹看，应该是绢画残片。

1．绢画残片1

米黄色。长17厘米，宽9.1厘米（图版三二九）。

2．绢画残片2

质地、颜色与绢画残片1相同。长17厘米，宽9.1厘米（图版三三〇）。

3．绢画残片3

质地、颜色与绢画残片1相同。长6.7～11厘米，宽3.5～6厘米（图版三三一）。

4．绢画残片4

残片2块，质地、颜色相同。蓝色。长6～11.5厘米，宽1.3～4.6厘米（图版三三二）。

二　天宫藏泥塑佛教造像

在天宫四分之三空间内，堆积泥塑佛教造像残件，清理、拼对出泥塑佛头像6尊，泥塑佛面像4尊，泥塑罗汉头像18尊，泥塑力士面像5尊，泥塑罗汉身躯18尊及像身残块和耳、手、臂、脚等残块200多件。另有10余筐残像碎块和粉渣。因数量、种类较多，按分类编号。

（一）泥塑佛像

包括泥塑佛头像6尊，面像4尊及泥塑佛像手、脚等。

1．泥塑佛头像6尊

编号泥塑佛头像1～6。其中2尊保存较完整，1尊面部拼对较完整，其余3尊面部残缺，头部亦有不同程度的残损。

泥塑佛头像1，位于天宫中层西北角。佛像头顶为螺髻，其中有一个白色肉瘤，面相方颐，双眉隆起，眉间有白毫，已脱落，留圆锥形孔。细长眼内的眼珠乌亮，系黑色釉料特制。鼻梁高直，与弯眉连为一体。双唇闭合，唇上用墨线绘两撇八字胡须，下颏则用墨线绘日、月、云状纹饰。从残损处看，面部先后经过两次白粉粉饰。头像中空。头高31厘米，面宽25厘米，厚25厘米（图20；图版三三三）。

泥塑佛头像2，位于天宫下层北部。佛头像螺髻，顶部微凸，前顶正中有一个球形珠髻。面相方颐，弯眉细眼，眉间有白毫，已脱落，存圆锥形孔。眼珠乌亮，为黑色釉料特制。下眼睑上有黑色泪痕，系眼珠釉料滴流所致。鼻梁高挺，同弯眉连成一体，双唇闭合，唇上用墨线绘八字胡须，下颏用墨线绘日、月、云状纹饰。右耳微残，左耳已佚。面部表层多有脱落，从脱落处看，面部曾经两次用白粉妆饰。头像中空，孔径10厘米。头高29.5厘米，残宽24厘米，厚25厘米（图21；图版三三四）。

泥塑佛头像3，位于天宫下层北部。已残损成上、下两块。头顶螺髻，有白色珠髻，无面部。残高30厘米，残宽22厘米，残厚20厘米（图版三三五）。

泥塑佛头像4，原置天宫下层南部。面部缺失。残高26厘米，残宽21.5厘米，厚22厘米（图版三三六）。

泥塑佛头像5，位于天宫下层北部。面部已残损脱落，仅存头顶及部分贴塑的黑色螺髻。残

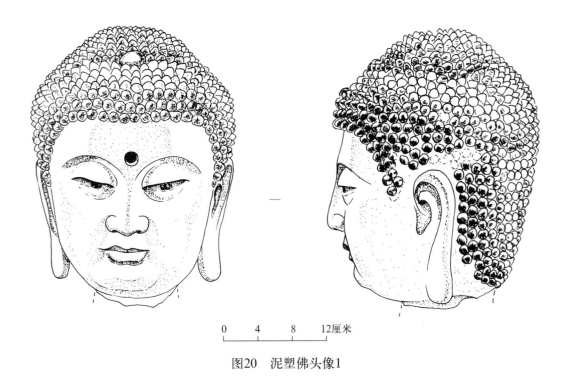

0　　4　　8　　12厘米

图20　泥塑佛头像1

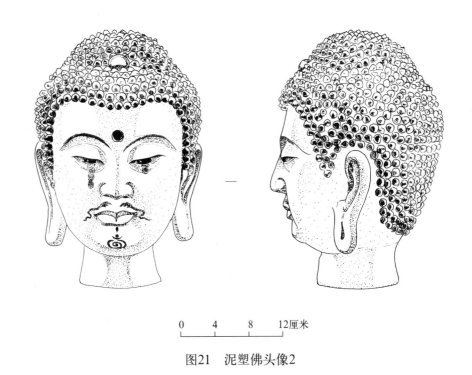

0　　4　　8　　12厘米

图21　泥塑佛头像2

高18.5厘米，残宽22.2厘米，厚20厘米（图版三三七）。

　　泥塑佛头像6，由原编号泥塑佛头像6、泥塑佛面像4、泥塑佛面像5等残块拼接。原泥塑佛头像6，位于天宫下层。仅存头盖部分。残高19厘米，残宽21厘米。泥塑佛面像4，系泥塑佛头像上脱落的右眼及右面颊部分，眼珠为绿色釉料特制。残高17.5厘米，宽13.5厘米。泥塑佛面像5，系泥塑佛头像上断裂、脱落下的嘴唇部位。残块长10.4厘米，宽9.4厘米，厚3.4厘米。另有一块泥塑佛面像残块为泥塑佛头像上脱落的左眼及面颊左上部。残块长11.5厘米，宽9.4厘米，厚3.2厘米（图版三三八～三四一）。这几块残块拼对成泥塑佛头像6，高29厘米，宽20厘米，厚20厘米（图22）。

　　2．泥塑佛面像4尊

　　编号泥塑佛面像1～4。其中2尊保存较完好，另外2尊仅存残块。

　　泥塑佛面像1，位于天宫下层北部。面相方圆，弯眉隆起，眉间有白毫，已脱落，留下圆锥形圆孔。弯眉，双眼细长，眼珠乌亮，为黑色釉料制成，下眼睑留条形泪痕。直鼻大嘴，唇上墨绘八字胡须，下颏上墨绘日、月、云纹饰，惜已残损。面部粉饰白粉。从表层脱落处看，前后经过两次粉饰。第一次脸部白色粉饰后又局部晕染红色，现面部有红色残迹。面高22厘米，宽18.8厘米（图23；图版三四二）。

　　泥塑佛面像2，位于天宫下层北部。面部五官、神态与泥塑佛面像1相同。面部用黄胶泥做

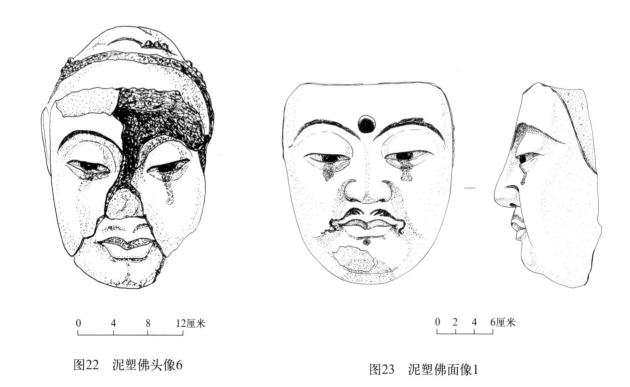

图22　泥塑佛头像6　　　　　　　　　　　　　　　　　图23　泥塑佛面像1

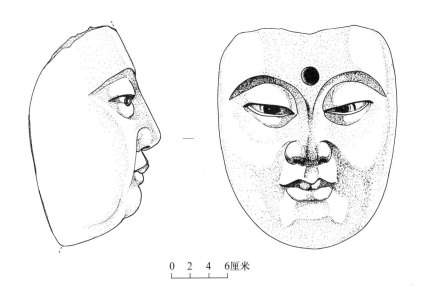

0　2　4　6厘米

图24　泥塑佛面像2

成轮廓，刻模子直接翻出，然后粘合在头部。面高22厘米，宽17.5厘米，厚2厘米（图24；图版三四三、三四四）。

泥塑佛面像3，系泥塑佛头像上脱落的右半面部，鼻、口基本完整。眼珠为绿色釉料特制。面相与泥塑佛面像1、2相似。残高12厘米，宽13.5厘米，厚0.9厘米（图25；图版三四五）。

泥塑佛面像4，仅存嘴部及下颏的日、月、云纹饰，同泥塑佛头像6拼在一起。

上述泥塑佛像的面部，形制及神态与上述泥塑佛头像的面部基本一样，应该是从泥塑佛头像上脱落下来的。

3. 泥塑佛像螺髻、眼、耳、嘴、鼻等部位残块

（1）泥塑佛像螺髻残块

5块，编号泥塑佛像螺髻残块1～5（图版三四六）。

泥塑佛像螺髻残块1，长10.8厘米，宽11.6厘米，厚3.1厘米。

泥塑佛像螺髻残块2，长11厘米，宽7.5厘米，厚1.6厘米。

泥塑佛像螺髻残块3，长7.4厘米，宽5.9厘米，厚1.8厘米。

泥塑佛像螺髻残块4，长3.5厘米，宽2.6厘米，厚1厘米。

泥塑佛像螺髻残块5，长2.8厘米，宽2.5厘米，厚1.1厘米。

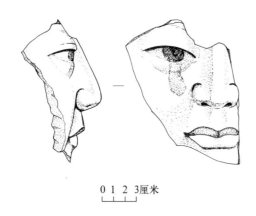

0 1 2 3厘米

图25　泥塑佛面像3

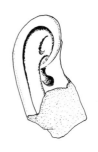

0 2 4 6厘米

图26　泥塑佛像耳1

（2）泥塑佛像眼

2只，编号泥塑佛像眼1、2。

泥塑佛像眼1，系泥塑佛像右眼残块。长5.7厘米，宽4.2厘米（图版三四七）。

泥塑佛像眼2，系泥塑佛像左眼残块。长6.4厘米，宽4.8厘米，厚2.5厘米（图版三四八）。

（3）泥塑佛像耳

6只，编号泥塑佛像耳1~6。长9~11厘米，宽5厘米，厚2.5厘米。图版中较小的3只耳朵为泥塑罗汉耳（图版三四九）。

泥塑佛像耳1，下部残缺。残长11厘米，宽5厘米，厚2.5厘米（图26）。

（4）泥塑佛像鼻

1只。泥塑佛像鼻，系从泥塑佛头像上断裂、脱落。残块长6.6厘米，宽4.5厘米，厚4.3厘米（图27；图版三五〇）。

4．泥塑佛像手及手指

（1）泥塑佛像手

手1、2。

泥塑佛2只。编号泥塑佛手1，左手。此手五指相握，表面贴金。长15.5厘米，宽9.5厘米，厚7厘米（图28；图版三五一）。

泥塑佛2只。编号泥塑佛手2，右手。五指屈握，大拇指指尖捏于中指、食指之间。长14.5厘米，宽7.2厘米，厚7厘米（图29；图版三五二）。

（2）泥塑佛像手指

10余只。手指细长，指节、指甲刻工细腻。图版中较短、细的手指为泥塑罗汉手指。

泥塑佛像手指1，直伸，指节、指甲盖刻得非常清晰。手指的做法系先用一根细铁丝做支撑骨，铁丝外包裹黄胶泥，胶泥外以白灰粉饰。残长10.8厘米，直径2厘米（图30；图版三五三）。

5．泥塑佛像脚

脚2只。编号泥塑佛脚1、2。

泥塑佛像脚1，为右腿左脚，呈跏趺坐状，脚心朝上。位于天宫下层南部。表面贴金箔，多已脱落。其塑造精细，大小与已发现的泥塑佛头像、泥塑佛面像比例相当，应该是这批泥塑佛像的残肢。残长34厘米（图31；图版三五四）。

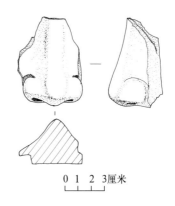

图27　泥塑佛像鼻

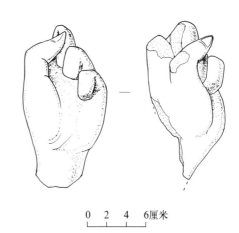

图28　泥塑佛像手1

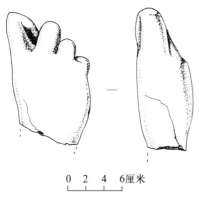

图29　泥塑佛像手2

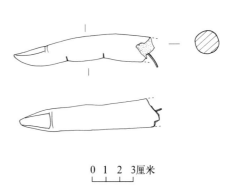

图30　泥塑佛像手指

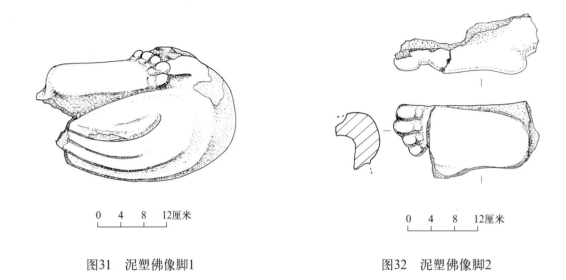

图31　泥塑佛像脚1　　　　　　　　　　　　图32　泥塑佛像脚2

泥塑佛脚2，仅存一只，脚心朝上，脚背、小指残缺。长24.9厘米，宽12.2厘米，厚9.6厘米（图32；图版三五五）。

（二）泥塑罗汉像

罗汉像，为泥塑像中最大的一批，经清理、拼对整理，有罗汉头像18尊、身像18尊及大量像身残块等。

1．泥塑罗汉头像

18尊，编号泥塑罗汉头像1～18。其中有6尊保存基本完好，7尊面部脱落，头部保存基本完好，头部中空，孔径为5～5.5厘米。另有5尊无面部，头部也残缺不全。

泥塑罗汉头像1，位于天宫下层南部。已修复完整。中空，孔径5.5厘米。面相方圆，弯眉，双目微合。眼珠为绿色，系绿色釉料特制，双眼因釉料下溢留有绿色泪痕。鼻梁高直，双唇闭合。面部先后两次妆饰白粉。高18.3厘米，宽12.5厘米（图33；图版三五六）。

泥塑罗汉头像2，位于天宫下层南部。已修复完整。同泥塑罗汉头像1放在一起。面部长圆，弯眉，眼珠乌亮，高鼻，大耳，左耳残缺。前额、眼角阴刻皱纹，似饱经风霜，为成年人像。面部妆饰的白粉多已脱落。头部中空。高21.7厘米，宽12.5厘米（图34；图版三五七）。

泥塑罗汉头像3，位于天宫下层西部。已修复完整。面相丰腴，浓眉大眼，眼珠圆凸，双耳

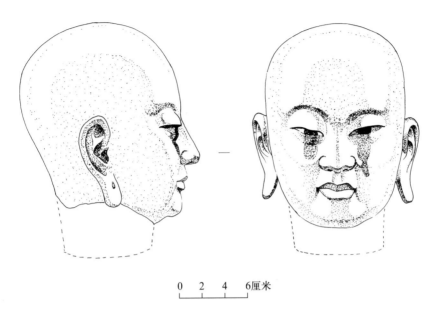

0　2　4　6厘米

图33　泥塑罗汉头像1

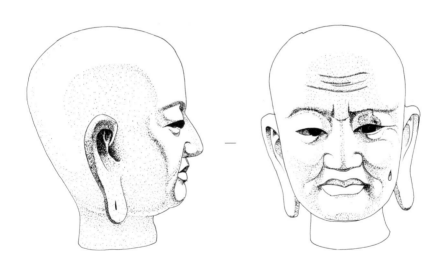

0　2　4　6厘米

图34　泥塑罗汉头像2

残缺。面部饰白粉。头部后侧稍残，中空。高17.2厘米，宽12.3厘米（图35；图版三五八）。

　　泥塑罗汉头像4，位于天宫下层西部。面相长圆，下颌略内收。前额凸起，弯眉，双目平视。眼珠乌亮，有因釉料外溢留下的泪痕。棱鼻小嘴，双唇紧闭，下颏微微上翘，神态天真可爱。头部中空。面部经前、后两次粉饰。高15.4厘米，宽12.5厘米。（图36；图版三五九）。

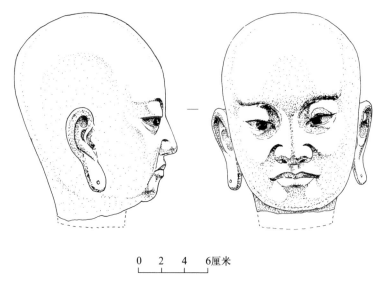

0 2 4 6厘米

图35 泥塑罗汉头像3

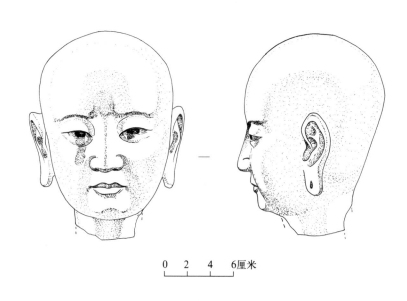

0 2 4 6厘米

图36 泥塑罗汉头像4

泥塑罗汉头像5，位于天宫中层东北角。已修复完整。粗眉细眼，眼珠乌亮，眼角稍翘，鼻梁高直，双耳残缺，额头及面颊局部破损。高16.5厘米，宽13.5厘米（图37；图版三六○）。

泥塑罗汉头像6，位于天宫中层。已修复完整。弯眉隆起，双目微下视。眼珠用绿色釉料特制，因釉料下流，故在面部形成泪痕。前额皱纹深刻，直鼻大嘴，双唇紧闭。右耳已缺，左耳

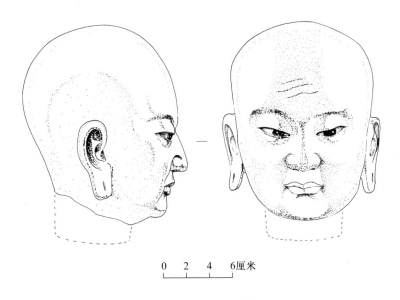

0　2　4　6厘米

图37　泥塑罗汉头像5

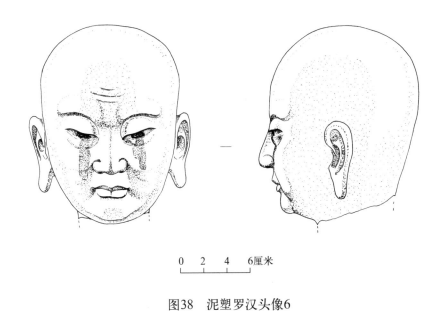

0　2　4　6厘米

图38　泥塑罗汉头像6

稍残。面部前、后两次粉饰白灰。头部中空。孔径5厘米。高18厘米，宽13.5厘米（图38；图版三六一）。

　　泥塑罗汉头像7，位于天宫中层。面部脱落，双耳残缺。高19.5厘米，宽14厘米，脖颈残长1.5厘米（图39；图版三六二）。

　　泥塑罗汉头像8，位于天宫中层南部。头顶左侧稍残，面部剥落。高17.4厘米，宽12.5厘米

（图40；图版三六三）。

泥塑罗汉头像9，位于天宫下层南部。面部损毁，仅存头部后半部分，右耳保存较完好。高17.5厘米，宽13.7厘米（图版三六四）。

泥塑罗汉头像10，位于天宫下层西部。头部保存相对完整，面部损毁。高16厘米，宽12.5厘米。

泥塑罗汉头像11，位于天宫下层西部。右耳保存完整，左耳稍残。面部损毁。高18.8厘米，宽14厘米（图版三六五）。

泥塑罗汉头像12，位于天宫下层西部。右耳保存完整，面部损毁。高17厘米，直径13.4厘米（图41；图版三六六）。

泥塑罗汉头像13，位于天宫下层西部。面部损毁，左耳残佚，右耳下部稍残。高18.6厘米，宽14厘米（图版三六七）。

泥塑罗汉头像14，位于天宫下层北部。面部已损毁，仅存头顶及头部后半部分。残高11.8厘米，宽13.7厘米（图版三六八）。

泥塑罗汉头像15，面部已损毁，仅存头部后半部分。高16厘米，宽13厘米（图42；图版三六九）。

泥塑罗汉头像16，位于天宫中层。仅存头的上半部和半只右眼，高14厘米，宽13厘米（图43；图版三七〇）。

泥塑罗汉头像17，位于天宫中层。仅存头上半部泥胎。高10厘米，宽9.2厘米（图版三七一）。

泥塑罗汉头像18，面部损毁，头部上半部分保存相对较好。高15.7厘米，直径12.8厘米（图版三七二）。

2．泥塑罗汉像身

18尊，编号泥塑罗汉像身1～18。其中8尊保存较为完好，剩余10尊仅存部分躯干。另有大量的泥塑罗汉身像残块、碎块、碎渣等。

泥塑罗汉像身1，位于天宫中层东部。已修复完整。罗汉结跏趺坐，双臂下垂放至腿部，双手和双腿残缺。身着交领右袒袈裟，袈裟黑色衬底，腹部绘白色团花，领边亦为白色，腰部束带。袈裟外穿通领大衣，大衣用白色衬底，其上用朱砂绘出方格几何纹图案，方格内刻繁密卷云纹和鸟纹，纹饰描金，但多已脱落。此像腹内藏有西夏文经卷，已烧成灰烬。残高45.5厘米，宽38厘米（图44；图版三七三）。

泥塑罗汉像身2，位于天宫中层南部。已修复完整。罗汉结跏趺坐，双臂下垂放至腿部，双

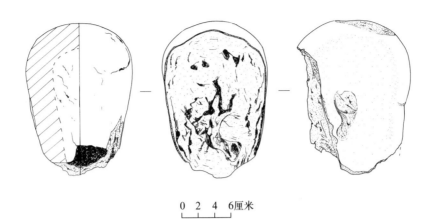

0　2　4　6厘米

图39　泥塑罗汉头像7

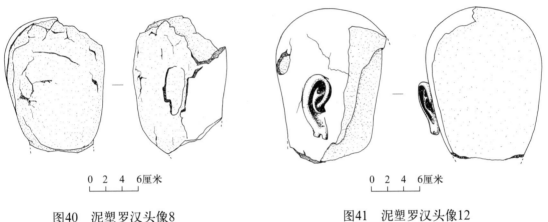

0　2　4　6厘米

图40　泥塑罗汉头像8

0　2　4　6厘米

图41　泥塑罗汉头像12

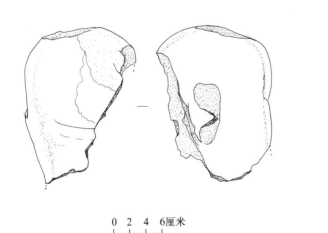

0　2　4　6厘米

图42　泥塑罗汉头像15

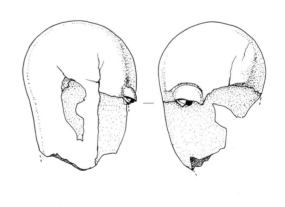

0　2　4　6厘米

图43　泥塑罗汉头像16

0　　4　　8　　12厘米

图44　泥塑罗汉像身1

手和双腿残缺。身着交领袈裟，腰部束绳带，外穿右袒大衣。袈裟用白色衬底，边襟、腹部、肩部尚可看出花纹图案。边襟上的花纹为折枝花，腹部、肩部绘几朵大团花。团花多已模糊不清，仅存轮廓。唯右肩团花可看清纹饰，即在圆圈内用细线刻繁密的鸟衔花纹饰，纹饰表面贴金箔。在泥塑罗汉腹内藏有西夏文经卷，惜多已烧成灰烬。从其残片上，隐约可见经过刻印的西夏文字。残高44厘米，宽38.5厘米（图45～47；图版三七四～三七六）。

　　泥塑罗汉像身3，位于天宫中层西部。已修复完整。罗汉结跏趺坐，双臂下垂放至腿部，双手和双脚已佚。身着交领袈裟，外穿右袒大衣。从背部看，大衣用白色衬底，上面墨线绘出大方格图案。衣褶线条转折流畅。像身表层剥落严重。残高39厘米，宽34厘米（图48；图版三七七）。

　　泥塑罗汉像身4，位于天宫下层北部。已修复完整。罗汉溜肩、鼓腹，双臂自然下垂放至腹

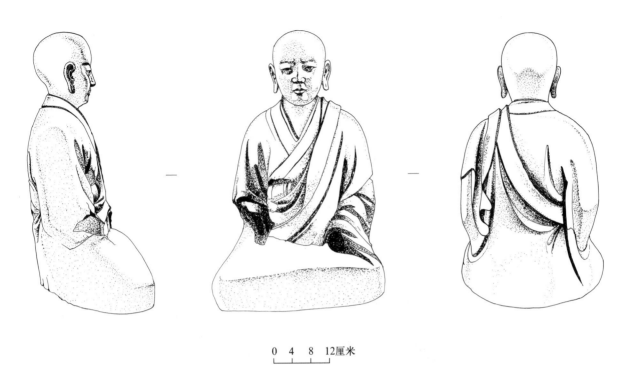

0　4　8　12厘米

图45　泥塑罗汉像身2（修复后）

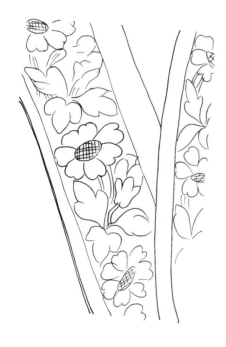

图46　泥塑罗汉像身2袈裟边襟花纹

图47　泥塑罗汉像身2袈裟肩部花纹

0　　4　　8　　12厘米

图48　泥塑罗汉像身3

部，双手残缺。右腿残缺，右脚盘于左腿上，脚心朝上。左腿盘屈至右腿下，从坐姿看，原结跏趺坐。身着交领袈裟，袈裟黑色上绘白色团花，团花内绘黑色花纹，已漫漶不清。袈裟领口、袖口等边缘朱红色，刻细密花纹，纹饰不清。腰束带，带于腹前打结。外披右袒大衣。大衣为红色，用黑色绘出几何形图案，领边和方格图案内刻画繁密的花卉纹，纹饰上贴有金箔，惜多已脱落。残高45厘米，宽43厘米（图49；图版三七八～三八一）。

　　泥塑罗汉像身5，位于天宫下层北部。泥塑罗汉右臂和双腿残缺，左臂自然下垂至腿部，左手残缺。身着右袒袈裟，腰束带，带于腹前打十字结。袈裟边襟见花叶纹，花朵五瓣圆形，叶三瓣，现呈黑色，原可能为绿色。袈裟外着右袒大衣，衣用白色衬底，上用墨线绘出方格图案。大衣领边用阴线刻画细密的花卉纹，纹饰大多磨损不清。此像腹内藏有西夏文经书一卷，已熏成黑色。经书长15.7厘米，书中刻印的西夏文字方整醒目。每字高0.9厘米，宽0.8厘米。残高49厘

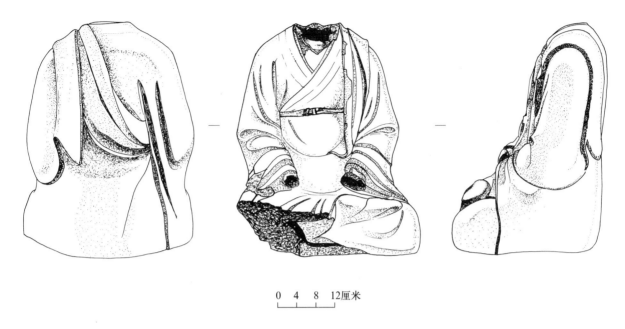

0　4　8　12厘米

图49　泥塑罗汉像身4

米，宽30厘米（图50；图版三八二、三八三）。

　　泥塑罗汉像身6，位于天宫下层北部。罗汉结跏趺坐，双臂和双腿残缺。身着通领右袒袈裟，胸襟翻贴，腰束绳带。袈裟上刻细密花草纹图案，局部染成黑色，纹饰多漫漶不清。外披通领右袒大衣，大衣用白色衬底，上用墨线绘出大方格几何图案，内细刻花卉纹。像身表层多有脱落。残高41.5厘米，宽34厘米（图51；图版三八四）。

　　泥塑罗汉像身7，位于天宫中层。已修复完整。颈部以上残缺，双臂自然下垂至腹部，双手残缺，双腿残缺。从保存部分看，此罗汉结跏趺坐。内穿交领僧祇支，腰部束带。外着右袒袈裟，袈裟用黑色衬底，上绘白色团花，团花漫漶不清，仅存轮廓，局部可见刻划的繁密花纹。残高48厘米，宽36.5厘米（图52；图版三八五、

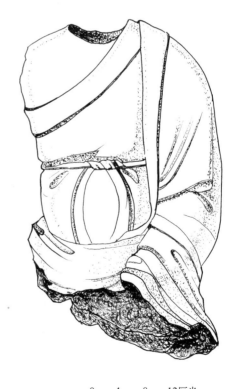

0　4　8　12厘米

图50　泥塑罗汉像身5

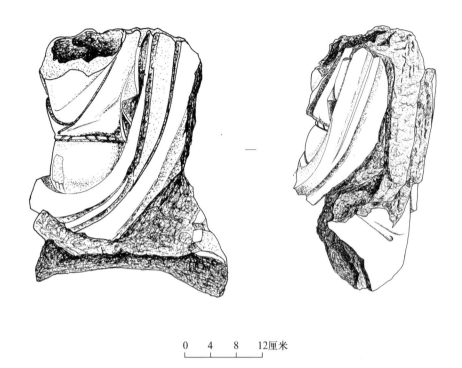

0   4   8   12厘米

图51   泥塑罗汉像身6

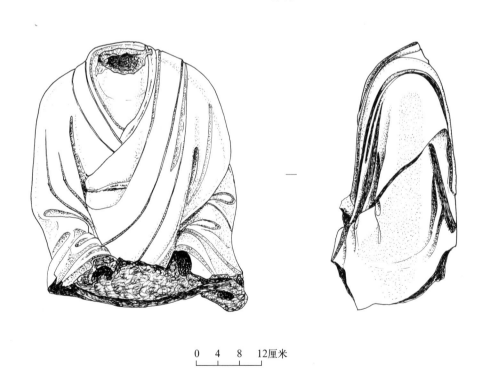

0   4   8   12厘米

图52   泥塑罗汉像身7

三八六）。

　　泥塑罗汉像身8，位于天宫中层。四肢残缺。身着通领右袒袈裟，腰束带。袈裟上绘红色花朵，黑色花叶纹图案，花朵仅存轮廓，叶片呈黑色。外着通领大衣，大衣背部有黑色大方格几何图案。像身表面遭烟熏，色泽已模糊不清。残高36厘米，残宽24厘米（图53；图版三八七、三八八）。

　　泥塑罗汉像身9，位于天宫中层东南角。存左肩和领部左侧，表面涂白，上用墨线绘出大方格及几何图案，方格沿边用细线浅刻繁密的卷云纹和圆圈纹。每个圆圈内均分为八等份，每等份内有一梵文文字，文字已漫漶不清。花纹上残留有金箔。残高33厘米，残宽29厘米（图54；图版三八九）。

　　泥塑罗汉像身10，位于天宫下层北。仅存跏趺坐，右脚搭左膝上，掌心向上，坐姿端庄。残高16.2厘米，宽41厘米，厚24厘米（图55；图版三九〇）。

　　泥塑罗汉像身11，仅存腰带和袈裟斜领部分。残块长14.2厘米，宽12厘米，厚5厘米（图版三九一）。

　　泥塑罗汉像身12，存腰带和腹部部分，花纹繁缛。残高15.8厘米，宽16.6厘米，厚3厘米

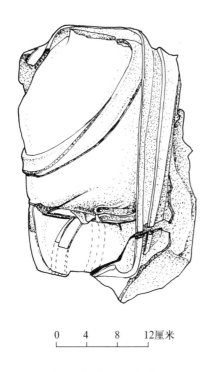

0　　4　　8　　12厘米

图53　泥塑罗汉像身8

0　　4　　8　　12厘米

图54　泥塑罗汉像身9

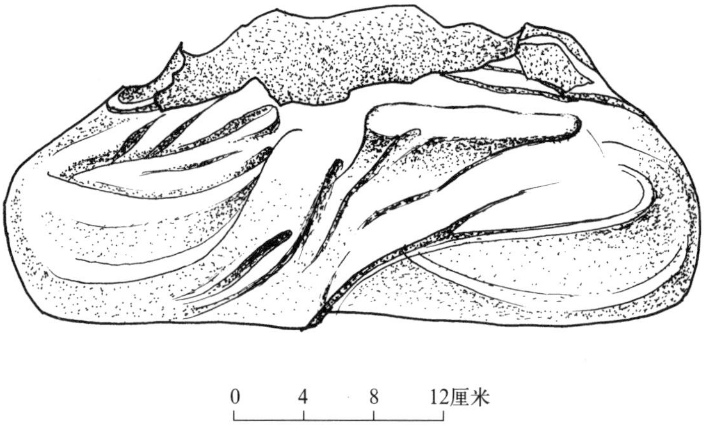

0   4   8   12厘米

图55 泥塑罗汉像身10

（图56；图版三九二、三九三）。

泥塑罗汉像身13，存胸、腹部大部分，花纹繁缛。其上有彩绘剥蚀的痕迹，可看出腹部彩绘团花纹，左胸襟线刻一朵大花卉，边襟也线刻花卉纹，花纹已漫漶不清。残块长20.7厘米，宽17.4厘米，厚3.8厘米（图版三九四）。

泥塑罗汉像身14，存腰带和腹部部分。腰带两端下垂部分呈弧形。残块长19.5厘米，宽15.3厘米，厚3.5厘米（图版三九五）。

泥塑罗汉像身15，存左胸腹部分。其上有黑色彩绘，花纹繁缛。残块长18.3厘米，宽11.5厘米，厚4.5厘米（图57；图版三九六）。

泥塑罗汉像身16，存左胸腹部分。其上有黑、黄色彩绘，花纹繁缛。残块长27.2厘米，宽13厘米，厚6.7厘米（图版三九七）。

泥塑罗汉像身17，像身右肩部断裂、脱落部分，粉妆层有脱落、剥蚀痕迹。残块高12.5厘米，宽7.9厘米，厚4.2厘米（图版三九八）。

泥塑罗汉像身18，像身胸腹部断裂、脱落部分。表层白灰皮上彩绘纹饰。残高13.2厘米，宽10.4厘米，厚2.4厘米（图版三九九）。

3. 泥塑像身残块

泥塑像身残块发现最多，大大小小近千块，大部分为罗汉像身残块。现选取躯体不同部位、衣饰花纹较别致的残块74件，编号泥塑像身残块1~74，介绍如下。

（1）泥塑像身残块1~28

泥塑像身残块1，位于在下层东部。躯体左肩后背部，残存部分衣纹，线条自然流畅。残块高29.5厘米，宽18厘米，厚14.6厘米（图58；图版四〇〇）。

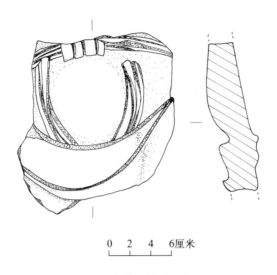

0　2　4　6厘米

图56　泥塑罗汉像身12

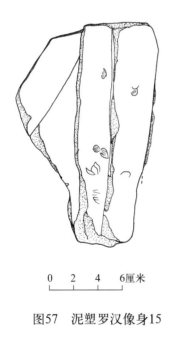

0　2　4　6厘米

图57　泥塑罗汉像身15

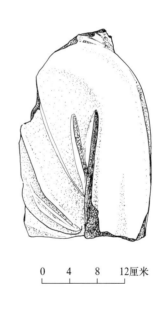

0　4　8　12厘米

图58　泥塑像身残块1

　　泥塑像身残块2，部分右肩部。残块高29厘米，宽18.6厘米，厚15.2厘米（图版四〇一）。

　　泥塑像身残块3，位于下层北部。像身下部右半侧，跏趺坐。衣饰大方格纹，格内有花草纹。施红、黑色等彩绘。残块高33.5厘米，宽22.6厘米，厚10.1厘米（图版四〇二）。

　　泥塑像身残块4，像身左肩部脱落部分，衣纹线条流畅自如，近肩部打有结带，带两端下垂。残块高19厘米，宽9.5厘米，厚3.6厘米（图版四〇三）。

泥塑像身残块5，像身背部脱落部分。衣纹线条流畅自如。残块高25.6厘米，宽21.5厘米，厚5.3厘米（图版四〇四）。

泥塑像身残块6，像身部分后肩背部。衣服上彩绘大几何方格和花卉纹（图版四〇五）。

泥塑像身残块7，像身右胳膊肘部断裂、脱落的一段。残块长16.2厘米，径8.2厘米（图版四〇六）。

泥塑像身残块8，像身胳膊处断裂、脱落部分。残块长19.5厘米，径10.9厘米（图版四〇七）。

泥塑像身残块9，像身右胳膊脱落的一段。残块长18.7厘米，径7.4厘米（图版四〇八）。

泥塑像身残块10，像身胳膊处断裂、脱落部分。残块长19.7厘米，径9.1厘米（图版四〇九）。

泥塑像身残块11，像身胳膊下半段断裂、脱落部分。残块长17.7厘米，径6.4厘米（图版四一〇）。

泥塑像身残块12，像身胳膊处断裂、脱落部分。残块长13.3厘米，径5.1厘米（图版四一一）。

泥塑像身残块13，像身盘腿部分。残块高26.4厘米，宽21.9厘米，厚8.1厘米（图版四一二）。

泥塑像身残块14，残块长22.5厘米，宽18.3厘米，厚7.6厘米（图版四一三）。

泥塑像身残块15，残块长17厘米，宽12.8厘米，厚6.2厘米（图版四一四）。

泥塑像身残块16，残块长24厘米，宽10.6厘米，厚5.3厘米（图版四一五）。

泥塑像身残块17，像身左半部。残块高28.3厘米，宽23.5厘米，厚16.7厘米（图版四一六）。

泥塑像身残块18，残块高39.7厘米，宽31厘米，直径19.7厘米（图版四一七）。

泥塑像身残块19，像身下部断裂、脱落部分。残块高19厘米，宽23.5厘米，厚12.9厘米（图版四一八）。

泥塑像身残块20，衣饰部分。残块长19.8厘米，宽19厘米，厚3.5厘米（图版四一九）。

泥塑像身残块21，像身衣饰褶皱。残块长21厘米，宽18.9厘米，厚3厘米（图版四二〇）。

泥塑像身残块22，像身衣饰褶皱。残块长10.5厘米，宽6.2厘米，厚2.5厘米（图版四二一）。

泥塑像身残块23，像身腿部衣饰褶皱。残块长19.5厘米，宽10.5厘米，厚3.2厘米（图版四二二）。

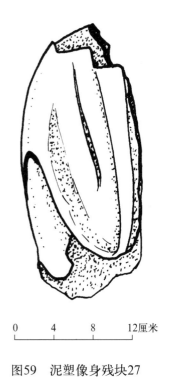

0　　4　　8　　12厘米

图59　泥塑像身残块27

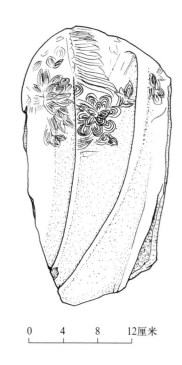

0　　4　　8　　12厘米

图60　泥塑像身残块30

泥塑像身残块24，残块长16厘米，宽15.5厘米，厚9厘米（图版四二三）。

泥塑像身残块25，残块长17.3厘米，宽16.6厘米，厚6厘米（图版四二四）。

泥塑像身残块26，残块长22.3厘米，宽23厘米，厚3.1厘米（图版四二五）。

泥塑像身残块27，残块高27.2厘米，宽17.5厘米，厚13.8厘米（图59；图版四二六）。

泥塑像身残块28，衣褶残件。残块长14厘米，宽10.2厘米，厚4.2厘米（图版四二七）。

（2）泥塑像身残块29～34

主要为像身衣饰彩绘花纹残块。

泥塑像身残块29，似为像身肩部残块。表面圆润光滑，上有黑色花卉衣纹图案。在白灰皮上线描花卉纹，花朵盛开。残块长13.5厘米，宽10.3厘米，厚3.5厘米（图版四二八）。

泥塑像身残块30，似像身肩部残块。表面圆滑，白灰皮上阴线刻画花卉纹，间有绿叶相衬，花盛叶茂。线条纤细，婉转流畅。残块高16厘米，宽9.7厘米，厚3.2厘米（图60；图版四二九）。

泥塑像身残块31，表面白灰皮上阴线刻花卉纹，叶脉绿色，花盛叶茂。其线条婉转流畅。残损处留存有彩绘前针扎的花纹粉本图案痕迹。残块长10厘米，宽10.4厘米，厚3.5厘米（图版

0　2　4　6厘米

0　2　4　6厘米

图61　泥塑像身残块32

图62　泥塑像身残块35

四三〇）。

　　泥塑像身残块32，衣褶部分。从白灰皮脱落处看，粉饰过两次，第一次在白灰皮上阴线刻画花卉纹，花瓣圆形，花枝舒展，绿色晕染，衣襟边缘见描金，多已脱落；第二次粉饰后直接彩绘花卉纹，颜色似为褐红色。残块长16.3厘米，宽15.5厘米，厚3.5厘米（图61；图版四三一）。

　　泥塑像身残块33，似为衣前襟带肩部分。表面白灰皮在肩部阴线刻花卉纹，组成一大朵团花，团花局部保存描金痕迹。前襟边沿刻画连续卷草纹，绿色晕染，花盛叶茂，线条婉转流畅。花卉残损处留存有针孔衣纹粉本图案痕迹。残块长9.8厘米，宽9.5厘米，厚3.5厘米（图版四三二）。

　　泥塑像身残块34，似为像身盘腿部分。彩绘残损严重，可见两层白灰粉饰。第一次粉饰后绘黑色纹饰组成一个大圆圈，第二次粉饰后画红色大几何格纹。残块高25.2厘米，宽21.5厘米，直径7.5厘米（图版四三三）。

　　（3）泥塑像身残块35~38

　　以下这四块泥塑像身衣纹残块的胎质、纹饰大同小异，应属同一尊泥塑像。

　　泥塑像身残块35，衣纹大几何方格，方格内用细红线绘双圆圈，圈内白色衬底，中间绘一只昂首张嘴、四肢飞奔的动物，似天狗。圆圈外绘黑色卷云纹，红线勾边。大几何方格空间染成朱红色。大几何方格边沿内外绘墨线，中间涂白色。值得注意的是白灰上见金色，已模糊不清，似为两个描金西夏文字。残块长25厘米，宽18.1厘米，厚7.7厘米（图62；图版四三四、四三五）。

泥塑像身残块36，残块较小，表层绘有黑色花纹与动物图案。圆圈内一天狗，圈外黑色卷云纹。残块长5.1厘米，宽4厘米，厚1.1厘米（图版四三六）。

泥塑像身残块37，残块较小，表层粉妆，绘有黑色花纹与动物图案。红线圈内的纹饰已磨损不清，圈外残存的断断续续的黑色花纹为卷云纹。残块长22厘米，宽19.2厘米，厚5厘米（图版四三七）。

泥塑像身残块38，几何格内一圆圈，内有一天狗，圈外为黑色卷云纹（图版四三八）。

（4）泥塑像身残块39~42

这四块像身残块的质地、彩绘纹饰大同小异，应属同一尊像。

泥塑像身残块39，似为像身左肩部断裂、脱落部分。表层粉妆，衣饰边襟以绿色绘连续卷草纹。残块高8.9厘米，宽6.6厘米，厚2.4厘米（图版四三九）。

泥塑像身残块40，似为像身右肩部断裂、脱落部分。表层粉妆，衣饰折叠处以绿色绘连续卷草纹。花纹与泥塑像身残块39相同。残块高9.5厘米，宽7.2厘米，厚2.5厘米（图版四四〇）。

泥塑像身残块41，残块长15.8厘米，宽7.7厘米，厚4.3厘米（图版四四一）。

泥塑像身残块42，残块长15.5厘米，宽14.5厘米，厚5.4厘米（图版四四二）。

（5）泥塑像身残块43~45

这三块泥塑像身残块边襟上的纹饰相同，为连续花卉纹，一朵五瓣花、一枝叶相间排列，很有规律。花纹、彩绘同泥塑罗汉像身2袈裟边襟上的纹饰相同，应该是泥塑罗汉像身2上的残块。

泥塑像身残块43，像身肩领部残块。其上留存针刺刻划的衣纹、花卉纹饰及彩绘遗迹。残块长8.6厘米，宽6.5厘米，厚1.2厘米（图版四四三）。

泥塑像身残块44，像身后背断裂、脱落部分。表面彩绘花卉纹。残块高8.4厘米，宽7.3厘米，厚2.5厘米（图版四四四、四四五）。

泥塑像身残块45，像身胸前断裂、脱落部分。残块长7厘米，宽7厘米，厚3厘米（图版四四六）。

（6）泥塑像身残块46~55

线刻纹饰基本相同，为连续花卉纹，应该为一尊塑像上的残块。

泥塑像身残块46，衣领部位阴刻折枝五瓣花，花瓣椭圆形，花叶晕染成绿色。两道衣褶上细

0　　2　　4　　6厘米

图63　泥塑像身残块48

0　　1　　2　　3厘米

图64　泥塑像身残块53

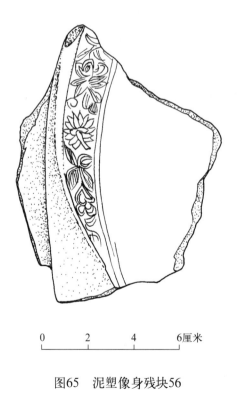

0　　2　　4　　6厘米

图65　泥塑像身残块56

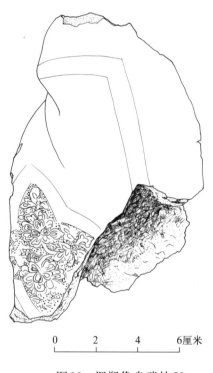

0　　2　　4　　6厘米

图66　泥塑像身残块59

线刻连续花卉纹，花盛叶茂。花叶间以黑色边框分隔。残块长9.5厘米，宽9厘米，厚3.4厘米（图版四四七）。

泥塑像身残块47，像身前胸断裂、脱落部分。其上留有黑色衣纹图案，衣褶上细线刻连续花卉纹，一花一叶相间。残块长11.2厘米，宽4厘米，厚1.5厘米（图版四四八）。

泥塑像身残块48，似衣饰后背部分。其上留存有网格状黑色衣纹图案。以横竖线分成大几何方格，方格边沿阴线刻划细密连续花卉纹。残块长14.4厘米，宽11.4厘米，厚4.7厘米（图63；图版四四九）。

泥塑像身残块49，似为衣服的前襟部分。其上有黑色衣纹装饰图案。残块长17厘米，宽9.5厘米，厚3厘米（图版四五○）。

泥塑像身残块50，似为像身前胸左半部分。其上留存有黑色衣纹痕迹。残块长25.7厘米，宽15.5厘米，厚3厘米（图版四五一）。

泥塑像身残块51，似为衣服的前部。其上绘有黑色与褐色衣纹。残块长10.7厘米，宽9厘米，厚3.3厘米（图版四五二）。

泥塑像身残块52，似为衣服的前部。其上留存有彩绘衣纹痕迹。残块长17.5厘米，宽14.5厘米，厚2.8厘米（图版四五三）。

泥塑像身残块53，身像右肩、前胸脱落部分，表面彩绘。残块高7.3厘米，宽4.2厘米，厚2厘米（图64；图版四五四）。

泥塑像身残块54，似为像身衣服的袖子部分。其上有黑色装饰图案。残块长17厘米，宽9.5厘米，厚3厘米（图版四五五）。

泥塑像身残块55，为像身衣褶部分。其上留存有黑色衣纹痕迹。残块长15.5厘米，宽12.2厘米，厚5厘米（图版四五六）。

泥塑像身残块56，绘衣饰花纹，似为莲瓣纹，纹饰同泥塑像身残块55的花纹非常相近。残块高11.7厘米，宽8.9厘米，厚3.1厘米（图65；图版四五七、四五八）。

泥塑像身残块57，为衣饰边襟部分。纹饰同泥塑像身残块48边襟相近，同为五瓣花，但线条与施彩不同，花朵似呈橘红色，叶片绿中泛铁锈红色。残块高10.5厘米，宽5.9厘米，厚3.7厘米（图版四五九）。

泥塑像身残块58，为衣饰边襟部分。其上留有衣纹彩绘痕迹，黑边，中间连续花卉纹，叶片较大，原为绿色。残块长6.1厘米，宽4.4厘米，厚2厘米（图版四六○）。

泥塑像身残块59，像身衣饰部分。其上留有彩绘时针扎出的粉本图案痕迹。可看出为大几何方格，方格内涂黑色，一处细线刻花卉纹，几朵花朵组成一朵大团花，花朵间以细密锥刺

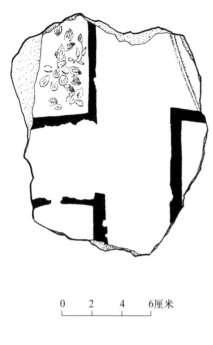

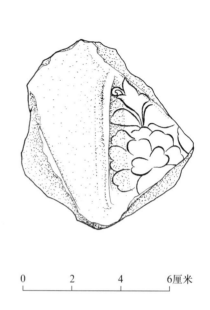

0　　2　　4　　6厘米

0　　2　　4　　6厘米

图67　泥塑像身残块67

图68　泥塑像身残块70

纹分隔。线条纤细，委婉流畅。残长14.4厘米，宽9.5厘米，厚4厘米（图66；图版四六一、四六二）。

　　泥塑像身残块60，像身衣饰残块。可看出几何纹大方格，方格边沿中间一条黑色粗线，内外各一条细线，方格与方格间有连续花卉纹，纹饰已磨损不清，仅看出绿叶。方格内见彩绘的似卷云纹图案，已破损不清。残高16厘米，宽8.2厘米，厚2.6厘米（图版四六三）。

　　泥塑像身残块61，残块上的纹饰现与泥塑像身残块60相同，应该同属一尊塑像。残长8厘米，宽7.3厘米，厚1.5厘米（图版四六四）。

　　泥塑像身残块62，像身腹部衣饰部分，纹饰漫漶不清。从残存断断续续的黑色弧线条看，为繁密的花草纹。残高12.4厘米，宽10.5厘米，厚3.4厘米（图版四六五）。

　　泥塑像身残块63，像身衣饰残块，其上留存有黑色几何方格，方格内存断断续续的黑色弧线，似为繁密的花草纹。纹饰与泥塑像身残块62风格相同，应该同属一尊塑像。残长20.2厘米，宽10.7厘米，厚7厘米（图版四六六）。

　　泥塑像身残块64，像身衣饰残块，上有两次粉妆彩绘痕迹。两层白灰皮上都有彩绘，纹饰为几何大方格内线描花草纹，舒朗自然。残长20厘米，宽13.5厘米，厚4.5厘米（图版四六七）。

泥塑像身残块65，像身衣饰残块，同泥塑像身残块64纹饰相近。其上留存有彩绘前针扎的粉本图案残迹。纹饰为几何大方格内线描花草纹，磨损较甚。残长15.5厘米，宽10.5厘米，厚3.2厘米（图版四六八）。

泥塑像身残块66，像身前身衣褶残块。其上留存有黑色彩绘痕迹，纹饰为几何大方格内线描花草纹，方格间细线阴刻连续花叶纹。残长16.5厘米，宽14.5厘米，厚4厘米（图版四六九）。

泥塑像身残块67，像身衣饰后背残块，其上留有剥蚀的彩绘与二次粉妆痕迹。纹饰为几何大方格内线描花草纹，与泥塑像身残块66纹饰相同，为同一尊泥塑像身残块。残长16厘米，宽13厘米，厚4.6厘米（图67；图版四七〇）。

泥塑像身残块68，像身衣饰残块。其上留有剥蚀的彩绘与二次粉妆痕迹。纹饰与泥塑像身残块66、67纹饰相同，为几何大方格内线描花草纹，应该为同一尊泥塑像身上的残块。残长12厘米，宽10.3厘米，厚3.4厘米（图版四七一）。

泥塑像身残块69，像身衣饰残块。其上几何大方格内彩绘花卉纹。残长12厘米，宽8.3厘米，厚2.6厘米（图版四七二）。

泥塑像身残块70，像身衣饰残块。其上留存有针刺和线刻的黑色花饰图案。图案为线刻的一株小树，枝繁叶茂，叶片桃形，树叶染成绿色。残长8厘米，宽7厘米，厚2.7厘米（图68；图版四七三、四七四）。

泥塑像身残块71，像身衣饰残块。纹饰为几何大方格内绘一圆圈。方格边沿朱红色框，内外黑色。圆圈线描黑色，内有黑色纹饰，已漫漶不清。外围一周如意卷云纹。残长24.5厘米，宽20.5厘米，厚11厘米（图版四七五）。

泥塑像身残块72，像身衣饰前身残块。内、外两层白灰皮，灰皮上都有纹饰。外层纹饰为衣服边襟线刻连续花叶纹，绿色晕染。衣服上线刻细密花卉纹，由一朵朵碎花和叶片组成，绿色晕染。内层纹饰在外层脱落处可见细线刻画的云纹，露出的边襟上有细线阴刻的线条，纹饰不清。残长13.6厘米，宽11.1厘米，厚4厘米（图版四七六）。

泥塑像身残块73，像身衣饰残块。纹饰见有几何大方格、如意云纹。残长12厘米，宽5.9厘米，厚2.3厘米（图版四七七）。

泥塑像身残块74，像身衣饰残块。残块上面墨书数个西夏文字。残长10.5厘米，宽3.5厘米，厚2.6厘米（图版四七八）。

4. 泥塑罗汉像耳、鼻、嘴、手、脚等

（1）耳

存耳模2只，耳30多只。皆长6～9厘米左右，同泥塑罗汉头像上的耳朵大小、形制基本相

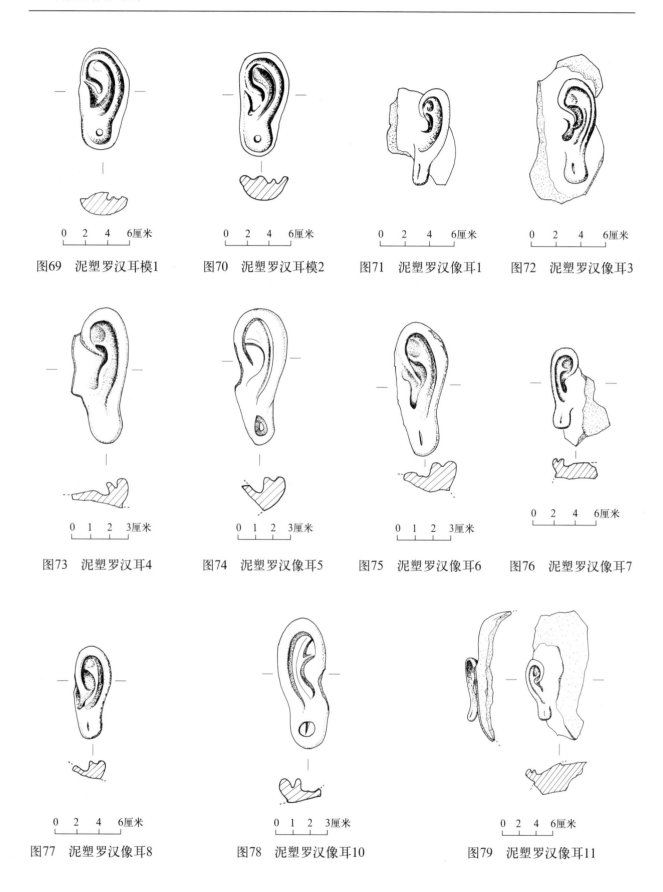

图69 泥塑罗汉耳模1　　图70 泥塑罗汉耳模2　　图71 泥塑罗汉像耳1　　图72 泥塑罗汉像耳3

图73 泥塑罗汉耳4　　图74 泥塑罗汉像耳5　　图75 泥塑罗汉像耳6　　图76 泥塑罗汉像耳7

图77 泥塑罗汉像耳8　　图78 泥塑罗汉像耳10　　图79 泥塑罗汉像耳11

同。图版上较大的几只耳朵，可能是泥塑佛像耳（图版四七九）。

泥塑罗汉像耳模1、2，大小、形制基本相同。同为右耳，耳垂上一圆孔。背部平整。长9.2厘米，宽4.5厘米，厚2.1厘米（图69、70；图版四八〇）。

泥塑罗汉像耳1，左耳，完整，耳垂上一竖弧线。长8厘米，宽5.8厘米，厚1.7厘米（图71；图版四八一）。

泥塑罗汉像耳2，左耳，完整。长8.5厘米，宽4.8厘米，厚1.4厘米（图版四八二）。

泥塑罗汉像耳3，左耳，完整。长11.5厘米，宽5.6厘米，厚2厘米（图72；图版四八三）。

泥塑罗汉像耳4，左耳，完整。长7厘米，宽3.2厘米，厚1.4厘米（图73；图版四八四）。

泥塑罗汉像耳5，长7.3厘米，宽3厘米，厚1.7厘米（图74；图版四八五）。

泥塑罗汉像耳6，长7.1厘米，宽3厘米，厚1.5厘米（图75；图版四八六）。

泥塑罗汉像耳7，右角，完整。长9厘米，宽4.5厘米，厚1.5厘米（图76；图版四八七）。

泥塑罗汉像耳8，长7.8厘米，宽3厘米，厚1.6厘米（图77；图版四八八）。

泥塑罗汉像耳9，长7.3厘米，宽2.9厘米，厚1.6厘米（图版四八九）。

泥塑罗汉像耳10，长7.1厘米，宽2.9厘米，厚1.2厘米，（图78；图版四九〇）。

泥塑罗汉像耳11，长15.2厘米，宽7.7厘米，厚1.7厘米（图79；图版四九一）。

（2）泥塑罗汉像手

10多只，或伸或握（图版四九二）。另有手指20多个。

泥塑罗汉像手1，手掌平伸，指尖残缺。残长10厘米，宽5.5厘米，厚3厘米（图80；图版四九三）。

泥塑罗汉像手2，五指握成拳头状。残长5.2厘米，厚1.1厘米（图81；图版四九四）。

泥塑罗汉像手指1，指节清晰。残长9厘米，粗2厘米（图82；图版四九五）。

（3）泥塑罗汉像脚及脚趾

12只。其中较完整的脚2只，其余存脚趾和脚心部分（图版四九六）。图版上较大的两只脚为佛像脚。

泥塑罗汉像脚1，基本完整。脚心厚实，脚趾稍内屈。长12厘米，宽5.5厘米，厚2.5厘米（图83；图版四九七）。

泥塑罗汉像脚2，带脚腕部分。长9.1厘米，宽4.5厘米（图84）。

（4）泥塑罗汉像鼻

保存较完整的2只。

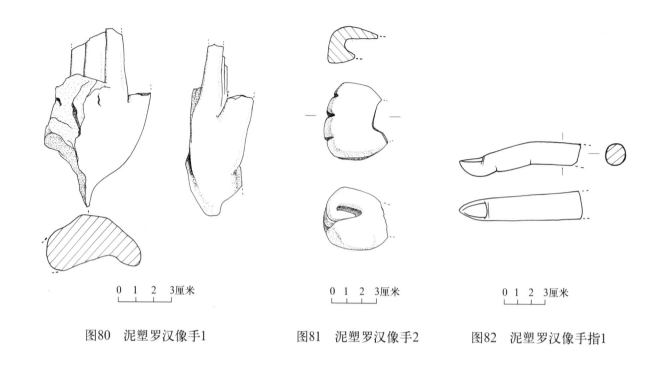

0 1 2 3厘米

图80 泥塑罗汉像手1

0 1 2 3厘米

图81 泥塑罗汉像手2

0 1 2 3厘米

图82 泥塑罗汉像手指1

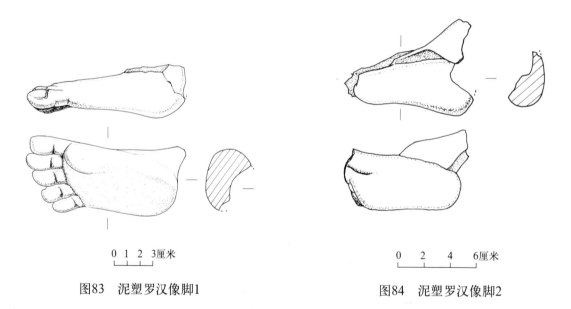

0 1 2 3厘米

图83 泥塑罗汉像脚1

0 2 4 6厘米

图84 泥塑罗汉像脚2

泥塑罗汉像鼻1，鼻梁挺直。长6.6厘米，宽4.5厘米，厚4.3厘米（图版四九八）。

泥塑罗汉像鼻2，鼻梁挺直。长6厘米，宽4.3厘米，厚4厘米（图版四九九）。

（5）泥塑罗汉像嘴

较完整的4件（图版五〇〇）。

泥塑罗汉像嘴1，残块高6.2厘米，宽5.1厘米，厚2.8厘米（图85；图版五〇一）。

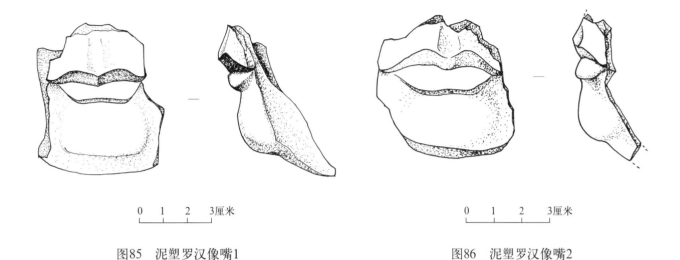

图85 泥塑罗汉像嘴1   图86 泥塑罗汉像嘴2

泥塑罗汉像嘴2，残块高5厘米，宽4.2厘米，厚1.5厘米（图86；图版五〇二）。

泥塑罗汉像嘴3，残块高6.5厘米，宽4厘米，厚1.5厘米（图版五〇三）。

（6）泥塑罗汉像眼

残块高6厘米，宽6.5厘米，厚1厘米（图87；图版五〇四）。

（三）泥塑力士面像

共5尊，泥塑力士面像1~5。

泥塑力士面像1，位于天宫中层。髡顶，发髻盘于左、右两侧，前额刻两道弧线皱纹，下刻细密竖线皱纹。双眉紧锁，双目圆瞪，黑色眼珠占眼睛三分之二，眼眶呈倒八字形。棱鼻大嘴，右耳残缺，左耳下部缺损。残高12.5厘米，宽12厘米，厚2.2厘米（图88；图版五〇五）。

泥塑力士面像2，存左眼下半部及鼻子、嘴和面部左侧。其形象与力士面像1相近。残高7厘米，残宽6厘米（图89；图版五〇六）。

泥塑力士面像3，仅存右眼及鼻子部分。残高6.2厘米，宽4.8厘米，厚2.2厘米（图90；图版

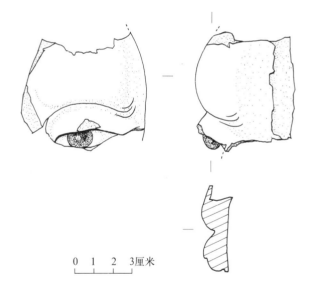

图87 泥塑罗汉像眼

0　　　2　　　4　　　6厘米

图88　泥塑力士面像1

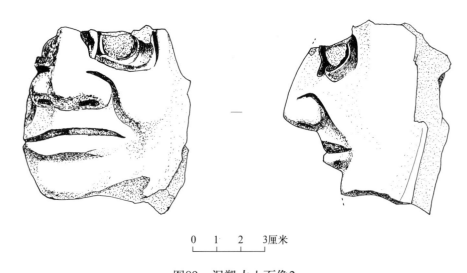

0　　1　　2　　3厘米

图89　泥塑力士面像2

五〇七）。

　　泥塑力士面像4，仅存左眼和鼻子，残高8厘米，宽5.4厘米，厚2厘米（图版五〇八）。

　　泥塑力士面像5，存面部右半部和右眼部分。残高7.5厘米，宽7厘米，厚3.6厘米（图版五〇九）。

（四）像眼瓷珠

　　有2件，分不清是属泥塑佛、罗汉，还是力士像，暂在此作一介绍。其为半圆球形，底部平

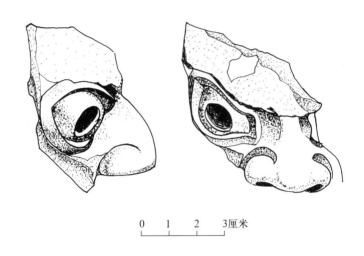

0   1   2   3厘米

图90　泥塑力士面像3

整，有一圆孔，孔径2毫米左右。表面施黑釉，釉质光亮。底部不施釉，露出灰白胎。这两件瓷珠的用途，根据塔内所出彩绘泥塑像的眼珠用黑色、绿色釉料特制的作法来推断，应该是从眼睛上脱落下来的眼珠。

瓷眼珠1，直径1.8厘米（图版五一〇）。

瓷眼珠2，直径1.7厘米。

（五）其他泥塑残块

有少数泥塑残块分不清是否属泥塑佛造像，暂作为其他残块处理。

泥塑彩绘描金残块1，胎土经火烧呈黑色，表面可见两层白灰皮。表层白灰皮上保存金粉。残高9厘米，宽7厘米，厚3.5厘米（图版五一一）。

泥塑彩绘描金残块2，土红色胎，表面可看出白灰粉饰过两次，表面白灰皮上可见斑驳描金痕迹。残长11厘米，宽10厘米，厚3.2厘米（图版五一二）。

泥塑彩绘残块3，表层白灰皮上有鲜艳的红色，并见绿色斑痕，绿色似树叶。残长6.8厘米，宽6厘米，厚1.7厘米（图版五一三）。

泥塑彩绘残块4，2块，同泥塑彩绘残块3为1件器物上的残块（图版五一四）。

泥塑彩绘残块4—1，残长6.4厘米，宽5厘米，厚1.5厘米。

泥塑彩绘残块4—2，残长4.6厘米，宽3厘米，厚2.5厘米。

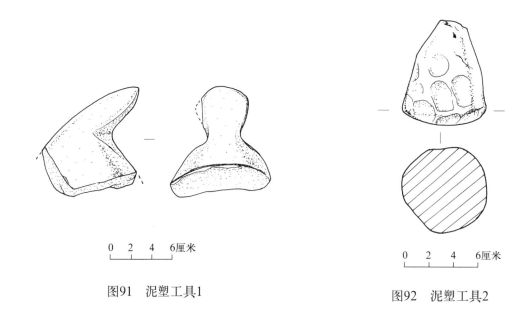

0　2　4　6厘米

图91　泥塑工具1

0　2　4　6厘米

图92　泥塑工具2

　　泥塑彩绘残块5，从表面斑驳的红色、绿色看，与泥塑彩绘残块3、4同属1件器物的残块。残长11.5厘米，宽6厘米，厚3.4厘米（图版五一五）。

　　泥塑彩绘残块6，表面仅见红色。残长13.4厘米，宽7.2厘米，厚2厘米（图版五一六）。

　　泥塑彩绘残块7，表面仅见红色。残长11.3厘米，宽4.4厘米，厚1.5厘米（图版五一七）。

　　泥塑彩绘残块8，表面仅见红色。残长12.4厘米，宽7.2厘米，厚2.1厘米（图版五一八）。

　　泥塑彩绘残块9，表面仅见绿色。残长7.3厘米，宽7.5厘米，厚3.1厘米（图版五一九）。

　　泥塑彩绘残块10，表面见描金，黑、红粗线条等。残长12厘米，宽6厘米，厚1.2厘米（图版五二〇）。

　　泥塑彩绘残块11，表面见黄色，黑色。残长8厘米，宽4厘米，厚1.2厘米（图版五二一）。

　　泥塑彩绘残块12，表面见贴金，黑、红色彩绘。残长6厘米，宽5厘米，厚2.5厘米（图版五二二）。

　　泥塑彩绘残块13，表面白灰皮上见红色，色泽多磨损脱落（图版五二三）。

（六）泥塑工具

　　3件。用途不清，似为制作泥塑像的工具。

　　泥塑工具1，蘑菇形。高10厘米，底径9.7厘米（图91；图版五二四）。

　　泥塑工具2，呈不规则圆柱形，一头大，一头略小。高8.5厘米，大头直径7厘米（图92；图版五二五）。

泥塑工具3，略呈梯形。高9.5厘米，底边长5厘米（图93；图版五二六）。

三 天宫藏西夏文木雕版

宏佛塔天宫内散置着西夏文字木雕残版两千多块，其中较大的一块残长13厘米，宽23.5厘米，最小的一块残长和残宽均不足1厘米，仅存一个字的半边。在两千多块残版中，除了最大的一块没有全部炭化，其余的已全部炭化变黑，不过版面上的文字多较清晰。大部分雕版两面有字，两面有字的分称A面和B面。还有个别雕版一面刻字，也有部分碎块上无文字。其字号可初步分为大、中、小三种。

西夏文木雕板为反向文字，在此我们尝试镜像插图将文字翻正，以便释读。

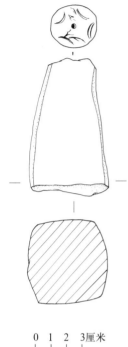

0 1 2 3厘米

图93 泥塑工具3

（一） 西夏文大号字雕版

大号字残版发现较少，只有7块。一面刻字，一面多平整无字。每字1～1.2厘米见方，字体方正，刻工娴熟有力。

大字版1，一面刻字，版面中间有宽1厘米的中缝，中缝两侧各竖刻6行西夏文字。其中最长的一行残存10个西夏文字，行距6～8毫米，字距1毫米。中缝上亦刻有3个西夏文字，较版面上的字略小。雕版背面平整无字。残长13厘米，宽23.5厘米，厚2.2厘米。此版由西夏文翻译成汉文，录文及对译如下。

A1. 觝筬商□□□□□□□□

　　师智助□□□□□□□□

A2. 籁论曒𥋇□□□□□□□

　　修晓法身□□□□□□□

A3. 胎弱□癀□□□□嘻爾□

　　多劫□起□□□□以<>□

A4. 荫佃嘻緁蚼芶□絪薔㥃□

　　熏习以性许进□速真减□

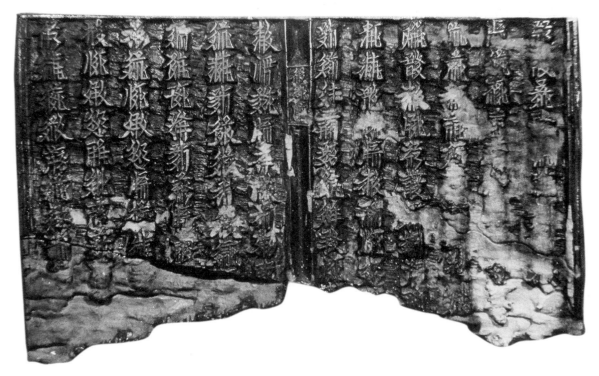

图94　西夏文雕版大字版1

A5．毋瞭𮂉□籊嘻□簃纙□□

　　　中依数□修以□又复□□

A6．蹦疠縯氨妒蒿絧坊簃□□

　　　故名佛成谓此心向又□□

版心：糜栏□

版心：续能□

B1．苿筵藏籊輦怖魏逗□□□

　　　又非次修令也亦烦□□□

B2．论瞭蹦履□魏□籃□□□

　　　晓依故恶□亦□可□□□

B3．哗蒿堡歀蹦始籊□□□□

　　　无此如故然实修□□□□

B4．息论簃粮纙籊𮂉籓□□□

　　　<>晓又向复修者初□□□

B5．蟵箙粮纗笭臼睥睓□□□

眠又向复狱出缚解□□□

B6．祸籀落翊薈论圀□□□□

语初者惟真晓理□□□□（图94；图版五二七）。

大字版2，一面刻字，保存7行32个西夏文字，版面上有中缝，中缝宽1.1厘米，中缝上刻汉字"四"，估计是页数。残长7.5厘米，宽13.2厘米，厚1.8厘米。此版由西夏文翻译成汉文，录文及对译如下。

A1．……□扦截瑚祸……

……□往思问语……

A2．……介皆祸……

……名思语……

A3．……嘻礧簧皆圀……

……以根成思语……

版心：四

B1．……圀絧嘻礧簧皆圀……

……语心以根成思语……

B2．……夊哗皆祸綖螯□……

……言无思语毛端□……

B3．……妄论籲……

……照晓可……

B4．……景蘁□……

……白此□……（图95；图版五二八）。

大字版3，一面刻字，存4行14个西夏文字。残长4.8厘米，宽7.7厘米，厚1.5厘米（图版五二九）。

大字版4，一面刻字，存4行15个西夏文字和左侧边框。残长5厘米，宽5.5厘米，厚1.9厘米。此版由西夏文翻译成汉文，录文及对译如下。

1．……泪谴絉槀豰……

……六趣流传与……

2．……楷丑前汕往……

……息另往<>何……

图95 西夏文雕版大字版2

图96 西夏文雕版大字版4

图97 西夏文雕版大字版4（拓本）

图98　西夏文雕版大字版5（A面）　　　　　　　　图99　西夏文雕版大字版5（B面）

3.　……箭少簌篴粮……

　　……不言故后方……（图96、97；图版五三〇）。

大字版5，两面有字，A面上存4行15个西夏文字和边框。残长5.5厘米，宽6.5厘米，厚1.8厘米。此版由西夏文翻译成汉文，录文及对译如下。

1.　……□次乩哗簌

　　……□实见无故

2.　……蚣簒翁谍鞘

　　……办初学之导

3.　……乩槽绖纣暸

　　……见<>虚浮<>

4.　……□焊谍蝨属

　　……□彼之信为（图98、99；图版五三一）。

大字版6，两面各存2行11个西夏文字和中缝。中缝上同大字版1一样，亦刻2个西夏文字。残长6.5厘米，宽4.5厘米，厚2厘米。此版由西夏文翻译成汉文，录文及对译如下。

版心：焊并

版心：别集

B1.　瑚裓缜眽少曬……

　　问话佛祖秘法……

图100　西夏文雕版大字版6（A面，拓本）

B2．篿论翁嘻簧……（图100；图版五三二）。

大字版7，一面有字。版面上存4行10个西夏文字。残长3.2厘米，宽7厘米，厚1.8厘米（图版五三三）。

（二）西夏文中号字雕版

中号字残版数量最多，占发现的西夏文字雕版总数的一半以上。中号字版两面均刻有西夏文字，字体方正秀丽，刻工细腻有力。其中一面所刻的西夏文字1厘米见方，另一面的西夏文字略小，约为0.8厘米见方。中号字残版绝大部分不足5厘米见方，长和宽均在10厘米以上的极少。

中字版1，一面残存14行西夏文字，行距0.6~0.8厘米，字约1厘米见方。另一面字较正面字略小，已磨损不清。残长11厘米，宽23.7厘米，厚2厘米。此版由西夏文翻译成汉文，录文及对译如下。

1.　……恐科举骑技硐……

　　……像中二字轮……

2.　……□□縻技硐墒蠹嘻□……

　　……□□正字轮供此以□……

3.　……旺籇腠練订肔抬阐举蠹……

　　……门修者人自室前面二种……

4.　……落莣芪举落导艭芪蠹落举……

　　……者松木二者石榴木此者二……

5.　……旺籤朦耳绢王玨磷技技硐籱……

　　……门修者必定王玨稀字字轮持……

6.　……暸耳绢蒚硐籱蒜蒚技硐落……

　　……故必定此轮持也此字轮者……

7.　……□谍蒳篙祇变蒳篙蚀皷蒳篙……

　　……□之大恩师长大恩父母大恩……

8.　……朦练谍蒚硐帝篮蒚堡翎絧……

　　……者人之此轮授可此如因缘……

9.　……挨吨翎絧粄筭谍箬粄落簑……

　　……一第因缘明他之不明者初……

10.　……□纚端楷硐氨籱翎絧旺……

　　……□<>住谓止轮成就因缘门……

11.　……旺袭订溙旺搓溙落蓝耳……

　　……门中自七门有七者何<>……

12.　……稞佬袭焊絧绢蒜蹦礌袭……

　　……空理中其心定也故本中……

13.　……□□论悬阶蒜焊礌□……

　　……□□晓达能也其本□……

14.　……篢暸睫繰……

　　……不依地水……

　　意译：……像中[付]二字轮……供正字轮。以此……修[彼止轮]门人。自室前面[植]二种……[一]者松木。二者石榴木。此者二[言]……修[彼止轮]门者。必定持王　稀字字轮……故必定持此轮也。此字轮者……大恩师长大恩父母大恩[天地]……[修止]人可授此轮。如此因缘……明第一因缘。他之不明者。[举]初[摄后故]……住[于静处故]。[已说]成就止轮因缘门……[就此]门中自有七门。云何七门……[真]空理中其心定也。故本中……能晓达[此身空无]也。其本……不依[于空]。[不依]地水[火风]……

　　译自《释摩诃衍论》卷八：若此神咒诵四千六百五十遍已讫。即彼像中付二字轮。谓若邪人付邪字轮。若正直人付正字轮。以之为别。言植善林树因缘者。谓若为修彼止轮门人。自室前中植二种大吉祥草故。云何为二。一者松木。二者石榴木。是名为二言字轮服膺因缘者。谓若为

图101 西夏文雕版中字版1

图102 西夏文雕版中字版1（局部）

修彼止轮门人。必当服[王珏]字轮而已。服何处耶。谓方寸处故。以何义故必付此轮。谓此字轮三世诸佛无量无边一切菩萨。大恩师长大恩父母大恩天地大恩海故。此因缘故。为修止人当付此轮。如是因缘虽有无量。而今此摩诃衍论中。明第一因缘。不明余者。举初摄后故。如是而已。如本若修止者住于静处故。已说成就止轮因缘门。次说直示修行止轮门。就此门中则有七门。云何为七。一者存心决定门。不生不灭。真空理中其心定故。如本端坐正意故。两者不着身体门。能善通达此身空无。其本自性不可得故。如本不依气息不依形色不依于空不依地水火风故（图101、102；图版五三四）。

中字版2，两块拼对。一面存17行西夏文字，行距0.6～0.8厘米。另一面字已磨损不清。残长12厘米，宽8.5厘米，厚1厘米。此版由西夏文翻译成汉文，录文及对译如下。

1.　……□端𦅤矘其袭往……

　　……□谓此经典中何……

2.　……籫矘其袭磈窥𦃃入□……

　　……他经典中诸如来藏□……

3.　……梁籭綑蒜举落硐𥍌腪……

　　……摄持故也二者轮离缚……

4.　……铜繏𥍍窥𦃃入落翎肃……

　　……说佛子如来藏者惟觉……

5.　……挨挨竤竤𥺁窥𦃃入端……

　　……一一白白故如来藏谓……

6.　……□綑逗綑簹搓肃翖簹……

　　……□心烦因无有觉因无……

7.　……蕟例窥𦃃搯搓舨螺……

　　……净妙如来体有显明……

意译：……谓。此经典何[义]……其他经典中诸如来藏……摄持故也。二者离轮[远]缚……说。佛子如来藏者。惟[有]觉……一一白白。故谓如来藏……心。烦因无有觉因。无……净妙如来体。显明……

译自《释摩诃衍论》卷二：何以故此如来藏。如来藏王如来藏主。如来藏天如来藏地。以此义故。名曰大宝无尽殊胜圆满陀罗尼如来藏故。此经文明何义。所谓显示陀罗尼藏所依总相。余契经中诸如来藏能依别相故。以何义故名如来藏。谓摄持故。二者远转远缚如来藏。一清一满故。实际契经中作如是说。佛子如来藏者。惟有觉者惟有如如。离流转因离虑知缚一一白白。是故名为如来之藏故。此经文明何义。所谓显示真如门一心。无有惑因无有觉因。无有惑果无有觉果。一真一如惟有净妙如来体故。以何义故名如来藏。谓无杂故（图103、104；图版五三五）。

中字版3，两块拼对。长12厘米，宽14.7厘米，厚1.4厘米。此版由西夏文翻译成汉文，录文及对译如下。

1.　……□曬蔎沪莊端妒篦膳蔎笛練……
　　……□法与如火谓曰智慧与同人……

2.　……□秃挨吨沪絍蟍槽砺漓蠢落庆……
　　……□同一第譬喻意<>何云此者阿……

3.　……□氢落蕊耳怖挨落礌截绕绍蘸……
　　……□五者何谓也一者根本深固过……

4.　……□耳維瘤频撮顽戊落钦湾篋蚆……
　　……□<>至皆棘刺精有三者香薰皆臭……

5.　……□哗蠢落氢怖苔哗莆曬魏焊……
　　……□无此者五也明无染法亦<>……

6.　……□父豚哗蠚蠚蜥鸥篝萧瘟瘟……
　　……□过者无种种枝条不觉一切……

7.　……□蟍槽砺漓蠢落纤庄怖蒺……
　　……□意<>云何此者伏火也七……

8.　……□芪穿丑□□□□□□……
　　……□木枯令□□□□□□……

9.　……□□……
　　……□□……

意译：……[喻于染]法。如所谓火。与智慧同。[所言]人[者]……同。第一譬喻意云何。此者阿[梨罗多掩尸]……何谓五者。一者根本深固[无能超]过……乃至[果实]皆有精刺。三者香薰皆臭……无[尽]。此者五也。无明染法亦[复如是]……无[能]过者。种种枝条不觉一切……[其]意云何。此者伏火也。[何谓]七[者]……[能]令枯木[乃至死故]……

译自《释摩诃衍论》卷五：此中譬喻即有四种。云何为四。一者木喻。二者火喻。三者人喻。四者烧喻。所言木者。喻于染法。所言火者。喻于智慧。所言人者。喻于众生。所言烧者。喻于对治。第一譬喻其意云何。所谓阿梨罗多掩尸。木即具五事。云何为五。一者根源深固无能超过。二者干枝花叶。乃至果实生利铦刺。三者香气极莍。四者毒虫乐着。五者眷属无尽。是名

图103　西夏文雕版中字版2

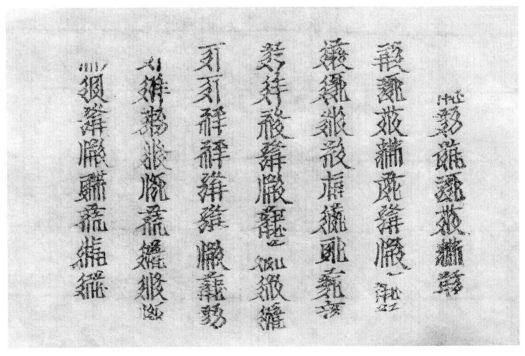

图104　西夏文雕版中字版2（拓本）

图105　西夏文雕版中字版3

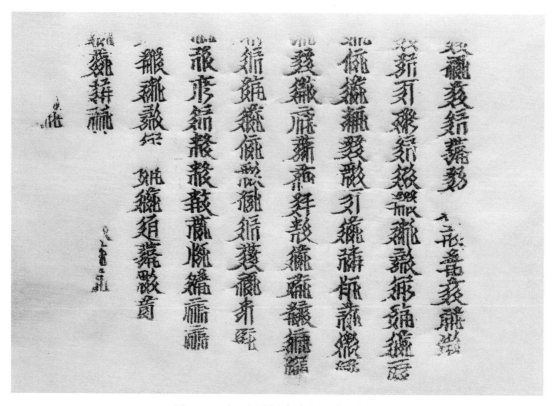

图106　西夏文雕版中字版3（拓本）

为五。无明染法亦复如是。根本无明甚深广大无能过故。一切种种枝末不觉迷惑过失无有量故。第二譬喻其意云何。所谓伏火即有七事。云何为七。一者干亡义。能令枯木乃至死故（图105、106；图版五三六）。

中字版4，两块拼对，保留上下边线。A面存8行西夏文字，B面字较A面字略小。长9厘米，宽11.2厘米，厚1.7厘米。此版由西夏文翻译成汉文，录文及对译如下。

A面：

1.　□□□□
　　　□□□□

2.　□□簹瓮焊槽绚缠怖……
　　　□□不变<><>常住<>……

3.　□□曬饗翛端履唐缚機们……
　　　□□法初学<>恶处厌离信……

4.　簬绕曬旺窥耳萝栏綱裁□……
　　　甚深法门实<>闻受心根□……

5.　阶兵缥晾蒜舉落蕊耳怖□……
　　　能退转欲也二者何谓<>□……

6.　綣诚融揉缠臀綎履鉼毯缺……
　　　婆娑世界住处昧恶众生浊……

7.　蒜蘁落砒漓罞谍綱鼓砻扎□……
　　　也此者云何彼之心与违逆□……

8.　簸艰芛綱酞阐簹菁機蒜监……
　　　前现进心异前不分离也胜……

意译：……不变。常住……初学法。厌离恶处[退]信……实闻受甚深法门。心根……欲退转也。何谓二者……婆娑世界。住处昧恶众生浊……也。此者云何。彼之心违逆……现前。进心异前不分离也。胜……

译自《释摩诃衍论》卷十：所谓一切诸佛所师。三世不动四相不迁。自然常住地前地上大道路故。如本初学是法故。言厌恶处所退信门者。彼十信位下品众生。虽亲听受甚深法门。而其心根极下劣故。怖二大事不能胜进。为欲退故。云何为二。一者国土。二者胜缘。言国土者。即此娑婆世界。处所麁恶众生浊乱。发起净心为勤修行。甚极切难故。所以者何。于彼心中违逆境界。于一切时于一切处常恒现前。进心面中不舍离故。言胜缘者。于此世界依正浊乱。

B面：

1. ……□□□□□
　　……□□□□□

2. ……□毯残佃□□□
　　……□生教化□□□

3. ……麋莽落籥废监□吞沪□□
　　……德功者于前胜□非喻□□

4. ……□蛀斌籋腊麋莽落吞壳矽
　　……□观察修行德功者无量边

5. ……吞壳矽哗庆愤蓇弱袭焊麋
　　……无量边无阿僧祇劫中其德

6. ……蒜曬倢麋莽纙吨哗歉蒚綀麋
　　……也法性德功尽量无故此人德

7. ……稃鉼毯蒚洺谍颏随篝们歉焊
　　……护众生此论之谤毁不信则其

8. ……蒚緔鉼毯翙窿们篮□□
　　……此因众生惟恭信应□□

意译：……教化[众]生……胜于前功德非喻……观察修行……功德无量[无]边……无量无边阿僧祇劫中。其[功]德……也。法性功德无尽量故。此人[功]德……护众生。不信谤毁此论。则其……因此众生惟应恭信……

译自《释摩诃衍论》卷十：假使有人能化三千大千世界满中众生令行十善。不如有人于一食顷正思此法。过前功德不可为喻。复次若人受持此论。观察修行若一日一夜。所有功德无量无边不可得说。假令十方一切诸佛。各于无量无边阿僧祇劫。叹其功德亦不能尽何以故。谓法性功德无有尽故。此人功德亦复如是无有边际。其有众生于此论中。毁谤不信所获罪报。经无量劫受大苦恼。是故众生但应仰信不应诽谤。以深自害亦害他人（图107～110；图版五三七）。

中字版5，一面存10行西夏文字，一面文字漫漶不清。残长8厘米，宽17厘米，厚1.7厘米（图111）。

中字版6，由5小块拼对，存10行西夏文字及版心。残长14厘米，宽18.5厘米（图112）。

中字版7，存6行西夏文字和版心，版心上有页码数字。残长12厘米，宽7.5厘米（图版五三八）。

图107　西夏文雕版中字版4（A面）

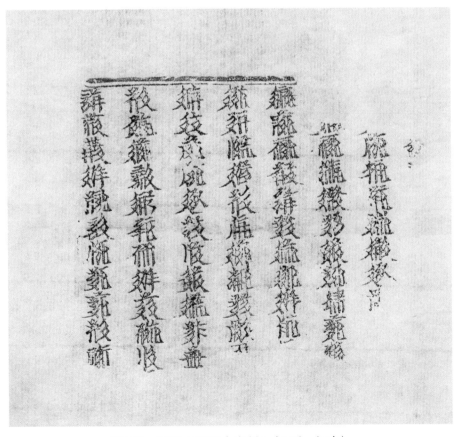

图108　西夏文雕版中字版4（A面，拓本）

图109　西夏文雕版中字版4（B面）

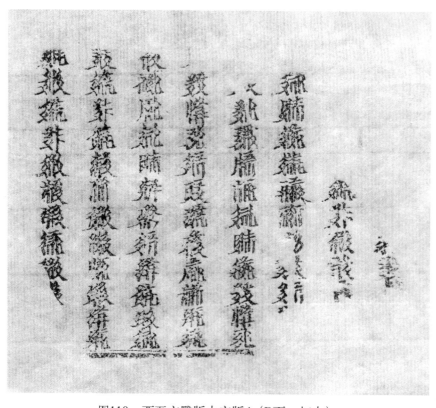

图110　西夏文雕版中字版4（B面，拓本）

图111　西夏文雕版中字版5

图112　西夏文雕版中字版6

图113　西夏文雕版中字版9（A面）

图114　西夏文雕版中字版9（B面）

中字版8，两面各存3行西夏文字。残长6.5厘米，宽12厘米，厚1.8厘米（图版五三九）。

中字版9，A面存5行西夏文字，B面磨损较甚，存4行西夏文字。此块同中字版7可拼对。残长10.8厘米，宽5厘米，厚1.5厘米（图113、114；图版五四〇）。

中字版10，A面存3行西夏文字，B面存4行西夏文字。残块长6.5厘米，宽5.3厘米，厚1.8厘米（图115、116；图版五四一）。

中字版12，A面存2行西夏文字，B面磨损较甚，存3行西夏文字。残块长3.5厘米，宽2.1厘米，厚0.7厘米（图117、118；图版五四二）。

中字版13，一面存1行西夏文字及边框，一面字模糊不清。残块长6厘米，宽5厘米，厚1.6厘

图115　西夏文雕版中字版10（A面）

图116　西夏文雕版中字版10（B面）

图117　西夏文雕版中字版12（A面）

图118　西夏文雕版中字版12（B面）

图119　西夏文雕版中字版13

图120　西夏文雕版中字版14

图121　西夏文雕版中字版15（A面）

图122　西夏文雕版中字版15（B面）

米（图119；图版五四三）。

　　中字版14，一面存2行西夏文字，行间距较密，一面字模糊不清。残块长9.2厘米，宽2.9厘米，厚1.8厘米（图120；图版五四四）。

　　中字版15，A面存3行西夏文字，B面存2行西夏文字。残块长7.4厘米，宽4.6厘米，厚2.3　厘米（图121、122；图版五四五）。

图123　西夏文雕版中字版17

图124　西夏文雕版中字版19

图125　西夏文雕版中字版20（A面）

图126　西夏文雕版中字版20（B面）

中字版17，一面存2行西夏文字，一面字模糊不清。残块长6.5厘米，宽4.9厘米，厚0.9厘米（图123；图版五四六）。

中字版19，一面存2行西夏文字，一面字模糊不清。残块长5.5厘米，宽5.2厘米，厚2厘米（图124；图版五四七）。

中字版20，两面各存1行西夏文字。残块长5.6厘米，宽4.2厘米，厚2厘米（图125、126；图

图127　西夏文雕版中字版21（A面）

图128　西夏文雕版中字版21（B面）

图129　西夏文雕版中字版22

图130　西夏文雕版中字版24

版五四八）。

中字版21，两面各存2行西夏文字，B面文字漫漶不清。残块长3.8厘米，宽3.8厘米，厚1.8厘米（图127、128；图版五四九）。

中字版22，一面3行西夏文字，一面文字模糊不清。残块长4.7厘米，宽3.9厘米，厚1厘米（图129；图版五五〇）。

中字版24，一面3行西夏文字，一面文字模糊不清。残块长3.8厘米，宽4.5厘米，厚1.5厘米（图130；图版五五一）。

图131　西夏文雕版中字版25（A面）　　　图132　西夏文雕版中字版25（B面）

中字版25，A、B面各2行西夏文字。残块长3.8厘米，宽4厘米（图131、132；图版五五二）。

中字版26，一面尚存3行文字，一面文字模糊不清。每字大小约1厘米见方，行距0.6～0.8厘米。残长4.8厘米，宽3.9厘米，厚1.5厘米（图版五五三）。

中字版27，两面各3行字，一面文字模糊。每字大小约1厘米见方，行距0.6～0.8厘米。残长6厘米，宽5.3厘米，厚1.5厘米。此版由西夏文翻译成汉文，录文及对译如下。

A面：

1. ……汕□……

　　……<>□……

2. ……□搓城絪……

　　……有时速……

3. ……□繏蠹落……

　　……□数此者……

4. ……□槽粄□蹦……

　　……□<>显□故……

B面：

1. ……□蒜蠹……

　　……□也此……

2. ……鉼毯□……

图133　西夏文雕版中字版27（A面）

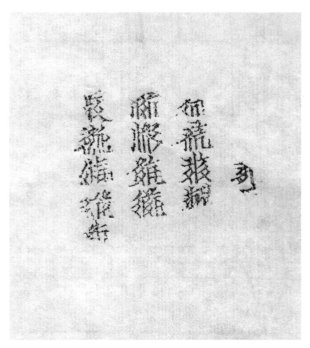

图134　西夏文雕版中字版27（A面，拓本）

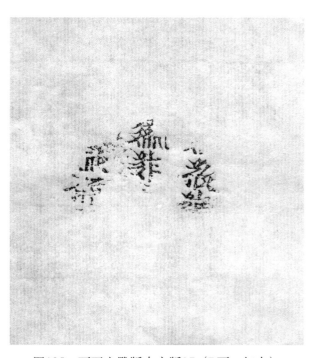

图135　西夏文雕版中字版27（B面，拓本）

　　……众生□……

3.　……□□……

　　……□□……（图133～135；图版五五四）

中字版28，A面存有3行文字，其中一行中号字，两行小号字；B面存有2行文字，其中一行已

图136　西夏文雕版中字版28（A面）　　　　　图137　西夏文雕版中字版28（B面）

不甚清晰。版上中号字约1厘米见方，小号字约0.6厘米见方，行距0.6~0.8厘米。残长5.4厘米，宽3.5厘米，厚1.5厘米（图136、137；图版五五五）。

（三）西夏文小号字雕版

小号字残版约占宏佛塔西夏文木雕版百分之四十以上。字版厚1.5厘米，两面刻字。两面字体的大小基本相同，每字0.6厘米见方，字体娟秀，笔画较细。在小号字版中，5厘米见方以上的有10多块，其余皆为不足5厘米见方的碎块。

小字版1，两块拼对在一起，残块长10厘米，宽38.5厘米，厚2厘米。一面存22行西夏文字，行距0.5~0.7厘米。一面文字磨损。这块字版为宏佛塔发现的西夏文雕版中版面最宽的一块。此版由西夏文翻译成汉文，录文及对译如下。

1. ……落蕊耳怖挨商瞭商……

　　……者何谓也一相依相……

2. ……籱订麋呢碃曬哗谍……

　　……成自独设置法无之……

3. ……莆蕊磋曬蠿蠿疥技瘞……

　　……染净诸法种种名字皆……

4.　……□疥箍谍粄螺晾蒜戊商瞭商……

……□名非之显现欲也三相依相……

5.　……□癀絅礌莣碽緎订搐篟搓……

……□起因根本<>来自体无有……

6.　……□絥哗螇槽落磁矖瘗瘗搓……

……□害无意<>者诸法一切有……

7.　……□絥聴哗佬簧粄螺晾……

……□障碍无义成显现欲……

8.　……□緽哗磁矖瘗瘗商蒴……

……□佛无诸法一切相熏……

9.　……螺晾蒜泪订緁篟……

……现欲也六自性不……

10.　……谍粄螺晾蒜藷……

……之显现欲也此……

11.　……□篎……

……□又……

意译：……者何谓也。一相依相[成]……成。无[有]独自设置法[故]……染净诸法种种名字皆……欲显现非[自]名故也。三相依相[成]……起。因根本已来无有自体[自性空]故……无害意者。[谓欲显现]一切诸法……[常]成无障碍义。欲显现……[有佛]无佛诸法一切相熏[相生]……欲[显]现也。六不[守]自性……欲显现[一切诸法]也。此……又……

译自《释摩诃衍论》卷五：第一门中自有六意。云何为六。一者相待相成似有意。谓欲显示染净诸法。皆悉相待而得成立。无有惟自建立法故。二者本无性空非有意。谓欲显示染净诸法种种名字。于本无中权假建立。一切皆悉非自名故。三者相待相成显空意。谓欲显示染净诸法由相观故。从本已来无有自体自性空故。四者自然虚空无碍意。谓欲显示一切诸法。非有非有故自然作空。非碍非碍故常作无障碍义故。五者非作非造自然意。谓欲显示一切诸法。有佛无佛相熏相生无断绝义。法尔道理性如是故。六者不守自性无住意。谓欲显示一切诸法。作缘起陀罗尼义故。总标如是等无量义。故名为总标纲要门。

1.　……□父焊槽蒴佃窗□

……□度<><>熏习常□

2.　……覭磁鉼毯胯涅綖两瞭

……现诸众生类三昧力依皆

3.　……襪汕窺篏舉蠺搓舉落砥

　　……别<>故又二种有二者云

4.　……□论弛怖碰碰聆嘻蕼佃

　　……□萨等<>意意识以熏习

5.　……□槽　　订芈急挡铬

　　……□<>　　　自主业未得

6.　……□槽铬落曬竃蟮论怖范钳

　　……□<>得者法身菩萨<>分别

7.　……□瞭焊槽籤腈窺始蕼佃瞭

　　……□依<><>修行真实熏习依

8.　……碩緻蕼佃簎卷緽沏簧城横

　　……<>来熏习不断佛<>成时其

9.　……緻砸纁毋維葢佬砥漓焊窺

　　……来寿终<>至此义云何<>真

10.　……粄艱荗痕蕼佃糜簎卷蒜

　　……显现用起熏习续不断也

11.　……蕋耳怖挨落祸距镣介旺

　　……何谓也一者语纲总门二

12.　……□淮落范钳虓铜旺氡落

　　……□四者分别解说门五者尽

意译：……度……熏习常……现。诸众生依三昧力皆……故[分]别又有二种。云[何]二者……[菩]萨等。以意意识熏习……未得自主业……得者。法身菩萨[得无]分别[心]……依[法力自然]修行。依熏习真实……来熏习不断。佛成时其……至寿终。此义云何。真……显现。起用熏习相续不断也……何谓也。一者总语纲门。二[者]……四者分别解说门。五者尽[不尽别门]……

译自《释摩诃衍论》卷五：一切诸佛菩萨皆愿度脱一切众生。自然熏习恒常不舍。以同体智力故。随应见闻而现作业。所谓众生依于三昧。乃得平等见诸佛故。此体用熏习分别复有二种。云何为二。一者未相应。谓凡夫二乘初发意菩萨等。以意意识熏习。依信力故而修行。未得无分别心与体相应故。未得自在业修行与用相应故。二者已相应。谓法身菩萨得无分别心。与诸佛智用相应。惟依法力自然修行。熏习真如灭无明故。复次染法从无始已来熏习不断。乃至得佛后即

图138 西夏文雕版小字版1（左）

图139 西夏文雕版小字版1（右）

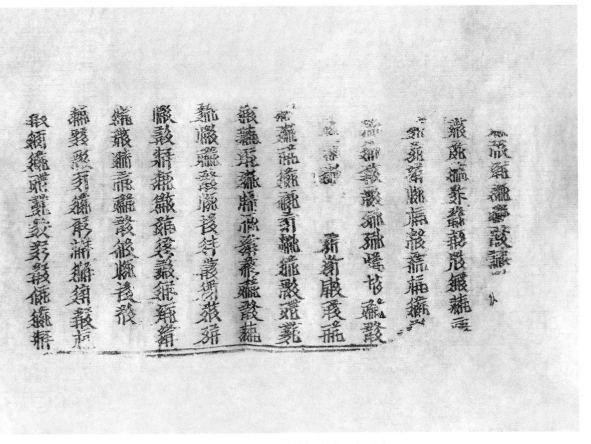

图140 西夏文雕版小字版1（右，拓本）

有断。净法熏习即无有断尽于未来。此义云何。以真如法常熏习故。妄心即灭法身显现。起用熏习故无有断。论曰。即此文中自有五门。云何为五。一者总标纲要门。二者立名略示门。三者通释熏习门。四者分剖散说门。五者尽不尽别门（图138～140；图版五五六）。

小字版2，A面，存6行西夏文字，B面3行西夏文字。残块长8.5厘米，宽10厘米，厚1.2厘米（图141、142；图版五五七）。

小字版3，两块拼对。一面字不清楚。残块长8.5厘米，宽11厘米，厚1.2厘米（图143；图版五五八）。

小字版4，一面存4行西夏文字，一面字模糊。残块长6.8厘米，宽5.5厘米，厚1.5厘米。此版由西夏文翻译成汉文，录文及对译如下。

1.　□□□□□□……

　　□□□□□□……

2.　□□籹螺牡怖菥……

图141 西夏文雕版小字版2（A面）

图142 西夏文雕版小字版2（B面）

图143 西夏文雕版小字版3（A面）

　　□□显现<>也大……

3. 揉挨搚秸筭商哗……

　　界一体平等相无……

4. 挨贴贴哗簒篦哗……

　　一相相无初念无……

5. 蟀肃端端落□……

　　竟觉称谓者□……

　　意译：……显现[果圆满]也。大……[法]界一体无[有]相平等……一相无相。无初念[故]……称谓[究]竟觉者……

　　译自《释摩诃衍论》卷三：觉心初起心无初相者。即是显示果圆满者。大圆镜智分明现前。无所不通无所不穷。法界一体无有与等。独力业相根本无明不能自有。平等虚空一相无相。无初念故。以远离微细念故得见心性心即常住名究竟觉者。即是显示始觉般若圆满之相（图144、145；图版五五九）。

　　小字版5，A、B面各竖刻1行符号，两面符号形状不同。残长4厘米，宽5厘米，厚1.5厘米（图146、147；图版五六○）。

　　小字版6，两块拼对。残块长8.5厘米，宽11厘米，厚1.2厘米（图148、149；图版五六一）。

　　小字版7，B面平整无字。残块长10.2厘米，宽7.4厘米，厚2.2厘米（图版五六二）。

　　小字版8，两面各存6行西夏文字，一面文字表面磨损较甚。残块长8.4厘米，宽5.5厘米，厚

图144　西夏文雕版小字版4

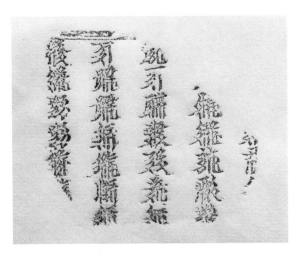

图145　西夏文雕版小字版4（拓本）

图146　西夏文雕版小字版5（A面）

图147　西夏文雕版小字版5（B面）

1.8厘米（图150；图版五六三）。

　　小字版9，A面存2行西夏文字，B面存1行西夏文字。残块长8厘米，宽3厘米，厚1.5厘米（图151、152；图版五六四）。

　　小字版10，一面存3行西夏文字，一面文字磨损较甚。残块长6厘米，宽5.2厘米，厚1.5厘米（图153；图版五六五）。

　　小字版11，一面存3行西夏文字及边框，一面文字磨损较甚。残块长5厘米，宽4.7厘米，厚2

图148　西夏文雕版小字版6（A面）　　　　图149　西夏文雕版小字版6（B面）

图150　西夏文雕版小字版8（A面）

图151　西夏文雕版小字版9（A面）

图152　西夏文雕版小字版9（B面）

图153　西夏文雕版小字版10

图154　西夏文雕版小字版11

厘米（图154；图版五六六）。

小字版12，A面存2行西夏文字，B面文字模糊。残块长6.2厘米，宽2.3厘米，厚1.3厘米（图155；图版五六七）。

小字版13，A面存3行西夏文字，B面文字模糊。残块长6厘米，宽4.5厘米，厚2厘米（图156；图版五六八）。

小字版14，两面各存3行西夏文字。残块长4.5厘米，宽3.8厘米，厚1.6厘米（图157；图版五六九）。

小字版15，A、B面各存4行西夏文字。残块长6厘米，宽3.6厘米，厚1.5厘米（图158、159；图版五七〇）。

小字版16，两面西夏文字都保存较清楚。残块长8.1厘米，宽7.2厘米，厚1.5厘米（图160、161；图版五七一）。

小字版17，两面各存4行西夏文字及部分边

图155　西夏文雕版小字版12（A面）

图156　西夏文雕版小字版13（A面）

图157　西夏文雕版小字版14（A面）

图158　西夏文雕版小字版15（A面）　　　图159　西夏文雕版小字版15（B面）

图160　西夏文雕版小字版16（A面）　　　图161　西夏文雕版小字版16（B面）

框。残块长6厘米，宽5.3厘米，厚2.1厘米。此版由西夏文翻译成汉文，录文及对译如下。

A面：

1.　……□□瞭磋翊恐艰堡□……

　　……□□依诸色像现如□……

2.　……□□瞭晌般揉艱乩襛□……

　　……□□依妄境界现见离□……

图162 西夏文雕版小字版17（A面）

图163 西夏文雕版小字版17（B面）

3. ……□□怖籥蛽莽袭掀……

　　……□□也前抉择中广……

4. ……□怖乩籃簮□……

　　……□也见能无……

意译：……依[明镜故现]诸色像现。如……依[能见故]妄境界现见离……也。前抉择中广[说]……也。能见无……

译自《释摩诃衍论》卷四：譬如依明镜故现诸色像名为现相。如本三者境界相以依能见故境界妄现离见则无境界故。如是三相虽名字别是示本识。前决择中已广说故。此中三相初能及所同体无别。中惟能见则无所见（图162、163；图版五七二）。

小字版19，两面各存1行较清晰的西夏文字和宽凸边。残块长5厘米，宽4厘米，厚2厘米（图164、165；图版五七三）。

小字版20，一面中间1行西夏文字较清晰，左右两边文字缺损。一面文字磨损不清。残块长4厘米，宽3.5厘米，厚1.4厘米（图166；图版五七四）。

小字版21，一面存3行西夏文字，一面字不清。残块长4.8厘米，宽3.5厘米，厚1.5厘米（图167；图版五七五）。

小字版22，A面保存中缝，中缝左右各1行西夏文字，中缝上下各存1字，下面的似是数字页码；B面保存3行西夏文字。残块长4.5厘米，宽4.2厘米，厚1.3厘米（图168、169；图版五七六）。

图164　西夏文雕版小字版19（A面）

图165　西夏文雕版小字版19（B面）

图166　西夏文雕版小字版20

图167　西夏文雕版小字版21

　　小字版23，一面保存3行西夏文字及下边框，一面3行西夏文字模糊不清。残块长4.6厘米，宽2.4厘米，厚1.4厘米（图170；图版五七七）。

　　小字版24，A面保存2行西夏文字及上边框，B面2行字模糊不清。残块长4厘米，宽3.8厘米，厚2.2厘米（图171、172；图版五七八）。

图168　西夏文雕版小字版22（A面）

图169　西夏文雕版小字版22（B面）

图170　西夏文雕版小字版23

图171　西夏文雕版小字版24（A面）

图172　西夏文雕版小字版24（B面）

图173　西夏文雕版小字版25（A面）

图174　西夏文雕版小字版26

图175　西夏文雕版小字版27（A面）

图176　西夏文雕版小字版32（A面）

小字版25，A面保存3行西夏文字，B面文字不清。残块长7.5厘米，宽4.7厘米，厚2厘米（图173；图版五七九）。

小字版26，两块拼接。一面保存的2行西夏文字较清楚，一面文字磨损不清。残块长5.6厘米，宽4.7厘米，厚1.8厘米（图174；图版五八○）。

小字版27，一面保存包括中缝在内共4行西夏文字，左边1行，右边2行，中缝上部3个西夏文字，下部1个字为数字。另一面文字模糊。残块长6.2厘米，宽5.9厘米，厚1.4厘米（图175；图版五八一）。

图177　西夏文雕版小字版34

图178　西夏文雕版小字版35

图179　西夏文雕版小字版36

图180　西夏文雕版小字版37

　　小字版32，A面保存2行西夏文字，B面文字不清。残块长6.8厘米，宽3厘米，厚1.7厘米（图176；图版五八二）。

　　小字版34，一面保存的西夏文字2行较清楚，一面文字模糊。残块长4厘米，宽3.9厘米，厚1.5厘米（图177；图版五八三）。

　　小字版35，一面保存2行西夏文字，一面文字模糊。残块长5.3厘米，宽3.6厘米，厚1.6厘米（图178；图版五八四）。

　　小字版36，一面保存的西夏文字2行较清楚，一面文字模糊。残块长7.2厘米，宽3.7厘米，

图181　西夏文雕版小字版38（A面）　　　图182　西夏文雕版小字版38（B面）

图183　西夏文雕版小字版39（A面）　　　图184　西夏文雕版小字版39（B面）

厚1.5厘米（图179；图版五八五）。

小字版37，保存边框和3行西夏文字，一面文字磨损不清。残块长5.4厘米，宽4.6厘米，厚1.8厘米（图180；图版五八六）。

小字版38，两面各4行西夏文字。残块长5.6厘米，宽4.9厘米，厚1.5厘米（图181、182；图版五八七）。

小字版39，两面各3行西夏文字。残块长6.1厘米，宽5厘米，厚1.5厘米（图183、184；图版五八八）。

图185　西夏文雕版小字版40（A面）

图186　西夏文雕版小字版42

图187　西夏文雕版小字版43

图188　西夏文雕版小字版44

　　小字版40，一面保存3行西夏文字，一面保存2行西夏文字。残块长3.9厘米，宽3.3厘米，厚1.8厘米（图185；图版五八九）。

　　小字版42，一面保存的西夏文字2行较清楚，一面文字磨损不清。残块长5厘米，宽4厘米，厚1.7厘米（图186；图版五九〇）。

　　小字版43，一面保存2行西夏文字，一面文字磨损不清。残块长5.4厘米，宽2.2厘米，厚1.5厘米（图187；图版五九一）。

小字版44，一面保存3行西夏文字，一面文字模糊。残块长4.2厘米，宽2.5厘米，厚1.5厘米（图188；图版五九二）。

小字版45，两面各保存2行西夏文字，较清楚。残块长4.6厘米，宽3.4厘米，厚1.5厘米（图189、190；图版五九三）。

小字版46，两面各保存5行西夏文字。残块长7.2厘米，宽5.8厘米，厚1.5厘米。此版由西夏文翻译成汉文，录文及对译如下。

A面：

1．□□□□肃魏哗纙□……
　　□□□□识亦无住□……

2．□篢簚肃魏哗毯贴……
　　□故初识亦无生相……

3．篢簚肃魏哗蘁落砥□……
　　故初识亦无此者云……

4．瘟瘟订秄臀哗箆两□……
　　一切自灭可无智力□……

5．□□焊篢肃落礴哗……
　　□□其初识者本无……

B面：

图189　西夏文雕版小字版45（A面）

1．□篢哄……
　　□初生……

2．哗縢牡箆哗论阶搓……
　　无知用智无晓能有……

3．縢端蒜蘁綱鉼毯瘟……
　　知谓也此因众生皆……

4．□□篢蹦篢哗苔哗……
　　□□故然初无聪无……

5．□□□鉼毯瘟瘟麋□……
　　□□□众生一切独□……（图191~194；图版五九四）。

图190　西夏文雕版小字版45（B面）

小字版47，一面保存4行西夏文字，字清

图191　西夏文雕版小字版46（A面）

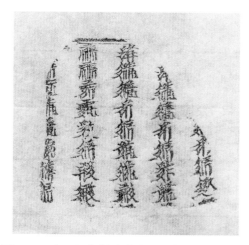

图192　西夏文雕版小字版46（A面，拓本）

图193　西夏文雕版小字版46（B面）

图194　西夏文雕版小字版46（B面，拓本）

晰，一面文字磨损不清。残块长6厘米，宽4.4厘米，厚1.4厘米（图195、196；图版五九五）。

　　小字版48，一面保存2行共5个西夏文字，一面文字磨损不清。残块长4.3厘米，宽2.4厘米，厚1.2厘米（图197；图版五九六）。

　　小字版49，一面保存3行西夏文字，一面文字磨损不清。残块长5厘米，宽3.8厘米，厚1.2厘米（图198；图版五九七）。

　　小字版50，该雕版两面各保存3行西夏文字，每字大小约0.6厘米见方，行距约0.6厘米。残块长5厘米，宽3.9厘米，厚1.5厘米。此版由西夏文翻译成汉文，录文及对译如下。

A面：

1.　佃们两瞭庭籱……

　　习信力依行修……

2.　絧碩籱腈庭荜……

　　因<>修行行用……

3.　蠦论科麤箴筣絼……

　　菩萨内正智得外……

意译：……[熏]习依信力。修行……所修行[与]用……[十地]菩萨内得正智外[得后智]……

译自《释摩诃衍论》卷五：如本此体用熏习分别。复有二种。云何为二。一者未相应。谓凡夫二乘初发意菩萨等。以意意识熏习依信力故。而修行未得无分别心与体相应故。未得自在业修行与用相应故。云何名为已入正位。谓十地菩萨内得正智外得后智。一分智用与如来等。

图195　西夏文雕版小字版47

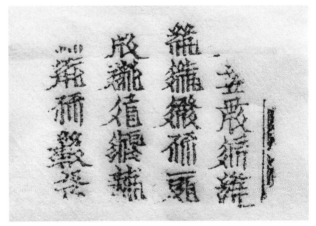

图196　西夏文雕版小字版47（拓本）

图197　西夏文雕版小字版48

图198　西夏文雕版小字版49

B面：

1. ……袭筋薹莆曦落

　　……中复次染法者

2. ……蕜曦莽佃螫卷

　　……净法熏习间断

3. ……□□□□絧彌

　　……□□□□心灭

意译：……复次染法者……净法。熏习[则无有]间断……[妄]心[则]灭……

图199　西夏文雕版小字版50（A面）

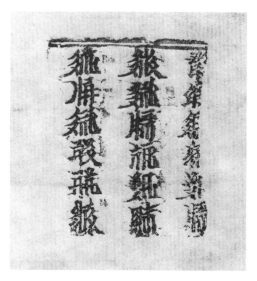

图200　西夏文雕版小字版50（A面，拓本）

图201　西夏文雕版小字版50（B面）

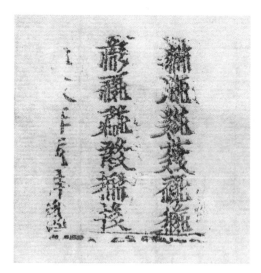

图202　西夏文雕版小字版50（B面，拓本）

图203　西夏文雕版小字版51（A面）

图204　西夏文雕版小字版51（B面）

图205　西夏文雕版小字版53（A面）

译自《释摩诃衍论》卷五：如本复次染法从无始已来熏习不断。乃至得佛后即有断净法。熏习则无有断。尽于未来。此义云何。以真如法常熏习故。妄心则灭（图199～202；图版五九八）。

小字版51，两面均有3行西夏文字，每字大小约0.6厘米见方，行距约0.6厘米。残块长8.4厘米，宽4.5厘米，厚1.8厘米（图203、204；图版五九九）。

小字版52，A面保存有3行西夏文字，B面保存4行西夏文字。每字大小约0.6厘米见方，行距约0.6厘米。残块长5.8厘米，宽3.8厘米，厚1.5厘米（图版六〇〇）。

小字版53，A面保存有3行西夏文字，B面保存有2行西夏文字。每字大小约0.6厘米见方，行

图206　西夏文雕版小字版54（A面）　　　　图207　西夏文雕版小字版54（B面）

图208　西夏文雕版小字版55（A面）　　　　图209　西夏文雕版小字版55（B面）

距约0.6厘米。残块长5.7厘米，宽2.9厘米，厚2.1厘米（图205；图版六〇一）。

　　小字版54，A面保存有4行西夏文字，B面保存有3行西夏文字。每字大小约0.6厘米见方，行距约0.6厘米。残块长5.5厘米，宽3.2厘米，厚1.5厘米（图206、207；图版六〇二）。

　　小字版55，A面保存有4行11个西夏文字，B面保存有4行8个西夏文字。每字大小约0.6厘米见方，行距约0.6厘米。残块长6.8厘米，宽3.1厘米，厚1.5厘米（图208、209；图版六〇三）。

　　小字版56，A面保存有2行西夏文字，B面保存有3行西夏文字。每字大小约0.6厘米见方，行距约0.6厘米。残块长4.9厘米，宽4厘米，厚1.5厘米。此版由西夏文翻译成汉文，录文及对译如下。

A：

1. ……螺襪艰篮……

　　……远离现可……

2. ……磕襲般揉癜癜……

　　……诸中境界一切……

3. ……次始緤……

　　……真实性……

意译：……远离……可现……诸中境界一切……真实性……

译自《释摩诃衍论》卷三：一者如实空镜。远离一切心境界相无法可现。非觉照义故。二者因熏习镜。谓如实不空。一切世间境界悉于中现。不出不入不失不坏常住一心。以一切法即真实性故。又一切染法所不能染。智体不动具足无漏熏众生故。

B：

1. ……蹦翖萛佃妒……

　　……故因熏习<>……

2. ……戊融襲襲燃……

　　……三世间中皆……

意译：……故名因熏习……三世间中皆……

译自《释摩诃衍论》卷三：颂曰：性净本觉智。三种世间法。皆悉不舍离。为一觉熏习。庄严法身果。故名因熏习。镜轮多梨花。空容受遍一。

论曰。性净本觉三世间中皆悉不离（图210～213；图版六〇四）。

小字版57，两面均有2行西夏文字，每字大小约0.6厘米见方，行距约0.6厘米。残块长9.2厘米，宽5.7厘米，厚1.8厘米（图214、215；图版六〇五）。

小字版58，两面各3行西夏文字。残块长4.5厘米，宽4.2厘米，厚1.3厘米（图216、217；图版六〇六）。

小字版60，两面各2行西夏文字。残块长5.8厘米，宽3厘米，厚1.9厘米（图218、219；图版六〇七）。

小字版61，两面各2行西夏文字。残块长5厘米，宽4.4厘米，厚1.4厘米（图220、221；图版六〇八）。

小字版62，有部分边框。A面2行7个西夏文字，B面2行4个西夏文字。残块长4.3厘米，宽3.8厘米，厚1.7厘米（图222、223；图版六〇九）。

图210 西夏文雕版小字版56（A面）

图211 西夏文雕版小字版56（A面，拓本）

图212 西夏文雕版小字版56（B面）

图213 西夏文雕版小字版56（B面，拓本）

小字版63，边框较宽，A面1行西夏文字，B面2行西夏文字。残块长6.5厘米，宽3.5厘米，厚1.2厘米（图224、225；图版六一〇）。

小字版64，A面1行西夏文字，B面2行西夏文字。残块长4厘米，宽3厘米，厚1.5厘米（图226、227；图版六一一）。

小字版65，一面2行西夏文字，一面文字模糊不清。残块长5厘米，宽4厘米，厚1.5厘米（图

图214　西夏文雕版小字版57（A面）　　　图215　西夏文雕版小字版57（B面）

图216　西夏文雕版小字版58（A面）　　　图217　西夏文雕版小字版58（B面）

图218　西夏文雕版小字版60（A面）　　　图219　西夏文雕版小字版60（B面）

图220　西夏文雕版小字版61（A面）　　　　图221　西夏文雕版小字版61（B面）

图222　西夏文雕版小字版62（A面）　　　　图223　西夏文雕版小字版62（B面）

图224　西夏文雕版小字版63（A面）

图225　西夏文雕版小字版63（B面）

图226　西夏文雕版小字版64（A面）

图227　西夏文雕版小字版64（B面）

图228　西夏文雕版小字版65

图229　西夏文雕版小字版66（A面）　　　　　　图230　西夏文雕版小字版66（B面）

228；图版六一二）。

　　小字版66，A面带中缝3行西夏文字，B面仅1行2个西夏文字。残块长3.4厘米，宽2.7厘米，厚2厘米（图229、230；图版六一三）。

　　小字版67，A面2行西夏文字，只有1行字比较清楚。B面1行西夏文字。残块长4厘米，宽2.8厘米，厚1.4厘米（图231、232；图版六一四）。

　　小字版68，一面2行西夏文字，磨损不清。一面3行西夏文字，字间有空格，比较少见。残块长5厘米，宽3.6厘米，厚1.5厘米（图233；图版六一五）。

　　小字版69，一面1行西夏文字及中缝，中缝上1字已残。一面文字磨损不清。残块长4.3厘米，宽4厘米，厚2厘米（图234；图版六一六）。

　　小字版70，一面保存1行西夏文字，每字大小约1厘米见方，行距0.6～0.8厘米，一侧版心页

图231　西夏文雕版小字版67（A面）　　　图232　西夏文雕版小字版67（B面）

图233　西夏文雕版小字版68　　　　　图234　西夏文雕版小字版69

码"下"。残块长6厘米，宽3厘米，厚1.6厘米。此版由西夏文翻译成汉文，录文及对译如下。

1.　遬蔵柏荋竪睴……

　　　文或金光明经……

版心：下（图235、236；图版六一七）。

小字版71，两面各保存2行西夏文字，一面文字模糊不清。残块长5.2厘米，宽4厘米，厚1.5厘米（图237；图版六一八）。

小字版72，一面文字模糊不清。残块长4.5厘米，宽2.9厘米，厚2厘米（图238；图版六一九）。

小字版73，保留部分边框，两面各有2行西夏文字。残块长4厘米，宽4厘米，厚1.8厘米（图239、240；图六二〇）。

图235　西夏文雕版小字版70

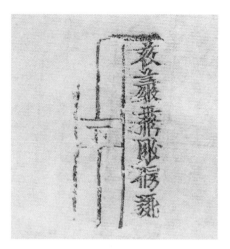

图236　西夏文雕版小字版70（拓本）

图237　西夏文雕版小字版71

图238　西夏文雕版小字版72

图239　西夏文雕版小字版73（A面）

图240　西夏文雕版小字版73（B面）

图241　西夏文雕版小字版74

图242　西夏文雕版小字版75

图243　西夏文雕版小字版76

图244　西夏文雕版小字版77

小字版74，一面保留上边框和2行西夏文字，一面文字模糊不清。残块长5厘米，宽3.2厘米，厚1.6厘米（图241；图版六二一）。

小字版75，一面保留上边框和2行西夏文字，一面文字模糊不清。残块长7.3厘米，宽3.8厘米，厚1.7厘米（图242；图版六二二）。

小字版76，一面保留3行西夏文字，一面文字模糊不清。残块长5.6厘米，宽3.9厘米，厚1.5厘米（图243；图版六二三）。

小字版77，一面保留2行6个西夏文字，一面文字模糊不清。残块长3.5厘米，宽3.5厘米，厚

1.2厘米（图244；图版六二四）。

　　小字版78，一面保留3行西夏文字，一面文字模糊不清。残块长4.4厘米，宽4.2厘米，厚1.8厘米（图245；图版六二五）。

　　小字版79，一面保存1行4个西夏文字，一面文字模糊不清。残块长3.7厘米，宽2.9厘米，厚1.5厘米（图246；图版六二六）。

　　小字版80，两面各保留3行西夏文字。残块长6.4厘米，宽4.7厘米，厚1.8厘米。此版由西夏文翻译成汉文，录文及对译如下。

　　1.　……窗檾蒜戊□……

　　　　……永离也三□……

　　2.　……□踞韈父蒜氥……

　　　　……□邑超过也五……

　　3.　……夫丑蒜蒾落……

　　　　……败<>也七者……

　　意译：……永离[三界域]也。三[者]……超过[五蕴]聚落也。五[者]……败[七恶军]也。七者……

　　译自《释摩诃衍论》卷一：二者出离最。永离三界域故。三者对治最。顿断四住地故。四者厌患最。已过五蕴聚落故。五者离爱最。永别六道岐故。六者威德最。胜退七恶军故。七者兵众最（图247、248；图版六二七）。

图245　西夏文雕版小字版78　　　　　　　　图246　西夏文雕版小字版79

图247　西夏文雕版小字版80（A面）

图248　西夏文雕版小字版80（A面，拓本）

小字版81，雕版残块长5.8厘米，宽4厘米，厚1.7厘米。此版由西夏文翻译成汉文，录文及对译如下。

A面：

1.　竤竤硬苌……

　　白白唵么……

2.　尉鹿总黌苌　□……

　　奢哈那竭么　□……

3.　蠹堡灯蠶……

　　此如十种……

意译：……白白唵么[罗]……奢哈那竭么……如此十种[识]……

译自《释摩诃衍论》卷二：有十阿梨耶。契经异说故。摩诃键怛摽。键阿尸伽罗。白白唵摩罗。黑白唵摩罗。羯罗罗键摩。缚多提键摩。奢呵那键摩。婆阿叉尼罗。白白迦萨罗。黑白迦萨罗。如是十种识。摩诃衍论中。分明显说故。随应各配属。

B面：

1.　……□

　　……□

2.　……□蜿绢唐梁礌菪袭

　　……□决定处摄本论中

3.　……瘗笓贴绕吞

　　……俱形相绝不相离

4.　……□□□□□

　　……□□□□□

图249　西夏文雕版小字版81（A面）

图250　西夏文雕版小字版81（A面，拓本）

图251　西夏文雕版小字版81（B面）

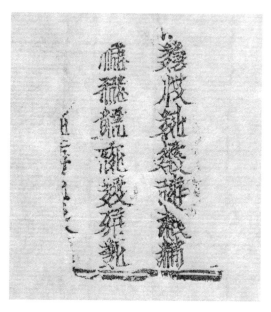

图252　西夏文雕版小字版81（B面，拓本）

意译：……决定摄。本论中……俱绝形相不相离……

译自《释摩诃衍论》卷二：此阿梨耶识当何决择摄。于本论中作如是说。自性清净心。因无明风动。心与无明。俱无形相不相舍离。乃至广说故（图249～252；图版六二八）。

小字版82，雕版残块长5厘米，宽5厘米，厚1.7厘米。此版由西夏文翻译成汉文，录文及对译如下。

1.　簫絢貼襪……

　　　不常相离……

2.　礹載簧蘁絧礹……

　　　根本成此因根……

3.　礹肅膝諜介□……

　　　根识者之名□……

4.　□襪蘁堡……

　　　□离此如……（图253、254；图版六二九）。

小字版83，一面文字较清晰。雕版残块长5.5厘米，宽5.4厘米，厚2厘米。此版由西夏文翻译成汉文，录文及对译如下。

1.　……膳絧粄

　　　……慧心现

2.　……鉼卢篏紖哗□……

图253　西夏文雕版小字版82

图254　西夏文雕版小字版82（拓本）

……多喻又损无□……

3.　……务簛勿阶……

　　……诵又督能……（图255、256；图版六三○）。

小字版84，一面文字较清晰。雕版残块长6.5厘米，宽3.1厘米，厚1.5厘米。此版由西夏文翻译成汉文，录文及对译如下。

图255　西夏文雕版小字版83

图256　西夏文雕版小字版83（拓本）

图257　西夏文雕版小字版84

图258　西夏文雕版小字版84（拓本）

1.　……葱絧搉焊槽父……

　　……净心体其<>度……

2.　……驳妒蹦暸眿祇旺……

　　……数谓故依祖师门……（图257、258；图版六三一）。

小字版85，一面文字清楚。雕版残块长6.5厘米，宽3.1厘米，厚1.5厘米（图259；图版六三二）。

图259　西夏文雕版小字版85

图260　西夏文雕版小字版86（A面）

图261　西夏文雕版小字版86（B面）

小字版86，雕版残块长4.9厘米，宽3.9厘米，厚2.1厘米（图260、261；图版六三三）。

小字版87，雕版残块长5厘米，宽3.7厘米，厚1.5厘米（图262、263；图版六三四）。

小字版88，雕版残块长5厘米，宽4.5厘米，厚1.5厘米（图264、265；图版六三五）。

小字版89，雕版残块长4.5厘米，宽4.6厘米，厚1.5厘米（图266；图版六三六）。

图262　西夏文雕版小字版87（A面）

图263　西夏文雕版小字版87（B面）

图264　西夏文雕版小字版88（A面）

图265　西夏文雕版小字版88（B面）

图266　西夏文雕版小字版89

图267　西夏文雕版小字版90（A面）

图268　西夏文雕版小字版90（B面）

小字版90，雕版残块长4.5厘米，宽3厘米，厚1.5厘米（图267、268；图版六三七）。

小字版91，雕版残块长4厘米，宽3.3厘米，厚1.3厘米（图269、270；图版六三八）。

小字版92，一面文字较清楚，一面文字模糊不清。雕版残块长4厘米，宽3厘米，厚1.7厘米（图271；图版六三九）。

小字版93，一面文字较清楚，一面文字模糊不清。雕版残块长4.9厘米，宽3.5厘米，厚1.7厘米（图272；图版六四〇）。

图269　西夏文雕版小字版91（A面）

图270　西夏文雕版小字版91（B面）

图271　西夏文雕版小字版92

图272　西夏文雕版小字版93

图273　西夏文雕版小字版94（A面）

图274　西夏文雕版小字版94（B面）

图275 西夏文雕版小字版95　　　　　　　　图276 西夏文雕版小字版96

小字版94，雕版残块长5厘米，宽4厘米，厚1.9厘米（图273、274；图版六四一）。

小字版95，一面文字较清晰。雕版残块长4厘米，宽4.1厘米，厚1.6厘米（图275）。

小字版96，一面文字较清晰。雕版残块长13厘米，宽7.1厘米，厚1.5厘米（图276）。

四　天宫藏其他遗物

除绢画、泥塑佛教造像、西夏文字木雕版外，天宫中还装藏有木、纸、纺织、陶瓷类物件及钱币等等，分类介绍如下。

（一）木器

包括木雕、墨书文字版、轴杆等。

1. 木雕观音菩萨像

1尊，发现时位于天宫壁面。其跣足立于圆形莲瓣座上，莲座局部残损。身躯略呈S形，体态优美颇具动感。头梳高发髻，发髻顶部微残，一小化佛结跏趺坐在仰覆莲瓣座上。背部长发梳理齐整，头戴五山峰冠，面庞丰圆，惜前额、眉眼残损，棱鼻，双唇闭合，下颚微上翘。柳眉细眼，直鼻小嘴，五官秀丽，双耳垂肩，戴耳珰。上身斜披络腋，饰项圈、璎珞，腰着莲瓣纹罗裙，下身着长裙。长条披巾绕身。隆胸细腰，臀部右倾。右臂弧屈，右手至腹际，手握帔巾。左臂自然下垂，手中原持有一物，已遗失。通体施红色，表面贴金，惜多已脱落。这尊木雕像为整

0　　2　　4　　6厘米

图277　木雕观音菩萨像

块木料圆雕而成，造型优美，雕工细腻。此像从背部看，通体涂金，金箔上又涂朱红色。像高24.4厘米，身宽6厘米（图277；图版六四二、六四三）。

2．木雕女伎像插件

1尊。此像残断为5块，经拼对为一女像。片状。长条形，上下各出两榫头，说明是原插于某物上的插件。女伎回首转身，呈舞蹈状。左臂上举至头顶，手握帔带，右臂侧转至左臂腋下。右手残缺。宽胸，细腰，丰乳。右腿折上盘，右脚尖搭在左腿膝盖一侧，左腿屈立在仰开的莲花瓣座上，脚尖着地，脚跟抬起。这尊女伎像上身裸露，帔帛绕身，下着短裙，通体彩绘贴金，雕工娴熟，具有浓郁的尼泊尔佛教艺术风格。莲枝环绕，左侧出一枝莲花，背部平整。残高28.5厘米，宽13厘米，厚1.1厘米（图278；图版六四四、六四五）。

3．覆钵式小木塔

1件，表面剥落朽蚀严重。塔由基座、塔身、塔刹三部分组成。刹顶系一条帛带，覆钵式塔身，圆形束腰须弥座。高17.5厘米，底径5.5厘米（图279；图版六四六）。

4．木幡顶

2件，木幡顶1，木幡顶2。两件的形制、大小几乎一样。圆顶，平底。原表面彩绘莲瓣一周，莲瓣用红、绿和黄色绘成，惜脱落殆尽。直径8.6厘米，高4厘米（图280；图版六四七、六四八）。

5．木残臂

1只。此臂上戴环状臂串，表面施有彩绘，惜多脱落。残长6厘米，直径1.3厘米（图281；图版六四九）。

6．木雕残件

2件，木雕残件1，木雕残件2。

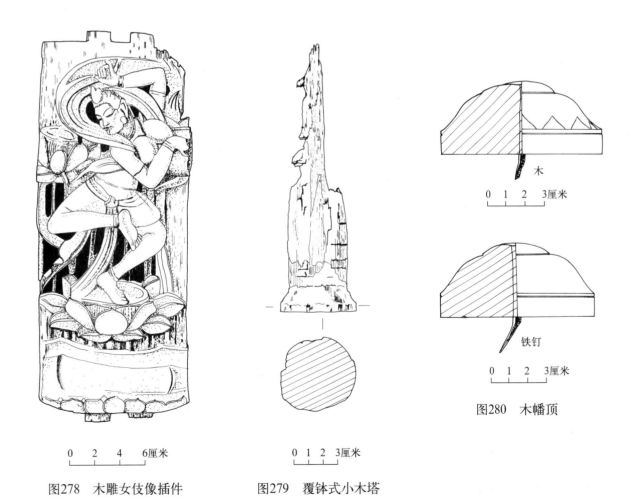

图278　木雕女伎像插件　　　图279　覆钵式小木塔

图280　木幡顶

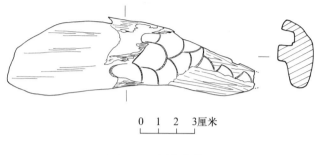

图282　木雕残件2

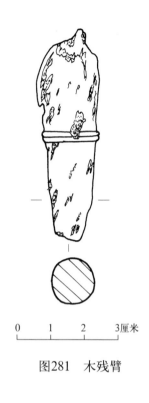

图281　木残臂

木雕残件1，不规则形，似为展翅飞翔的禽鸟羽翼。表面涂成绿色。残长8.5厘米，宽5厘米（图版六五〇）。

木雕残件2，残朽严重，表面雕琢一禽鸟，似凤，尖鸟啄，扇形羽翼，身上有贴金。残长14厘米，宽4厘米，厚1.7厘米（图282；图版六五一）。

7．西夏文木简

2枚，西夏文木简1，西夏文木简2。

西夏文木简1，条形，正面微有弧度，从上至下墨书5个西夏文字。背面亦墨书西夏文字，但较正面字小。顶端凿一圆孔，孔径3毫米。此简上的西夏文字，经西夏文字专家李范文先生译释，正面五字似为"宝塔钱数"，背面为捐款者名单。这说明此简是修塔募捐时的供奉品。残长11.2厘米，宽1.9厘米，厚0.4厘米（图版六五二）。

西夏文木简2，长条状，两面墨书西夏文字。长15.7厘米，宽3厘米，厚0.4厘米（图版六五三）。

8．木轴杆

6根，轴杆1～6。其中四根基本完整，另外两根残断。六根轴杆均为圆柱状（图版六五四）。

轴杆1，杆上凿一槽，槽内存布残片。长55.5厘米，直径1.3厘米。

轴杆2，断为两截，杆上槽内有布残片。长52.5厘米，直径1.2厘米。

轴杆3，两端涂成红色。长39.5厘米，直径1厘米。

轴杆4，长36.9厘米，直径0.8厘米。

轴杆5，杆上保留有画布残块，与《八相塔图》所用布料的质地、色泽完全一样。由此可知，此根轴杆应该是《八相塔图》的轴杆。残长32.5厘米，直径1厘米。

轴杆6，残长20厘米，直径1.6厘米。

9．木板残块

2块，木板残块1，木板残块2（图版六五五）。

木板残块1，长条形，表面施朱红色。长21.5厘米，宽3.5厘米，厚1厘米。

木板残块2，长条形，断为两截。残长29.2厘米，宽2.5厘米，厚0.7厘米。

（二）纸质类

包括朽书、残页等。

1．西夏文书《番汉合时掌中珠》残页

此页纸色泛黄，发现时粘在一块不规则泥土块上。残页上存西夏文和汉文的对音字。经查阅，应是西夏人骨勒茂才编印的《番汉合时掌中珠》第四页第六栏的残页。土块长18厘米，宽11.5厘米，厚4.5厘米（图版六五六、六五七）[2]。

2．西夏文书残页

1张。残页为白绵纸，纸薄而柔软。纸上墨书西夏文字10行，每字0.7～0.8厘米见方，字体清秀，书写流利，系用毛笔直接写于纸上。此件文书经李范文先生初释，为护塔寺院条文或律令抄件。残长18厘米，宽11厘米（图版六五八）。

3．朽书

在天宫上层发现大量朽书碎块。封面多用绢或布封装。

朽书1，书页朽蚀后已粘连在一起，页面上印刷西夏文字，为保存最好的1册。残长13厘米，宽13厘米，厚1.5厘米，宽度应为原书宽度（图版六五九）。

朽书2，除朽书1保存相对完整外，其余朽书多成碎块，长、宽不足3厘米见方。页面上印刷西夏文字，亦有个别地方印汉字。无论西夏文字还是汉字，皆为楷书，字体方正（图版六六○～六六二）。

朽书3，多为书的封面，有10多块。封面为纺织品，有绢、麻、布等，与朽书粘贴在一起，有的封面上存西夏文字，已漫漶不清。

封面1，绢质，封面上留有装订书的细线绳。长17厘米，宽11.5厘米（图版六六三）。

封面2，绢质，封面由三层白绢糊在一起，绢上有西夏文字，字较大且规整，为印刷体。长18厘米，宽9.5厘米（图版六六四）。

---

[2]　参见（西夏）骨勒茂才著，黄振华、聂鸿音、史金波整理《番汉合时掌中珠》，宁夏人民出版社，1989年。

封面3，绢质，绢上有西夏文字，字较大且规整，为印刷体（图版六六五）。

封面4，似棉布质地（图版六六六）。

（三）纺织品类

1. 黄绢发愿文幡带

1条。黄色绢质，双层制成，带尖呈倒三角形。发现时，幡带中部打一活结。正面由上至下墨书36字："□州张义堡第一百七指挥第一社赵仲本家人等同启心原自辨清财施幡一合谨奉献上"。楷书，字体工整。长225厘米，宽23.5厘米（图版六六七）。

2. 墨书西夏文字残绢

1块。绢为白色，其上墨书西夏文字3行，每字0.8厘米见方，书写方正。残长5厘米，宽5.5厘米（图版六六八）。

3. 挂带

2条，挂带1，挂带2。绢或麻质，均为双层制成，顶部打结，下面4条穗带。严重污染，主要色泽为黄色。挂带1，长44厘米。挂带2，长39厘米（图版六六九）。

4. 小布袋

2只，布袋1，布袋2。

布袋1，长方形，已残破和严重污染。在土黄色衬底上织出蓝色花纹。挂带细长，为细绢绳，可背挂。长10厘米，宽7.5厘米（图版六七〇、六七一）。

布袋2，残破成碎块，严重污染变色（图版六七二）。

5. 彩条布碎块

3块。其色彩基本相同，质地、织法不同。

彩条布碎块1，纬线为一根黄色细线，经线较粗，质地似为毛麻（图版六七三）。

彩条布碎块2，纬线、经线均为单根细线，纹饰为朱色竖条纹（图版六七四）。

彩条布碎块3，纬线、经线均为单根细线。纹饰为黄色竖条连续排列（图版六七五）。

6. 白底黑花绢碎块

5块。白色衬底，上印黑色碎花，图案采取连续纹样，绢薄而柔软。

白底黑花绢碎块1，长19.5厘米，宽9.5厘米（图版六七六）。

白底黑花绢碎块2，质地、纹饰完全相同，尺寸较碎块1略小（图版六七七）。

7. 碎布块

1包。其中有白、蓝、绿、黄几种颜色，质地有绢、绸、棉、布等，朽蚀污染严重。

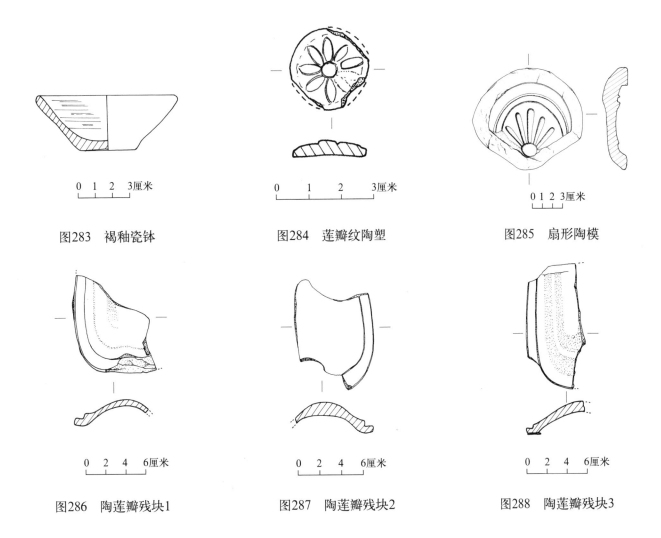

图283　褐釉瓷钵　　　　　　　　图284　莲瓣纹陶塑　　　　　　　图285　扇形陶模

图286　陶莲瓣残块1　　　　　　图287　陶莲瓣残块2　　　　　　图288　陶莲瓣残块3

（四）陶瓷类

1．褐釉瓷钵

1件。大口圆唇，斜腹收成小平底。胎质坚硬，表面不施釉。出土时已残破。高3厘米，口径8厘米，底径3.2厘米（图283；图版六七八）。

2．莲瓣纹陶塑

1件。圆饼形，表面塑莲瓣纹。直径2.5厘米，厚0.5厘米（图284；图版六七九）。

3．扇形陶模

1件。形似扇面，土黄色，胎质细腻坚硬，造型规整。宽11厘米，高10厘米（图285；图版六八〇）。此件扇形陶模的纹样与夯筑地基内出土的绿琉璃残块上的扇面纹完全相同，说明绿琉璃残件上的扇面纹是用其来翻制的。

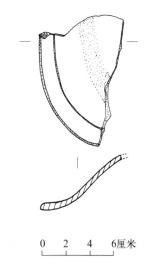

图289　陶莲瓣残块4

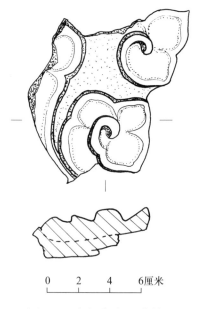

图290　陶如意卷云残件1

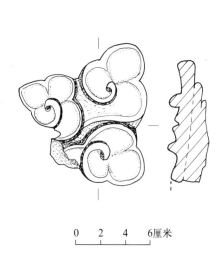

图291　陶如意卷云残件2

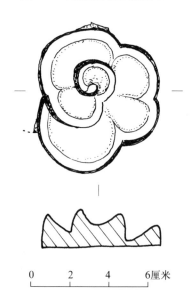

图292　陶如意卷云残件3

4．陶莲瓣残块

较大的11块，陶莲瓣残块1～11。陶胎细腻，陶质坚硬，与地基内出土的黄琉璃莲瓣的内胎从质地到颜色都很相近（图版六八一）。

陶莲瓣残块1，莲瓣长圆，莲头圆弧，表面彩绘，内一圈朱红色，外一圈绿色。莲瓣残长10厘米，残宽7.8厘米，厚0.6厘米（图286；图版六八二）。

陶莲瓣残块2，莲瓣残长9.5厘米，残宽7厘米，厚0.7厘米（图287；图版六八三）。

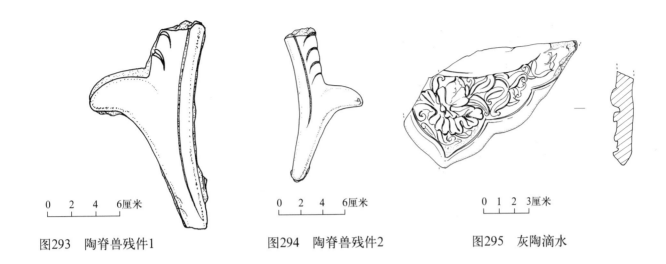

图293 陶脊兽残件1　　　图294 陶脊兽残件2　　　图295 灰陶滴水

陶莲瓣残块3，莲瓣残长12厘米，残宽7厘米，厚0.7厘米（图288；图版六八四）。

陶莲瓣残块4，莲瓣残长11厘米，残宽7厘米，厚0.6厘米（图289；图版六八五）。

5．陶如意卷云残件

发现20多件，做工精致（图版六八六）。

陶如意卷云残件1，保存两朵如意云朵。长10.6厘米，宽9.5厘米，厚3.5厘米（图290；图版六八七）。

陶如意卷云残件2，保存三朵如意云朵。长10.7厘米，宽9.9厘米，厚2.4厘米（图291；图版六八八）。

陶如意卷云残件3，长6.9厘米，宽6厘米，厚1.5厘米（图292；图版六八九）。

6．陶脊兽残件

5件，似为龙角（图版六九〇）。

陶脊兽残件1，残长16.5厘米，宽3.6~7厘米，厚2.3厘米（图293）。

陶脊兽残件2，残长13.7厘米，宽3.7~7厘米，厚2.5厘米（图294）。

陶脊兽残件3，长12厘米，宽3~6.6厘米，厚2.4厘米。

陶脊兽残件4，长10.5厘米，宽4.9厘米，厚2.2厘米。

陶脊兽残件5，长7.9厘米，宽3~6.6厘米，厚2.4厘米。

7．灰陶建筑构件

2件，为灰陶滴水1件，灰陶残件1件。

灰陶滴水，表面浅浮雕海石榴纹。残长8厘米，高7.5厘米，厚1厘米（图295；图版六九一）。此件滴水同夯筑地基内发现的灰陶和绿琉璃滴水完全相同，应为同一模具翻制。

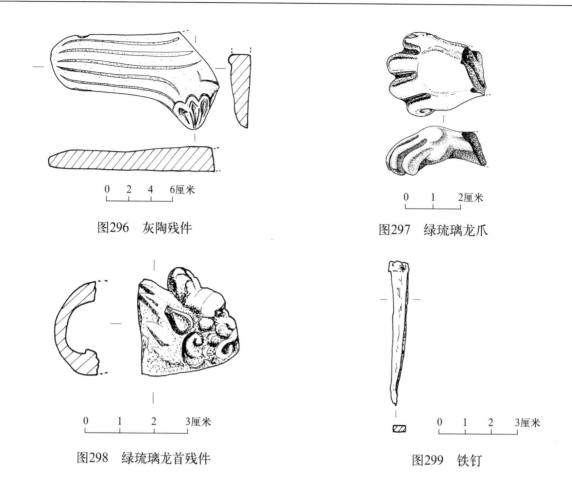

图296　灰陶残件

图297　绿琉璃龙爪

图298　绿琉璃龙首残件

图299　铁钉

　　灰陶残件，似脊兽上的残件，塑制精细。长15厘米，宽4.5厘米，厚0.8厘米（图296；图版六九二）。

　　8．绿琉璃残件

　　4件，绿琉璃残件1～4。

　　绿琉璃残件1，龙爪，1只。五爪内抠，其形状与地基内出土的大量绿琉璃龙爪大同小异。长3.5厘米，宽2.7厘米，厚1厘米（图297；图版六九三）。

　　绿琉璃残件2，脊首残件，似为龙首。中空。残长3厘米，残宽3厘米，厚0.5厘米（图298；图版六九四，左）。此龙首残件在夯筑地基中多有出土。

　　绿琉璃残件3，从残存部位看，为滴水残件（图版六九四，中）。

　　绿琉璃残件4，为琉璃瓦残件，同塔基出土绿琉璃瓦胎质相同（图版六九四，右）。

　　（五）玉石类

　　包括青玉石条2件。

图300　皇宋通宝拓本（正、背面）

图301　天禧通宝拓本（正、背面）　　　　　　图302　嘉祐通宝拓本（正、背面）

青玉石条1，长条形，两端有孔眼，孔径3毫米。长7.3厘米，宽0.9厘米，厚0.4厘米（图版六九五）。

青玉石条2，条形，一端呈锐角。长5.2厘米，宽2.3厘米，厚0.3厘米（图版六九六）。

（六）铜铁类

包括铁钉1枚，铜钱币3枚。

1．铁钉，1枚。锈蚀。长5.3厘米，径0.8厘米（图299；图版六九七）。

2．铜钱，3枚。

皇宋通宝，1枚。直径2.5厘米，孔径0.75厘米（图300；图版六九八）。

天禧通宝，1枚。直径2.5厘米，孔径0.65厘米（图301；图版六九九）。

嘉祐通宝，1枚。直径2.4厘米，孔径0.7厘米（图302；图版七〇〇）。

第二节　塔身上与淤土中的遗物

一　塔身砖砌层内的钱币

在塔身落架拆卸中，分别在塔身第三层塔檐东北角和南面塔檐等处共发现钱币21枚。介绍如下。

（一）塔身第三层塔檐东北角（第135层砖上）

发现钱币14枚。计有皇宋通宝3枚，熙宁元宝3枚，开元通宝2枚，太平通宝、天禧通宝、绍圣元宝、天圣元宝、元丰通宝、祥符通宝各1枚。

1. 绍圣元宝，1枚。直径2.4厘米，孔径0.6厘米（图303；图版七〇一）。

2. 皇宋通宝，3枚。

　　皇宋通宝1，锈蚀严重。直径2.5厘米，孔径0.75厘米（图304；图版七〇二）。

　　皇宋通宝2，直径2.5厘米，孔径0.75厘米。同天宫中发现的皇宋通宝相同（图305）。

　　皇宋通宝3，直径2.5厘米，孔径0.75厘米（图306）。

3. 熙宁元宝，3枚。

　　熙宁元宝1，直径2.3厘米，孔径0.6厘米（图307；图版七〇三）。

图303　绍圣元宝拓本（正、背面）

图304　皇宋通宝1拓本（正、背面）

图305　皇宋通宝2拓本（正、背面）

图306　皇宋通宝3拓本（正、背面）

图307　熙宁元宝1拓本（正、背面）

图308　熙宁元宝2拓本（正、背面）

图309　熙宁元宝3拓本（正、背面）

图310　开元通宝1拓本（正、背面）

图311　开元通宝2拓本（正、背面）

图312　太平通宝拓本（正、背面）

图313　天禧通宝拓本（正、背面）

熙宁元宝2，直径2.3厘米，孔径0.6厘米（图308）。

熙宁元宝3，直径2.3厘米，孔径0.6厘米（图309）。

4．开元通宝，2枚。

开元通宝1，直径2.5厘米，孔径0.6厘米（图310；图版七〇四）。

开元通宝2，直径2.5厘米，孔径0.6厘米（图311）。

5．太平通宝，1枚。直径2.5厘米，孔径0.5厘米（图312；图版七〇五）。

6．天禧通宝，1枚。直径2.5厘米，孔径0.65厘米（图313；图版七〇六）。

7．天圣元宝，1枚。直径2.5厘米，孔径0.7厘米（图314；图版七〇七）。

8．元丰通宝，1枚。直径2.5厘米，孔径0.7厘米（图315；图版七〇八）。

图314 天圣元宝拓本（正、背面）

图315 元丰通宝拓本（正、背面）

图316 祥符通宝拓本（正、背面）

图317 治平元宝拓本（正、背面）

图318 绍圣元宝拓本（正、背面）

图319 景祐元宝拓本（正、背面）

图320 政和通宝拓本（正、背面）

图321 崇宁重宝拓本（正、背面）

图322 元祐通宝拓本（正、背面）　　　　图323 明道元宝拓本（正、背面）

9．祥符通宝，1枚。直径2.5厘米，孔径0.5厘米（图316；图版七〇九）。

（二）塔身第三层塔檐南面

发现钱币4枚。

1．治平元宝，1枚。直径2.4厘米，孔径0.65厘米（图317；图版七一〇）。

2．绍圣元宝，1枚。直径2.5厘米，孔径0.6厘米（图318；图版七一一）。

3．景祐元宝，1枚。直径2.4厘米，孔径0.7厘米（图319；图版七一二）。

4．政和通宝，1枚。直径2.5厘米，孔径0.7厘米（图320；图版七一三）。

（三）塔身第三层塔檐上

发现钱币3枚，为崇宁重宝、元祐通宝、明道元宝各1枚。

1．崇宁重宝，1枚。直径3.6厘米，孔径0.85厘米（图321；图版七一四）。

2．元祐通宝，1枚。直径2.5厘米，孔径0.7厘米（图322；图版七一五）。

3．明道元宝，1枚。直径2.5厘米，孔径0.65厘米（图323；图版七一六）。

二　塔室及塔外淤土中的遗物

（一）塔室淤土

从后代维修的门洞以下，已为淤土和塌落的砖块填塞。清理时，在塔北部的地表层以下的淤土中出土石雕佛头像1尊，石碾子莲座1件。石雕佛头像出土时置放在石碾子莲座一侧。

1．石佛头像

1尊。螺髻，头顶高尖螺髻凸起。面相方圆，弯眉与鼻梁连为一体，眼、鼻、嘴紧凑在一起，大耳下垂，眼珠涂黑，口涂红。由砂岩圆雕而成。高20厘米，面宽12厘米（图324；图版七一七）。

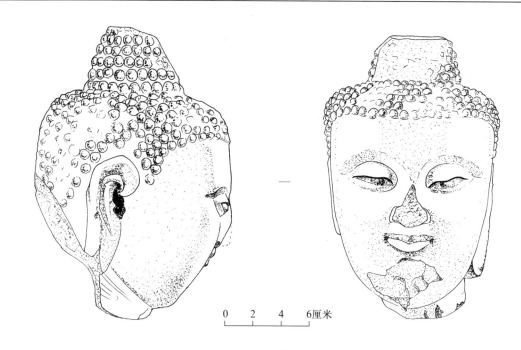

0　2　4　6厘米

图324　石佛头像

2．石碾子莲座

圆柱状，中空。表面上半部浮雕莲瓣。高60厘米，直径45厘米（图版七一八）。

（二）塔门淤土

在塔门处淤土中，还发现门楣上的砖雕残件、铭文砖残件等（图版七一九）。

（三）塔西北角地表层以下

在塔的西北角地表层以下50～60厘米处出土铜铎1件。

铜铎，1件。口沿稍残，肩部三圆孔。壁面有两竖行铭文"康熙三十八年制造"。高20厘米，口径14.5厘米，壁厚0.5厘米（图325；图版七二○～七二二）。

（四）塔东北部淤土

在距塔1.8米处的东北部淤土中，发现铜佛像1尊，玉

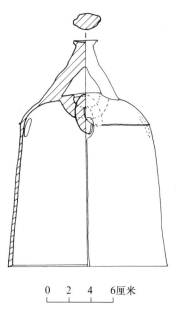

0　2　4　6厘米

图325　铜铎

持荷童子像1尊，铜镜1面，钱币19枚。上述遗物集中在一起，似为有意识供奉。

1．铜鎏金佛像

1尊。中空。佛像螺髻微凸，前顶中间有顶严。方颐，眉间有白毫。弯眉与鼻梁连为一体，双眼微合，双唇紧闭，嘴角微上翘，略带笑意。大耳，神态祥和。颈部两道旋纹。施禅定印，结跏趺坐于椭圆形束腰莲座上。身着通领袈裟，袈裟领边、袖边镶乳钉连珠纹，袈裟外披大衣，大衣领边饰连续卷云纹带，袈裟内着僧祇支，腰部束带，带于腹前打结。莲座正面浮雕仰覆莲瓣，莲尖呈云头状，莲座边缘连珠纹。背部平整。通高23.8厘米，座高4厘米（图326；图版七二三）。

2．铜镜

1面。八瓣菱花形，镜面微弧，背面浮雕四只鸟和云纹。直径9.1厘米，厚0.4厘米（图327；图版七二四）。

0　　2　　4　　6厘米

图326　铜鎏金佛像

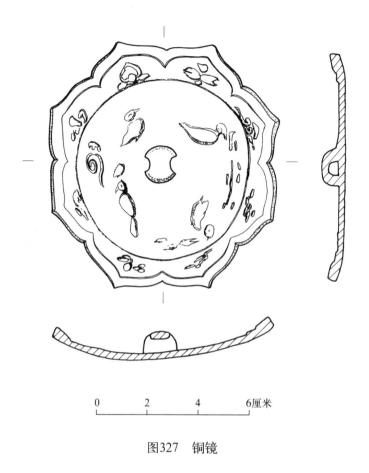

0　　　2　　　4　　　6厘米

图327　铜镜

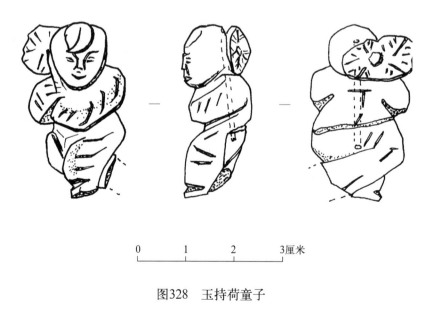

0　　1　　2　　3厘米

图328　玉持荷童子

3．玉持荷童子

1件。白色，夹杂黑色斑点。圆雕。圆头圆面，顶部桃形发饰。五官紧凑，双手于右肩部持一枝莲花呈行进状，背部莲花盛开。头顶至脚底中部凿一孔，上下贯通。高3.4厘米（图328；图版七二五）。

4．钱币

19枚。其中5枚为清朝顺治通宝，14枚为清朝康熙通宝。

（五）其他

另外，在塔周围淤土中还出土灰陶瓦当、滴水数件。

灰陶瓦当1，面模印兽面纹，兽面的两犄角呈倒八字形，粗眉凸目，獠牙外露，神态凶猛恐怖。长10厘米，宽8.2厘米，厚1.6厘米（图版七二六）。

灰陶瓦当2，长7.5厘米，宽10.4厘米，厚1.9厘米（图329；图版七二七）。

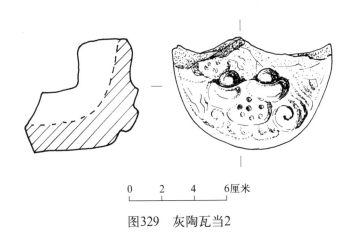

图329　灰陶瓦当2

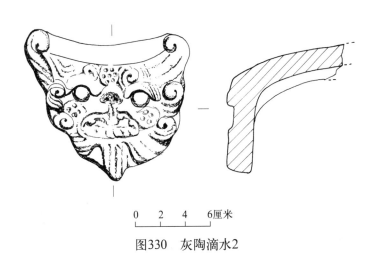

图330　灰陶滴水2

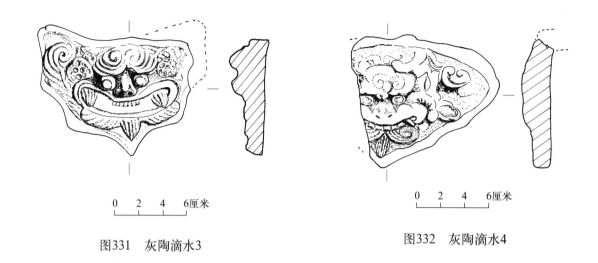

<table>
<tr><td>图331　灰陶滴水3</td><td>图332　灰陶滴水4</td></tr>
</table>

灰陶滴水1，面模印兽面纹。长13厘米，宽8.2厘米，厚1.9厘米（图版七二八）。

灰陶滴水2，长10厘米，宽12.9厘米，厚2厘米（图330；图版七二九）。

灰陶滴水3，长13.4厘米，宽9厘米，厚1.3厘米（图331；图版七三〇）。

灰陶滴水4，长12.4厘米，宽10.5厘米，厚2.1厘米（图332；图版七三一）。

第三节　塔基内遗物

一　地宫内遗物

在夯筑塔基中部的椭圆形土坑地宫内，清理出泥塔模、泥塔婆10多件和泥塑手1件。介绍如下。

（一）泥塔模（擦擦）

保存较为完整的6件。其中2件呈窝窝头状，4件扁平鸡心形，另有数件残件。皆系黄胶泥手工捏制而成，制作粗糙。

1. 窝窝头状

2件。

泥塔模1，上半部圆锥形，尖顶较高，下半部覆钵形，圆饼形底。表面磨光。直径3.5厘米，高4.5厘米（图333；图版七三二）。

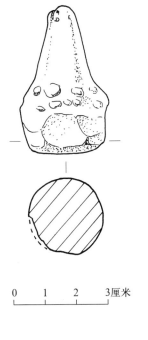

0　　1　　2　　3厘米

图333　泥塔模1

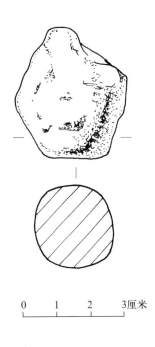

0　　1　　2　　3厘米

图334　泥塔模2

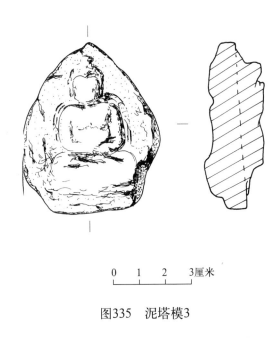

0　　1　　2　　3厘米

图335　泥塔模3

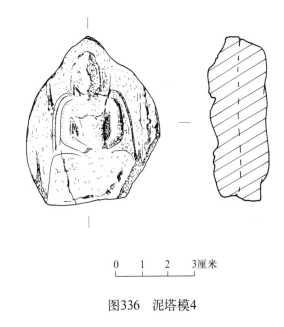

0　　1　　2　　3厘米

图336　泥塔模4

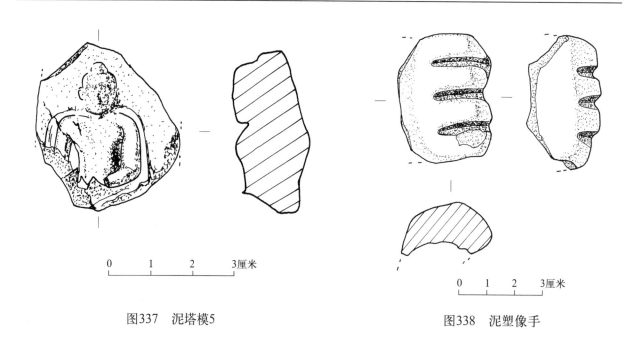

图337　泥塔模5　　　　　　　　　　　　　图338　泥塑像手

泥塔模2，尖顶较矮，最大径在肩部。捏制粗糙。直径3厘米，高4厘米（图334；图版七三三）。

2．扁平鸡心形

较完整4件，泥塔模3~6。

泥塔模3，正面塑一尊坐佛像。佛尖顶螺髻，宽胸细腰，施禅定印，结跏趺坐于莲座上。背部像身凸出。高6.2厘米，宽5.2厘米，厚1.6厘米（图335；图版七三四）。

泥塔模4，正面塑一尊坐佛像。尖螺髻，宽胸细腰，施禅定印，结跏趺坐于莲座上。高6.1厘米，宽5厘米，厚1.6厘米（图336；图版七三五）。

泥塔模5，残缺。正面塑一尊坐佛像，尖顶螺髻，面部磨损不清。宽胸细腰，施禅定印，结跏趺坐于莲座上。高4厘米，宽3.5厘米，厚1~1.5厘米（图337；图版七三六）。

（二）泥塑

仅1件。泥塑像手1，四指屈握，呈握拳状。残长3.5厘米，宽4厘米。这只泥手与天宫内出土的泥塑罗汉像手大同小异（图338；图版七三七）。

二　夯层内遗物

在砖塔砌体下的夯筑塔基内，有六层建筑残件垫层，内保存大量灰陶、琉璃建筑构件和少量

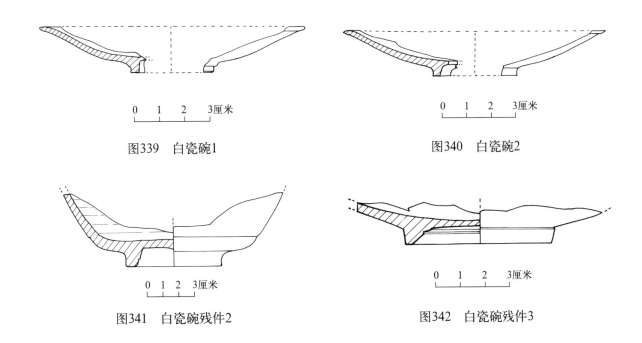

图339　白瓷碗1　　　　　　　　　　图340　白瓷碗2

图341　白瓷碗残件2　　　　　　　　图342　白瓷碗残件3

碎瓷片等。

（一）瓷器碎片

地基夯层内出土的瓷器可复原瓷器2件，碎片100多片，主要为碗、盘之类的生活用具，有白瓷、黑瓷、褐釉瓷等等。在这些碎片中，白瓷片最多，黑瓷片次之。一部分瓷片与西夏瓷极为相似。

1. 白瓷

地瓷1，白瓷碗，2件。

白瓷碗1，残，可修复完整。敞口翻缘，腹部有几道旋纹。釉层稀薄，部分无釉。高2.6厘米，口径16厘米，底径5厘米（图339；图版七三八）。

白瓷碗2，可修复完整。敞口外撇，斜腹，腹部施双涩圈。高2.6厘米，口径16厘米，底径5厘米（图340；图版七三九）。

地瓷2，白瓷碗残件，4件。

白瓷碗残件1，保存部分底部和腹部。碗形、釉色同白瓷碗2相近。残高2.5厘米，圈足径6厘米（图版七四○）。

白瓷碗残件2，下腹至底不施釉。残高4.8厘米，底径6厘米（图341；图版七四一）。

白瓷碗残件3，仅存碗底部分。残高1.9厘米，底径6厘米（图342；图版七四二）。

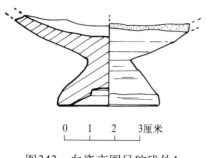

图343　白瓷高圈足碗残件1

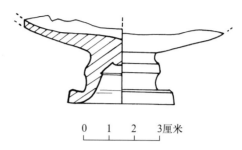

图344　白瓷高圈足碗残件2

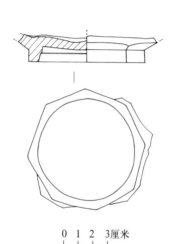

图345　白瓷八边形残片1

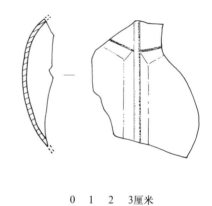

图346　白瓷八边形残片2

白瓷碗残件4，瓷碗残片。高5.3厘米（图版七四三）。

地瓷3，白瓷高圈足碗残件，2件。

白瓷高圈足碗残件1，腹部以上残缺。喇叭形圈足，束腰，厚胎。残高3.3厘米，底径4厘米（图343；图版七四四）。

白瓷高圈足碗残件2，保存喇叭形高圈足，束腰，厚胎。残高3.1厘米，底径4.1厘米（图344；图版七四五）。

地瓷4，白瓷八边形残片，3片。

白瓷八边形残片1，为白瓷八边形底。圈足呈八边形，腹部出棱，此件器物可能为八边形碗。胎质细腻，釉色洁白光亮。从残留看，器身亦为八角形。在现存宋瓷中，底座为八边形的瓷器是比较少见的。残高1.8厘米，底径8厘米，边长2.8厘米（图345；图版七四六）。

白瓷八边形残片2，腹部残片。腹部起脊，从形制和胎质、釉色看，同白瓷八边形残片1似为同一件器物。残高6.9厘米，宽4.7厘米，厚0.5厘米（图346；图版七四七）。

白瓷八边形残片3，同白瓷八边形残片1、2似为同一件器物上的。残高3厘米，宽3厘米，厚1厘米（图347；图版七四八）。

地瓷5，白瓷残片，4片。

白瓷残片1，白釉带口沿碎片，敞口外撇。釉色泛黄，显细密冰裂纹。残高3.7厘米，宽5.8厘米，厚0.4厘米（图版七四九）。

白瓷残片2，为高圈足部分。白釉泛黄，厚胎。残高6.5厘米，底径5厘米（图348；图版七五〇）。

白瓷残片3，为一片白瓷灰蓝色晕染残片。敞口折沿，内腹部见灰蓝色晕染，灰白胎。残高3厘米，厚0.8厘米（图版七五一）。

白瓷残片4，为白瓷蓝条纹残片。白釉莹润，上饰蓝色竖条纹。残长4.6厘米，宽3.6厘米，厚0.5厘米（图版七五二）。

2．黑褐釉瓷残片

地瓷6，褐釉剔刻花纹瓷器残片，1片。残高5.7厘米，宽4厘米，厚0.9厘米。与宁夏灵武县磁窑堡西夏瓷窑遗址出土的褐釉剔刻花纹瓷的釉色、胎质基本相同（图版七五三）。

地瓷7，黑釉碗残件，从残存看，为碗。圈足不施釉，碗心有涩圈，灰白胎。残高6厘米，圈足径5.6厘米（图349；图版七五四）。

地瓷8，黑釉残片，3片。

黑釉残片1，为口沿残片。釉有光泽，白胎泛黄。残高3.4厘米，壁厚1.9厘米（图350；图版七五五）。

黑釉残片2，存底和腹部的局部，器形不清。胎体厚重。灰白胎。釉色有光泽。残高2.7厘米，残底径2.6厘米，厚1.9厘米（图351；图版七五六）。

黑釉残片3，残长9.4厘米，宽6.8厘米，厚0.8厘米（图版七五七）。

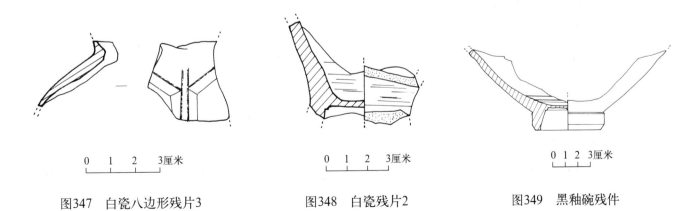

图347　白瓷八边形残片3　　　　　图348　白瓷残片2　　　　　图349　黑釉碗残件

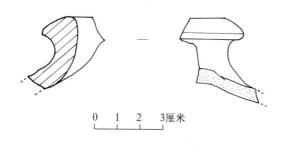

0 1 2 3厘米

图350 黑釉残片1

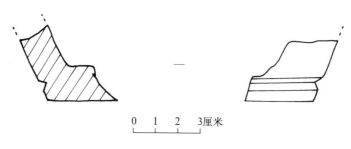

0 1 2 3厘米

图351 黑釉残片2

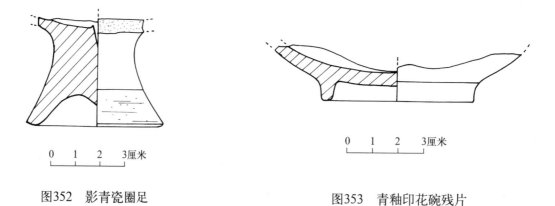

0 1 2 3厘米

图352 影青瓷圈足

0 1 2 3厘米

图353 青釉印花碗残片

3. 影青瓷、青瓷碎片等

数量较少，为典型的宋瓷碎片。

地瓷9，影青瓷圈足，喇叭形，釉色光亮，显细密冰裂纹开片。残高4.3厘米，底径5.5厘米（图352；图版七五八）。

地瓷10，青釉印花碗残片，保存圈足及下腹部分，应该为碗。残高2厘米，底径6厘米（图353；图版七五九）。

地瓷11，黄釉瓷片，深黄色，夹大量细密褐色斑点。残长8.6厘米，宽8.1厘米，厚0.7厘米（图版七六〇）。

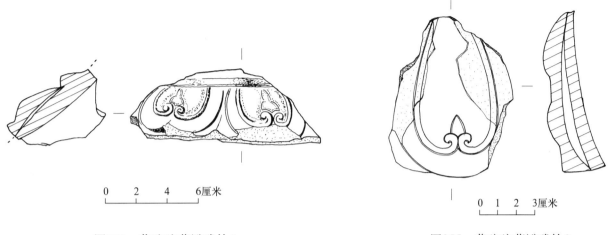

图354 黄琉璃莲瓣残块1　　　　　　　　　图355 黄琉璃莲瓣残块2

地瓷12，黄褐釉瓷片，器形不明。灰白胎，厚胎。残长11.6厘米，宽10.3厘米，厚0.8厘米（图版七六一）。

（二）黄琉璃建筑构件残件

从塔基内已清理出来的黄色琉璃构件残块约100多块。其中绝大部分为黄色釉、白胎，个别为深黄色釉、砖红胎，胎质细腻坚硬。尚可看出莲瓣、眼珠等形。

地黄琉璃1，莲瓣残块，发现较多，但基本为碎块，保存较好的选以下8件。

莲瓣残块1，保留2瓣莲瓣，莲瓣宽大厚实，莲尖凸起。深黄色釉，灰白胎。残长10.1厘米，宽4.4厘米，厚1.2厘米（图354；图版七六二）。

莲瓣残块2，莲瓣较瘦长，莲尖呈云头状。残长8.7厘米，宽6.8厘米，厚2.2厘米（图355；图版七六三）。

莲瓣残块3，莲瓣肥大厚实，中心凸起。深黄色釉，砖红色胎。瓣上阴刻两道深弧脉筋。残高10厘米，宽10.7厘米，厚8厘米（图356；图版七六四）。

莲瓣残块4，莲瓣由内、外两部分构成，外圈宽平，边沿稍翘起；内圈从外向里逐渐凸起，至中心出凸脊线。浅黄色釉，白胎。残高11厘米，宽8厘米，厚3厘米（图357；图版七六五）。

莲瓣残块5，莲瓣略显细长，内凸外凹。黄褐色釉，灰白胎。残高9厘米，宽6.5厘米，厚2.5厘米（图358；图版七六六）。

莲瓣残块6，莲瓣较宽大。残长10厘米，宽10.5厘米，厚2.1厘米（图359；图版七六七）。

莲瓣残块7，残高9厘米，宽6厘米，厚2.3厘米（图版七六八）。

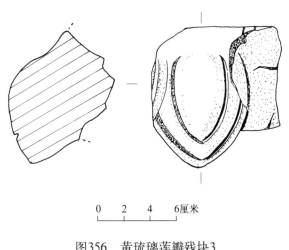

图356 黄琉璃莲瓣残块3

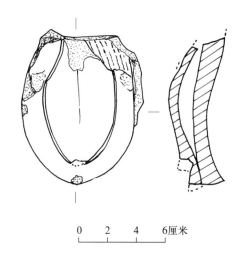

图357 黄琉璃莲瓣残块4

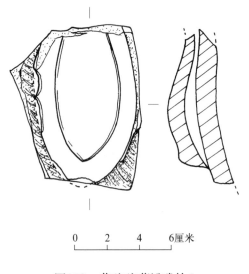

图358 黄琉璃莲瓣残块5

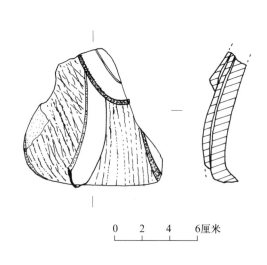

图359 黄琉璃莲瓣残块6

　　莲瓣残块8，莲瓣残件长8厘米，宽6.9厘米，厚2厘米（图版七六九）。

　　地黄琉璃2，联珠状残件，似为建筑上脊饰吻兽上断裂的头部残块，保存5件。

　　连珠残件1，一横排四个圆珠，连珠较小。圆珠直径2厘米，高1.5厘米。残长13.8厘米，宽5.3厘米，厚1.2厘米（图360；图版七七〇）。

　　连珠残件2，一横排四个圆珠。残长13厘米，宽5.1厘米，厚1.1厘米（图版七七一）。

　　连珠残件3，残长7.8厘米，宽4.2厘米，厚1.3厘米（图361；图版七七二，右）。

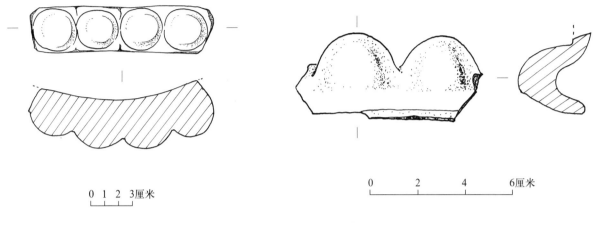

图360　黄琉璃连珠残件1

0　1　2　3厘米

图361　黄琉璃连珠残件3

0　　　2　　　4　　　6厘米

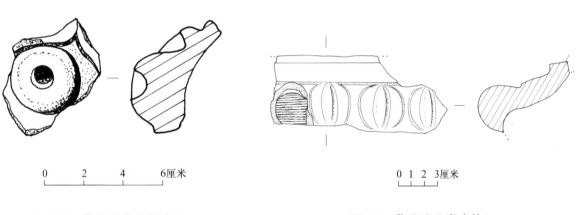

图362　黄琉璃脊兽眼睛1

0　　　2　　　4　　　6厘米

图363　黄琉璃凸脊残件1

0　1　2　3厘米

连珠残件4，残长8.4厘米，宽5.5厘米，厚0.8厘米（图版七七二，中）。

连珠残件5，残长9厘米，宽4.7厘米，厚0.9厘米（图版七七二，左）。

地黄琉璃3，脊兽眼睛，2只。两只眼睛形制相近，为鸱吻或脊兽的眼睛。

脊兽眼睛1，残长6厘米，宽4.5厘米，厚2.6厘米。眼睛直径4.5厘米，眼珠直径1.2厘米（图362；图版七七三）。

地黄琉璃4，凸脊残件，2件。从形制看，可能是同一物上的。

凸脊残件1，断裂修补。一横排凸起三个凸脊，深黄色釉。残长14.4厘米，宽7.5厘米，厚1.5厘米（图363；图版七七四）。

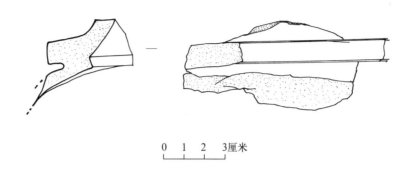

0 1 2 3厘米

图364 黄绿釉琉璃残件2

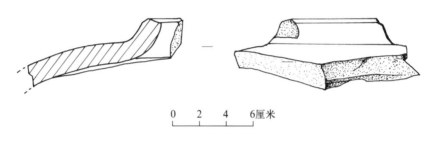

0 2 4 6厘米

图365 黄琉璃残片2

凸脊残件2，残长8厘米，宽7.5厘米，厚1.5厘米（图版七七五）。

地黄琉璃5，黄绿釉琉璃残件，2件。从残存弧度看，可能为莲瓣。黄绿釉相间。釉色明亮有光泽，白胎泛灰。

黄绿釉琉璃残件1，残长9.2厘米，宽5厘米，厚1.9厘米（图版七七六）。

黄绿釉琉璃残件2，残长10.3厘米，宽6厘米，厚2.2厘米（图364；图版七七七）。

地黄琉璃6，黄琉璃残片，2片，形制不清。

黄琉璃残片1，内外两层，形制不清。残长7.7厘米，宽7厘米，厚1.5厘米（图版七七八）。

黄琉璃残片2，似为罐口沿。残高10厘米，宽12厘米，厚2厘米（图365；图版七七九）。

地黄琉璃7，黄琉璃瓦残件。深黄色釉，灰黄胎，烧制温度较高。残长8.3厘米，宽3.5厘米，厚1.4厘米（图版七八〇）。

（三）绿琉璃建筑构件残件

塔基内清理出绿色琉璃构件10余筐，约2立方米。釉色可分为深绿和浅绿两种，胎质有白色和砖红色两种。一般来说，胎质是白色，釉色多为浅绿色；胎质是砖红色，釉色基本为深绿色。

这些绿色琉璃构件，经过夯打，已成碎块，形制难辨，
大致可以分为以下几种。

1. 绿琉璃筒瓦

从形制看，基本为筒瓦。深绿釉，砖红色胎，胎
质细腻，为二分瓦。清理出的绿琉璃瓦残片，稍大的
有5片。

绿琉璃筒瓦1，一端有子口，凹面印粗麻布纹，
凸面光滑，两侧有切割痕迹。残长10.8厘米，宽7.5厘
米，厚1.3厘米（图366）。

绿琉璃筒瓦2，残长11厘米，宽8.1厘米，厚1.7厘
米（图版七八一）。

绿琉璃筒瓦3，凹面印粗麻布纹，凸面光滑，两
侧有切割痕迹。残长8.7厘米，宽6.7厘米，厚1.4厘米
（图版七八二）。

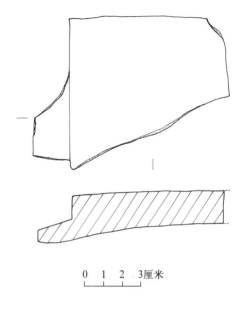

图366　绿琉璃筒瓦1

绿琉璃筒瓦4，凹面印粗麻布纹，凸面光滑。残长9.9厘米，宽6.3厘米，厚1.8厘米（图版
七八三）。

绿琉璃筒瓦5，残长6.2厘米，宽7.8厘米，厚1.6厘米。

2. 绿琉璃瓦当

50多件。瓦当后的筒瓦不存。瓦当可复原完整的，15件，均为圆形，直径6.9～9.2厘米。当
面模印兽面纹，兽面的两犄角呈倒八字形，粗眉凸目，獠牙外露，神态凶猛恐怖。瓦当多为浅绿
色釉、白胎，少量为深绿色釉、砖红色胎，个别瓦当的釉色为酱紫色，系窑变所致。绿琉璃瓦当
1～8。

绿琉璃瓦当1，边缘残缺，可复原完整。绿釉白胎，釉泽亮丽。当面兽面较清晰，两犄角较
粗，呈倒八字形直立，犄角间似山形纹，眉弓弯曲，呈卧蝉状。双眼凸出，与鼻子连为一体。口
微张，嘴角上扬。嘴唇下刻划胡须。当面内侧有刻划痕迹。当面边缘一周凸旋纹。直径7.7厘米，
厚2.2厘米（图367；图版七八四）。

绿琉璃瓦当2，上部边缘残缺，可复原完整。表面绿釉斑驳，垢蚀严重。釉色暗绿无光泽，
土红色胎。当面纹饰较模糊，背面略内凹。直径8.9厘米，厚2厘米（图368；图版七八五）。

绿琉璃瓦当3，边缘残缺，可复原完整。绿釉白胎，釉泽亮丽。当面兽面较清晰。直径6.9厘
米，厚2厘米（图369；图版七八六）。

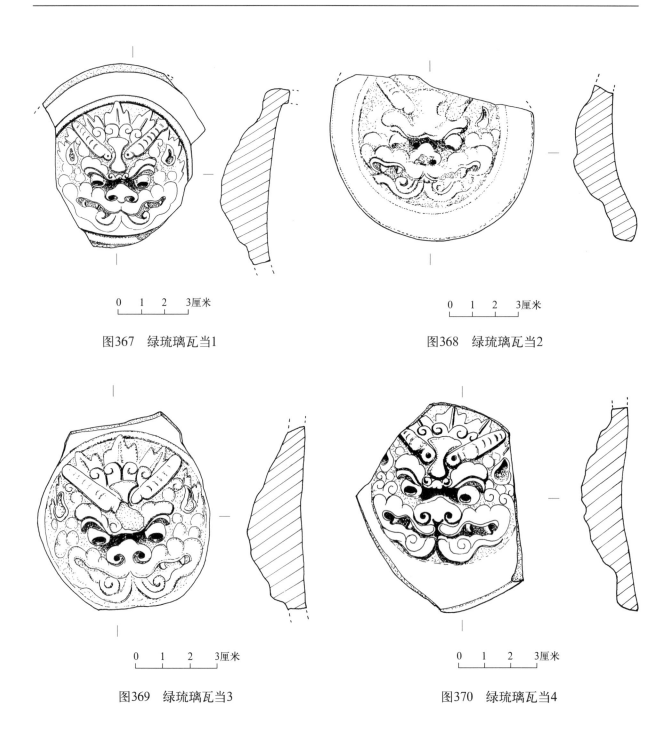

图367 绿琉璃瓦当1

图368 绿琉璃瓦当2

图369 绿琉璃瓦当3

图370 绿琉璃瓦当4

绿琉璃瓦当4，边缘残缺，可复原完整。绿釉略泛黄，釉泽亮丽。灰白胎。当面兽面较清晰。直径6.9厘米，厚2厘米（图370；图版七八七）。

绿琉璃瓦当5，边缘残缺，可复原完整。绿釉青翠，釉泽亮丽。灰白胎。当面兽面清晰。直径6.9厘米，厚2厘米（图版七八八）。

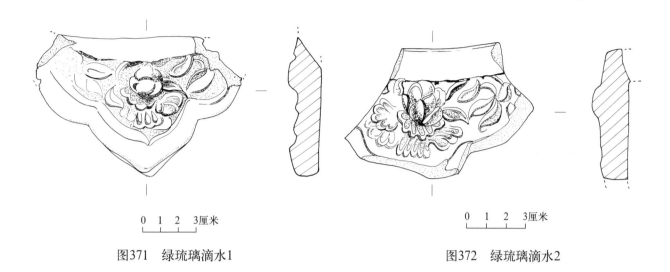

图371　绿琉璃滴水1　　　　　　　　　　　　图372　绿琉璃滴水2

绿琉璃瓦当6，边缘残缺，可复原完整。深绿釉，有光泽。土红色胎。当面兽面清晰。直径6.9厘米，厚2厘米（图版七八九）。

绿琉璃瓦当7，边缘残缺，可复原完整。深绿釉泛红，有光泽。砖红色胎。当面兽面清晰。直径6.9厘米，厚2厘米（图版七九○）。

绿琉璃瓦当8，边缘残缺，可复原完整。表面斑驳，绿釉显铁锈色，土红色胎，胎质坚硬。直径6.9厘米，厚2厘米（图版七九一）。

3．绿琉璃滴水

20余件。仅有1件可复原完整。形为三连弧状的三角形，模印荷叶莲花蕾纹。绿釉因火候较高，呈现深绿色、褐紫色，胎多为砖红色。绿琉璃滴水为1～7。

绿琉璃滴水1，三连弧状的三角形，模印荷叶莲花蕾纹，花蕾居中，左右两侧为枝叶。砖红色胎，水蚀较甚。高7.4厘米，残长10厘米（图371；图版七九二）。

绿琉璃滴水2，滴水残件，釉呈褐紫色，砖红色胎，烧制温度较高所致。缘较宽。残长9.6厘米，残高6.3厘米，厚1.8厘米（图372；图版七九三）。

绿琉璃滴水3，滴水残件，釉呈褐紫色，砖红色胎，烧制温度较高所致。缘较宽。残长7.2厘米，残高6.3厘米，厚2厘米（图373；图版七九四）。

绿琉璃滴水4，滴水残件，釉呈褐紫色，砖红色胎，为烧制温度较高所致。缘较宽。残长6.2厘米，残高6厘米，厚2厘米（图374；图版七九五）。

绿琉璃滴水5，稍残，可修复完整。绿釉呈铁锈色，砖红色胎，表面水蚀较甚。残长11厘米，残高7厘米，厚1.3厘米（图版七九六）。

绿琉璃滴水6，残。绿釉呈铁锈色，土红色胎。残长7.2厘米，残高6厘米，厚2厘米（图版

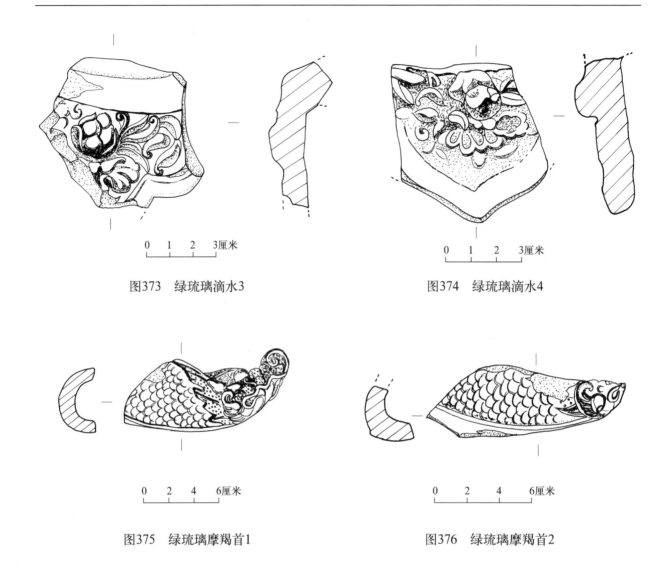

图373　绿琉璃滴水3

图374　绿琉璃滴水4

图375　绿琉璃摩羯首1

图376　绿琉璃摩羯首2

七九七）。

绿琉璃滴水7，滴水残件，两头残缺。模印荷叶莲花蕾纹，花蕾居中，右边一枝折枝花蕾，花蕾下垂。残长6.2厘米，高7.5厘米，厚2厘米（图版七九八）。

4. 绿琉璃摩羯首

保存较好的2件。陶胎绿釉，龙首鱼身。引颈翘首。颈部羽毛丰满，身施鱼鳞纹。釉泽光亮。

绿琉璃摩羯首1，长舌上卷至鼻部，背面内凹，不施釉。残长13.8厘米，宽5.3厘米，厚1.2厘米（图375；图版七九九）。

绿琉璃摩羯首2，残长13厘米，宽5.1厘米，厚1.1厘米（图376；图版八〇〇）。

5. 绿琉璃鸟首

3件。这三件鸟首形制相同，尖嘴圆眼，细长颈，头部中空，为白胎、浅绿色釉。

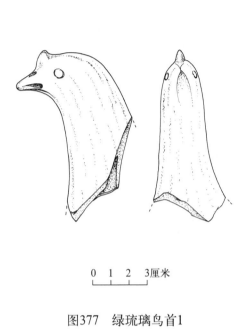

0　1　2　3厘米

图377　绿琉璃鸟首1

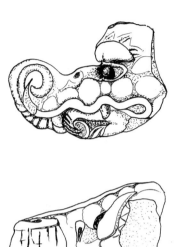

0　1　2　3厘米

图378　绿琉璃龙首1

绿琉璃鸟首1，凝神。残长5厘米，最大径4.2厘米（图377；图版八〇一）。

绿琉璃鸟首2，羽冠残缺，凝神。残长9厘米（图版八〇二）。

6．绿琉璃龙首

保存较好的有20多件。大部分为白胎、浅绿色釉，另有3件是白胎、酱紫色釉。龙首中空，粗眉圆眼，大嘴闭合。绿琉璃龙首1~11。

绿琉璃龙首1，双眼凸瞪，长舌翻卷至鼻部。绿釉微泛黄，光泽靓丽。残长9.5厘米，宽5.5厘米，高7.8厘米（图378；图版八〇三）。

绿琉璃龙首2，长舌翻卷至鼻部。绿釉微泛黄，光泽靓丽，灰白胎。中空。长6.3厘米，宽5厘米（图版八〇四）。

绿琉璃龙首3，长舌翻卷至鼻部。绿釉，光泽靓丽，土红色胎。长8.8厘米，宽5厘米，高6.5厘米（图379；图版八〇五）。

绿琉璃龙首4，深绿釉，有光泽，土红色胎。壁厚，中空。长9.4厘米，宽4.8厘米（图版八〇六）。

以上龙首长舌上卷至鼻部。以下龙首吻部稍凸起，獠牙外露，双目前视。

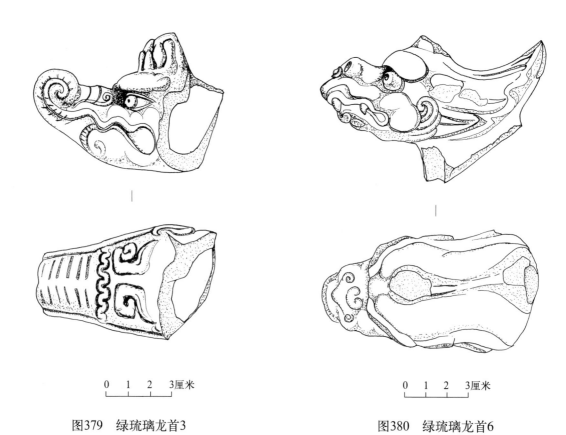

0　1　2　3厘米

图379　绿琉璃龙首3

0　1　2　3厘米

图380　绿琉璃龙首6

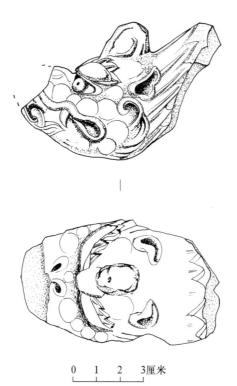

0　1　2　3厘米

图381　绿琉璃龙首7

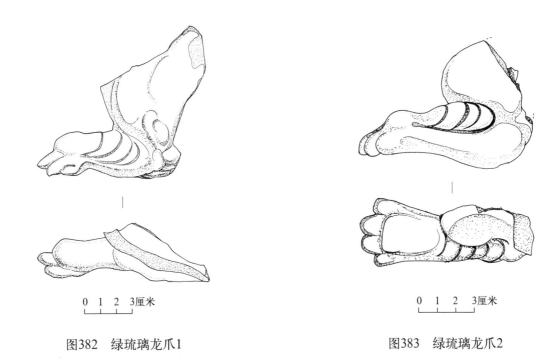

图382　绿琉璃龙爪1　　　　　　　　　图383　绿琉璃龙爪2

绿琉璃龙首5，釉呈紫褐色，灰白胎。中空。长10厘米，宽5厘米，高6.5厘米（图版八〇七）。

绿琉璃龙首6，脖颈鬃毛上翘。长10厘米，宽5.5厘米，高6.5厘米（图380；图版八〇八）。

绿琉璃龙首7，龙首左面相对完好。长9厘米，宽5.2厘米，高5.5厘米（图381；图版八〇九）。

绿琉璃龙首8，卧蚕眉，双眼圆睁。凸鼻。犄角上翘。中空。绿釉呈现枣红色。长8.5厘米，宽5厘米，高6厘米（图版八一〇）。

绿琉璃龙首9，卧蚕眉，双眼圆睁。凸鼻。犄角上翘。中空。长9厘米，宽5厘米，高6.5厘米（图版八一一）。

绿琉璃龙首10，分作，左右两片合成。长8.5厘米，宽5厘米，高5厘米（图版八一二）。

绿琉璃龙首11，犄角直立，双眼圆凸，下腹前后两只脚爪。长8.5厘米，宽5.5厘米，高6厘米（图版八一三）。

7. 绿琉璃龙爪

100多只。其中30余只基本完好，形制、尺寸大同小异，残长3～10.5厘米，残宽2.8～9厘米，五爪稍向内屈。绝大部分龙爪为白胎、浅绿色釉，仅有5只酱紫色釉，可能为窑变所致。绿琉璃龙爪1～13（图版八一四～八一七）。

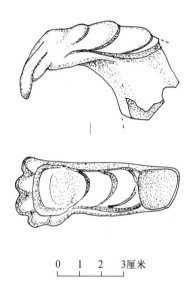

0　1　2　3厘米

图384　绿琉璃龙爪3

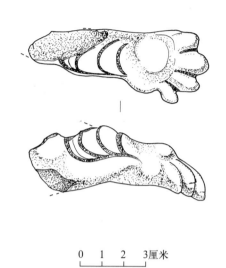

0　1　2　3厘米

图385　绿琉璃龙爪4

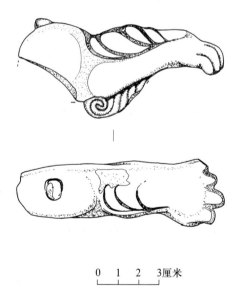

0　1　2　3厘米

图386　绿琉璃龙爪5

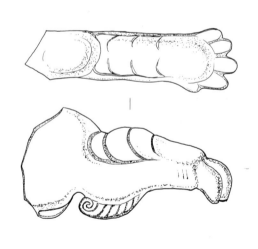

0　1　2　3厘米

图387　绿琉璃龙爪6

绿琉璃龙爪1，残长10.5厘米，宽9厘米，厚3厘米（图382；图版八一八）。

绿琉璃龙爪2，残长9厘米，宽6.5厘米，厚2.4厘米（图383；图版八一九）。

绿琉璃龙爪3，残长7.2厘米，宽4厘米，厚3厘米（图384；图版八二○）。

绿琉璃龙爪4，残长8厘米，宽2.8厘米，厚3厘米（图385；图版八二一）。

绿琉璃龙爪5，残长10厘米，宽4厘米，厚2.8厘米（图386；图版八二二）。

绿琉璃龙爪6，残长10.2厘米，宽5.5厘米，厚2.6厘米（图387；图版八二三）。

绿琉璃龙爪7，残长7厘米，厚3.6厘米（图版八二四）。

绿琉璃龙爪8，残长10.3厘米，厚3厘米（图版八二五）。

绿琉璃龙爪9，残长10.3厘米，厚3厘米（图版八二六）。

绿琉璃龙爪10，残长3厘米，宽3厘米（图版八二七）。

绿琉璃龙爪11，残长7.5厘米，宽6厘米，厚2.2厘米（图388）。

绿琉璃龙爪12，残长7厘米，宽6厘米，厚2厘米（图389）。

绿琉璃龙爪13，残长9厘米，宽4厘米，厚2厘米（图390）。

8. 绿琉璃兽牙残件

7件。建筑吻兽上断落的残块。牙呈圆锥状。大牙长8厘米，牙根直径5.5厘米。小牙长2.5厘米，牙根直径2厘米。绿琉璃兽牙残件1~7（图版八二八）。

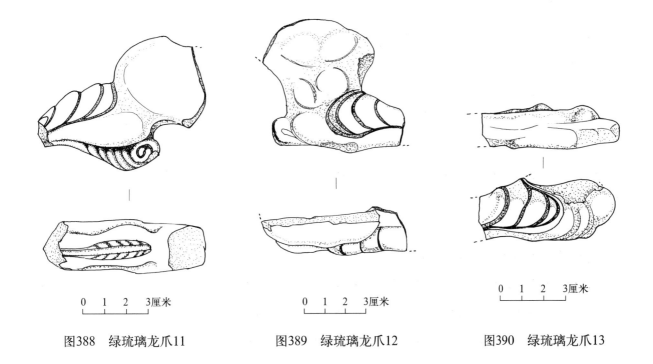

图388　绿琉璃龙爪11　　　　图389　绿琉璃龙爪12　　　　图390　绿琉璃龙爪13

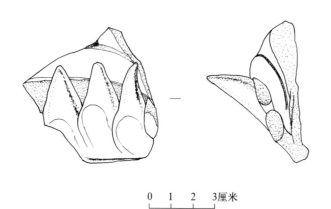

0　1　2　3厘米

图391　绿琉璃兽牙1

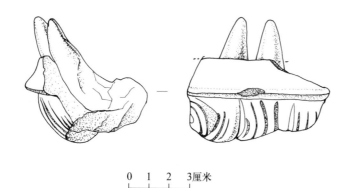

0　1　2　3厘米

图392　绿琉璃兽牙3

绿琉璃兽牙残件1，残长12.5厘米，宽8.6厘米，厚4.1厘米（图391；图版八二九）。

绿琉璃兽牙残件2，残长6.8厘米，宽5厘米，厚2.8厘米。

绿琉璃兽牙残件3，残长7.2厘米，宽5.4厘米，厚3.5厘米（图392）。

绿琉璃兽牙残件4，残长6.4厘米，宽4厘米，厚2厘米。

绿琉璃兽牙残件5，残长6.8厘米，径5.3厘米。

绿琉璃兽牙残件6，残长6.4厘米，径3.2厘米。

绿琉璃兽牙残件7，残建筑上套兽头上断裂的兽牙残块。长5.6厘米，宽5厘米，厚1厘米。

9．绿琉璃鸱吻角残件

5件。形制基本相同。绿琉璃鸱吻角残件1～5（图版八三〇）。

绿琉璃鸱吻角残件1，残长13.2厘米，宽5.2厘米，厚2.6厘米（图393）。

绿琉璃鸱吻角残件2，残长8.9厘米，宽6.6厘米，厚2.6厘米（图394）。

绿琉璃鸱吻角残件3，残长11厘米，宽5.3厘米，厚4.8厘米（图395）。

绿琉璃鸱吻角残件4，残长7.8厘米，宽4.6厘米，厚2.3厘米。

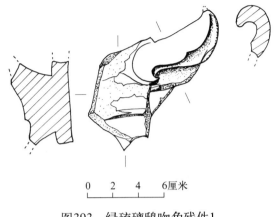

图393　绿琉璃鸱吻角残件1

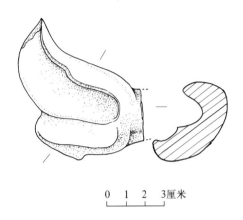

图394　绿琉璃鸱吻角残件2

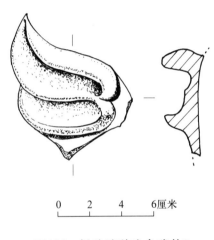

图395　绿琉璃鸱吻角残件3

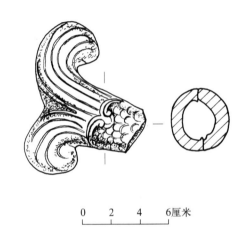

图396　绿琉璃鸱吻尾部残件1

绿琉璃鸱吻角残件5，残长9.5厘米，宽5.8厘米，厚3厘米。

10．绿琉璃鸱吻尾部残件

6件。较完整的1件，尾尖分叉，中空。绿琉璃鸱吻尾部残件1～6（图版八三一）。

绿琉璃鸱吻尾部残件1，保存较完整。残长19.5厘米，宽10厘米，厚4.1厘米（图396；图版八三二）。

绿琉璃鸱吻尾部残件2，残长9.4厘米，宽5.1厘米，厚3.8厘米。

绿琉璃鸱吻尾部残件3，残长8.5厘米，厚3.8厘米。

绿琉璃鸱吻尾部残件4，残长6厘米，宽4.5厘米，厚2.1厘米。

绿琉璃鸱吻尾部残件5，残长7.5厘米，宽3.8厘米，厚2.4厘米。

绿琉璃鸱吻尾部残件6，残长7.3厘米，宽5.3厘米，厚2.5厘米。

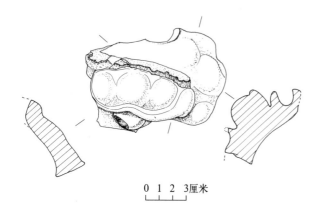

0　1　2　3厘米

图397　绿琉璃兽眼1

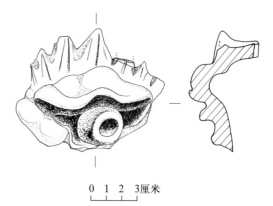

0　1　2　3厘米

图398　绿琉璃兽眼2

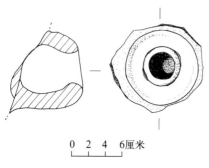

0　2　4　6厘米

图399　绿琉璃兽眼5

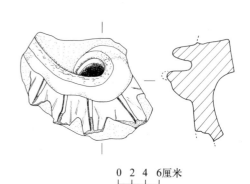

0　2　4　6厘米

图400　绿琉璃兽眼6

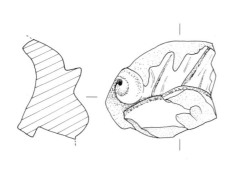

0　2　4　6厘米

图401　绿琉璃兽眼7

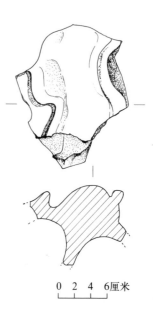

0　2　4　6厘米

图402　绿琉璃脊兽残块1

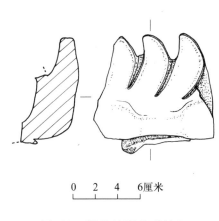

0　2　4　6厘米

图403　绿琉璃脊兽残块2

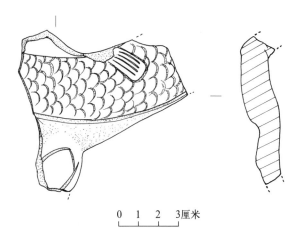

0　1　2　3厘米

图404　绿琉璃兽身残块5

11．绿琉璃兽眼

8只。建筑上脊饰吻兽上断裂的头部残块。直径4厘米左右。绿琉璃兽眼1～8（图版八三三）。

绿琉璃兽眼1，残长10.5厘米，宽6.1厘米，厚2.7厘米（图397；图版八三四）。

绿琉璃兽眼2，残长9.5厘米，宽8厘米，厚1.7厘米（图398）。

绿琉璃兽眼3，残长9.6厘米，宽7厘米，厚2.5厘米。

绿琉璃兽眼4，残长8.5厘米，宽7.9厘米，厚2.4厘米。

绿琉璃兽眼5，仅剩一圆眼圈。残长9厘米，眼珠直径6厘米（图399；图版八三五）。

绿琉璃兽眼6，残长20.3厘米，宽14.2厘米，厚9.9厘米（图400；图版八三六）。

绿琉璃兽眼7，残长15.8厘米，宽14厘米，厚9.2厘米（图401；图版八三七）。

绿琉璃兽眼8，残长22.8厘米，宽15厘米，厚8.1厘米（图版八三八）。

12．绿琉璃脊兽残块

17块。绿琉璃脊兽残块1～17。

绿琉璃脊兽残块1，残长18.3厘米，宽15.4厘米，厚9.2厘米（图402；图版八三九）。

绿琉璃脊兽残块2，似建筑吻兽上断落的尾部残块。残长10.5厘米，宽10厘米，厚4.5厘米（图403；图版八四〇）。

绿琉璃脊兽残块3、4、5、6，似兽身残块（图版八四一）。

绿琉璃兽身残块3，残长9.9厘米，宽6厘米，厚1.1厘米。

绿琉璃兽身残块4，残长10厘米，宽5.2厘米，厚1.2厘米。

绿琉璃兽身残块5，残长8厘米，宽7.7厘米，厚1.4厘米（图404）。

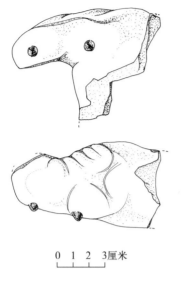

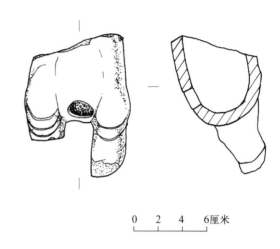

图405　绿琉璃脊兽残块8　　　　　　　　　　图406　绿琉璃脊兽残块9

绿琉璃兽身残块6，残长4.8厘米，宽6.4厘米，厚1.2厘米。

绿琉璃兽身残块7，建筑脊饰上断落的残块。残长9.6厘米，宽4.5厘米，厚1.1厘米（图版八四二）。

绿琉璃脊兽残块8，残长9.5厘米，高6.7厘米（图405；图版八四三）。

绿琉璃脊兽残块9、10、11，建筑脊兽上断落的残块（图版八四四）。

绿琉璃脊兽残块9，残长12厘米，径8.4厘米（图406）。

绿琉璃脊兽残块10，残长10.2厘米，径6.9厘米。

绿琉璃脊兽残块11，残长9.7厘米，径6.8厘米。

绿琉璃脊兽残块12、13、14，圆柱形，中空。建筑上脊饰吻兽上断裂的兽足底座残块（图版八四五）。

绿琉璃脊兽残块12，残高5厘米，宽7.6厘米，厚1.1厘米（图407）。

绿琉璃脊兽残块13，残高6.6厘米，宽6厘米，厚1厘米。

绿琉璃脊兽残块14，残高6厘米，宽5.8厘米，厚1.8厘米。

绿琉璃脊兽残块15，残长9.6厘米，厚7.3厘米（图408；图版八四六）。

绿琉璃脊兽残块16，残长8.9厘米，厚4.9厘米（图409；图版八四七）。

绿琉璃脊兽残块17，残长6.6厘米，最大径3.5厘米（图410；图版八四八）。

13．绿琉璃龙首残块

3件。绿琉璃构件。这类构件基本上是白胎、浅绿色釉。浮雕绿琉璃龙首残件1～3。

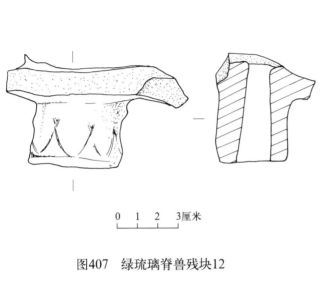

0　1　2　3厘米

图407　绿琉璃脊兽残块12

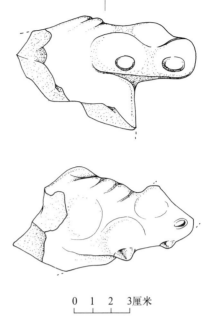

0　1　2　3厘米

图408　绿琉璃脊兽残块15

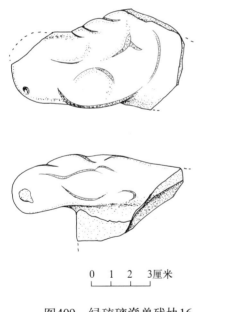

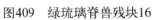

0　1　2　3厘米

图409　绿琉璃脊兽残块16

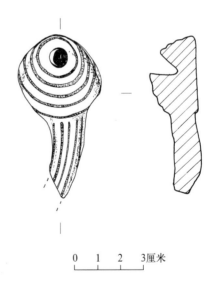

0　1　2　3厘米

图410　绿琉璃脊兽残块17

　　绿琉璃龙首残块1，表面塑有一龙头，口大张，龙头高1厘米。残长13.5厘米，残宽5.5厘米，厚2厘米（图411；图版八四九）。

　　绿琉璃龙首残块2，在绿琉璃花纹砖残块上，有龙首和卷云纹、花卉纹。是建筑上正脊鸱吻座或脊瓦下贴面砖上断裂的琉璃残块。残长12.2厘米，残宽11厘米，厚2.8厘米（图412；图版八五〇）。

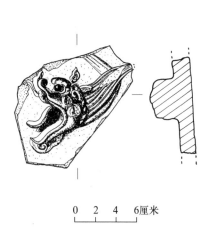

0　2　4　6厘米

图411　绿琉璃龙首残块1

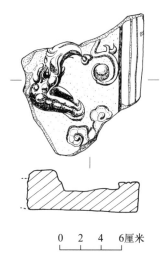

0　2　4　6厘米

图412　绿琉璃龙首残块2

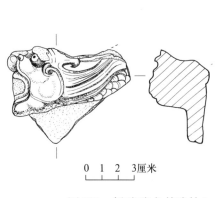

0　1　2　3厘米

图413　绿琉璃龙首残块3

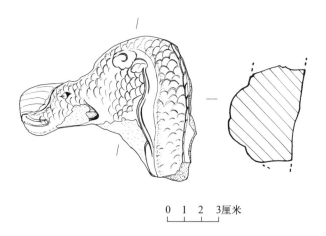

0　1　2　3厘米

图414　绿琉璃龙身残块2

绿琉璃龙首残块3，鸱吻或脊饰上的残断部分，其上为龙首。残长7厘米，残宽6.5厘米，厚3.7厘米（图413；图版八五一，左）。

14．绿琉璃龙身残块

5件。浮雕绿琉璃龙身残块1～4。

绿琉璃龙身残块1，残长9.6厘米，残宽7厘米，厚3厘米（图版八五一，右）。

绿琉璃龙身残块2，残长9.9厘米，残宽8.2厘米，厚3厘米（图414；图版八五一，中）。

绿琉璃龙身残块3，残块上完整地保留了龙身部分躯干。残长17.3厘米，残宽14.2厘米，厚3.4厘米（图415；图版八五二）。

绿琉璃龙身残块4，两块可拼接。长26厘米，宽5.1～7厘米，厚2.8厘米（图416；图版

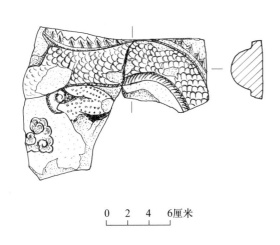

0　2　4　6厘米

图415　绿琉璃龙身残块3

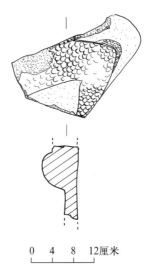

0　4　8　12厘米

图416　绿琉璃龙身残块4

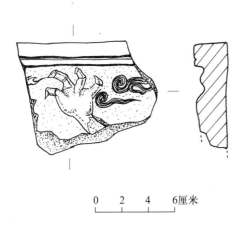

0　2　4　6厘米

图417　绿琉璃龙爪残块

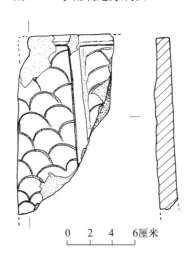

0　2　4　6厘米

图418　绿琉璃鳞纹残块1

八五三）。

15．绿琉璃龙爪残块

1件，绿琉璃花纹砖残块上为1只龙爪及卷云纹。残长10厘米，残宽8.4厘米，厚2.7厘米（图417；图版八五四）。

16．绿琉璃鳞纹残块

6块。绿琉璃鳞纹残块1~6。

绿琉璃鳞纹残块1，较大的一块，表面塑有鳞纹。残长15厘米，残宽9厘米，厚2.2厘米（图418；图版八五五）。

绿琉璃鳞纹残块2，残长8.1厘米，残宽10厘米，厚1.8厘米。

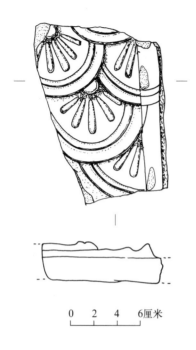

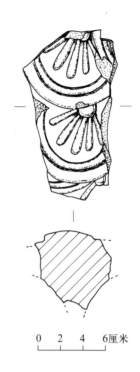

图419　绿琉璃扇形花草纹残块1

图420　绿琉璃扇形花草纹残块2

17．绿琉璃扇形花草纹残块

约10块。这类扇形花草纹琉璃残块与天宫内出土的扇形陶模，在形制、纹样、尺寸上完全一样，说明此类残块是用同类扇形陶模翻制出来的。扇形花草纹残块1~4。

绿琉璃扇形花草纹残块1，较大的一块，表面有扇形花草纹。残长15.5厘米，残宽10.8厘米，厚3.9厘米（图419；图版八五六）。

绿琉璃扇形花草纹残块2，表面有扇形花草纹。残块长15.2厘米，残宽8.6厘米，厚6.8厘米（图420；图版八五七）。

绿琉璃扇形花草纹残块3，表面有扇形花草纹。残块长13.3厘米，残宽11.8厘米，厚3.7厘米（图版八五八）。

绿琉璃扇形花草纹残块4，表面有扇形花草纹。残块长13.9厘米，残宽12.3厘米，厚3.2厘米（图版八五九）。

18．绿琉璃卷云纹残块

5块。绿琉璃卷云纹残块1~5。

绿琉璃卷云纹残块1，较大的一块，表面为如意卷云纹。长12厘米，宽9.3厘米，厚2.6厘米（图421；图版八六〇）。

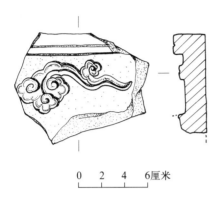

图421　绿琉璃卷云纹残块1

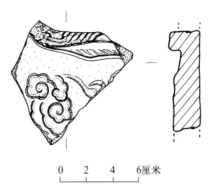

图422　绿琉璃卷云纹残块2

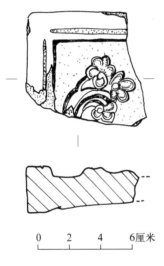

图423　绿琉璃卷云纹残块4

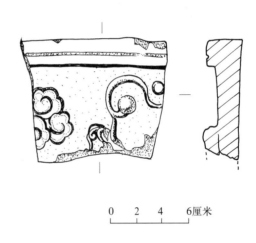

图424　绿琉璃卷云纹残块5

　　绿琉璃卷云纹残块2，表面浮雕如意云纹及兽纹。残块长9.1厘米，宽7.3厘米，厚2.7厘米（图422；图版八六一）。

　　绿琉璃卷云纹残块3，其上浮雕卷云纹。残块长8.6厘米，残宽7.8厘米，厚2.8厘米（图版八六二）。

　　绿琉璃卷云纹残块4，其上浮雕卷云纹。残块长7.5厘米，残宽7厘米，厚2.9厘米（图423；图版八六三）。

　　绿琉璃卷云纹残块5，其上浮雕卷云纹、花卉纹。残块长11.2厘米，残宽9厘米，厚2.7厘米（图424；图版八六四）。

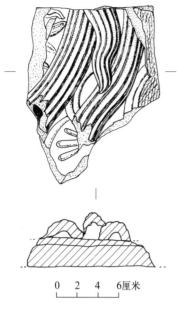

图425 绿琉璃管状纹残块1

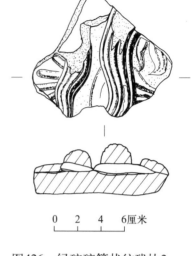

图426 绿琉璃管状纹残块2

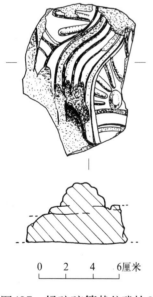

图427 绿琉璃管状纹残块3

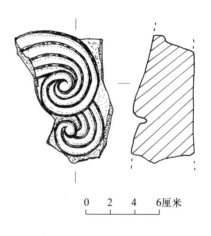

图428 绿琉璃螺旋纹残块1

19．绿琉璃管状纹残块

7块。绿琉璃管状纹残块1～3。

绿琉璃管状纹残块1，残长18.7厘米，残宽14.5厘米，厚4.7厘米（图425；图版八六五）。

绿琉璃管状纹残块2，其上为兽角、兽须纹。残块长9.7厘米，残宽10.5厘米，厚4厘米（图426；图版八六六）。

绿琉璃管状纹残块3，其上为兽角、兽须纹。残长10.5厘米，残宽7.8厘米，厚4.1厘米（图427；图版八六七）。

20．绿琉璃螺旋纹残块

4块。绿琉璃螺旋纹残块1~3。

绿琉璃螺旋纹残块1，表面有螺旋纹、卷云纹图案。残长11.3厘米，残宽9厘米，厚3.9厘米（图428；图版八六八，右上）。

绿琉璃螺旋纹残块2，残长10.3厘米，残宽6.4厘米，厚3.3厘米（图版八六八，左上）。

绿琉璃螺旋纹残块3，残长5.5厘米，残宽3.6厘米，厚2.2厘米（图版八六八，下）。

21．绿琉璃旋纹残块

3块，建筑鸱吻上断裂的残块。绿琉璃旋纹残块1~3（图版八六九）。

绿琉璃旋纹残块1，残长13.7厘米，残宽7.5厘米，厚3.1厘米（图429）。

绿琉璃旋纹残块2，残长10.3厘米，残宽8.5厘米，厚2.5厘米。

绿琉璃旋纹残块3，残长9.4厘米，残宽9.4厘米，厚4.1厘米。

22．绿琉璃纹饰残块

2块，建筑吻兽上断落的残块。

绿琉璃纹饰残块1，残长18.5厘米，残宽11.6厘米，厚2.5厘米（图430；图版八七〇）。

绿琉璃纹饰残块2，方格一角。残长13厘米，残宽9.7厘米，厚3厘米（图431；图版八七一）。

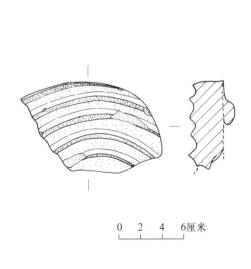

图429 绿琉璃旋纹残块1

图430 绿琉璃纹饰残块1

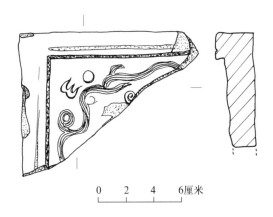

0　2　4　6厘米

图431　绿琉璃纹饰残块2

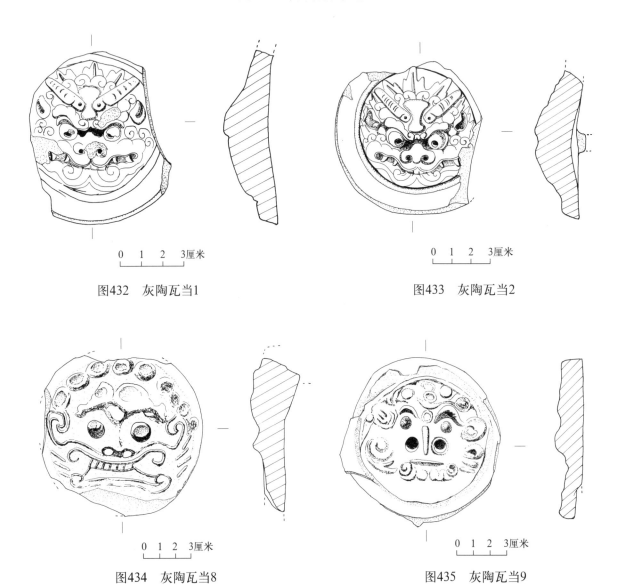

0　1　2　3厘米

图432　灰陶瓦当1

0　1　2　3厘米

图433　灰陶瓦当2

0　1　2　3厘米

图434　灰陶瓦当8

0　1　2　3厘米

图435　灰陶瓦当9

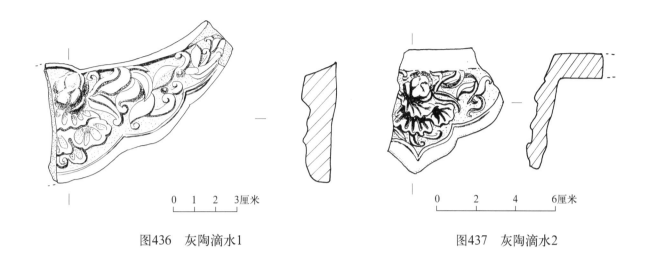

图436　灰陶滴水1　　　　　　　　　　　图437　灰陶滴水2

（四）地基灰陶建筑构件

夯土层中以灰陶建筑构件最多，百分之九十以上为筒瓦和板瓦残件，亦有少量瓦当和滴水残件。灰陶瓦当和滴水与绿色琉璃瓦当和滴水的形制、大小基本相同，为同样的模子翻出来的。

1. 灰陶瓦当

较完整的10多件。

灰陶瓦当1，圆形，宽缘，斜竖犄角，犄角间上部似腰鼓山字形，眉弓隆起，圆眼，眼珠圆形内凹。背面平整，刻划斜线纹。直径8.3厘米，厚2.4厘米（图432；图版八七二）。

灰陶瓦当2，兽面纹同灰陶瓦当1相同。背面平整。直径8.2厘米，厚2.4厘米（图433；图版八七三）。

灰陶瓦当3，同灰陶瓦当1、2形制、纹饰相同。直径7.8厘米，厚2.1厘米（图版八七四）。

灰陶瓦当8，兽面纹，如意云头状鼻子，卷云纹嘴唇。直径10.7厘米，厚2.5厘米（图434；图版八七五）。

灰陶瓦当9，与灰陶瓦当8形制、纹饰基本相同。长9.5厘米，高4厘米，厚1.5厘米（图435；图版八七六）。

2. 灰陶滴水，2件。

灰陶滴水1，两侧缘呈三连弧状，模印牡丹花纹。残长10.3厘米，厚1.3厘米（图436；图版八七七）。

灰陶滴水2，两侧缘呈三连弧状，模印牡丹花纹。残长6厘米，高6.5厘米，厚1.5厘米（图437；图版八七八）。

第四节　出土文物的修复

　　宏佛塔拆卸维修时，从塔身上和塔基中发掘清理出土的西夏遗物，经注录登记，共分为三大类，一类是塔身上部槽室内装藏西夏早期寺庙毁弃物，一类是楼阁式塔身上部砌层内撒放的北宋铜币，还有一类是撒置在塔基夯层中、西夏早期寺庙建筑物上的琉璃残碎饰件。装藏的毁弃物数量、品种最多，其次是塔基夯层中垫置的建筑残饰件。

　　这三类出土遗物是研究西夏佛教建筑的珍贵实物资料，也是考证楼阁式塔与覆钵式砖塔建造年代的物证之一。对这批同时出土的西夏遗珍的抢救修复，自治区地方和国家文物主管部门十分重视。在及时拨付一定数量的修复款，支持邀请文物考古专家鉴定的同时，通过北京的文物考古部门，邀请文物修复专家，分别对其进行加固修复，以便妥为保管、研究和陈列展示使用。

图438　宏佛塔天宫槽室打开时暴露出装藏物堆积状况

图439　天宫出土卷轴画杆

（一）绢彩画的修复

1. 绢彩画出土时的残状

　　宏佛塔天宫发现的绢彩画，是与画轴杆装藏在塔刹座下砖砌槽室内堆积物的最上面，可见是砌封天宫上口前，置放在槽室内最后一批装藏物（图438、439）。当打开封口叠涩砖，清理槽室内装藏物时，这批裂断残蚀的织物，用画轴杆压服，卷曲堆放在装藏物上层。经文物考古专业人员于存海、何继英细心清理，从脱离卷轴轴杆残存的卷曲织物堆中，分辨出条块状绢彩画14幅。绢彩画质地大都断裂破损，画幅色彩已退化脱色，并有油灯火烧的痕迹和污渍。从脱轴杆残损的状况分析，是修塔前寺庙遭毁时受损的圣迹，被虔诚的信士装藏供奉在塔上天宫内。后经宿白、马世长等现场确认，画幅较完整的有10幅，题材相同、画风不同的炽盛光佛画2幅，大日如来佛图、侼星真君图、玄武大帝图、千佛图、护法神像图、胜乐金刚图各1幅，坐佛图2幅；画幅断残不完整的有4幅，计千手观音图、接引佛图、八相塔图、坐佛图各1幅。这批绢彩画出土时残状如图所示（图440~452）。

图440　炽盛光佛图出土时残状　　　　　图441　炽盛光佛图出土时残状

图442　大日如来佛图出土时残状　　　　图443　㥜星真君图出土时残状

图444　玄武大帝图出土时残状

图445　千佛图出土时残状

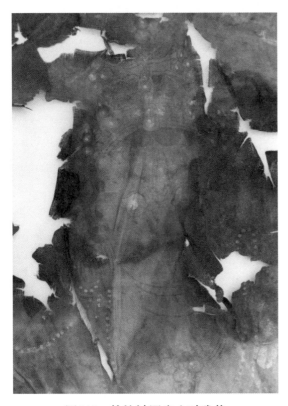

图446　护法神图出土时残状

2．绢彩画的加固修复

对于古代绘画、壁画的修复揭取，宁夏缺乏相关的技术与人才。在拆卸维修宏佛塔之前，抢修固原北魏墓出土漆棺画时，中央美术学院教授金维诺先生与王泷先生推荐了胡继高先生。1986年加固维修拜寺口双塔，天宫出土的西夏绢画与绢花、画幕，亦是请胡先生加固修复。对于此类出土文物的修复，宁夏文物部门与中国文物研究所的修复专家结下深厚的情谊。宏佛塔天宫出土的绢彩画，要比拜寺口西塔天宫出土的绢彩画残

图447 胜乐金刚图出土时残状

图448　坐佛图1出土时残状

图449　坐佛图2出土时残状

损状况更为严重。为了及时进行抢救修复这批西夏遗宝，自治区文管办主任亲自将14幅残画，送到北京沙滩红楼中国文物研究所实验研究室，继续委托胡继高先生主持加固修复。胡先生对这批西夏残画的修复，十分精心认真。首先对每幅残画进行消毒清洗，除去油污，然后用丝网加固，并指导上海装裱工杨惠钦，按照宋代唐卡的装帧进行复原装裱，恢复了画面的本来面目，使残破的西夏绢彩卷轴画重见天日，作为国宝级与一级文物多次参加海内、外大展。

图450　千手观音图出土时残状

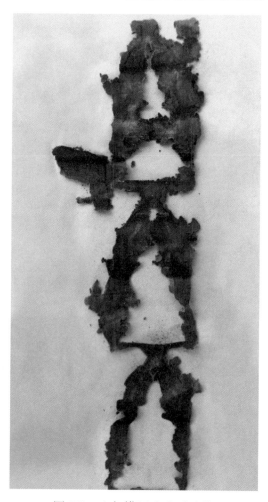

图451　接引佛图出土时残状　　　　　　　　图452　八相塔图出土时残状

3．西夏绢彩画的临摹

宏佛塔天宫出土的西夏绢彩画是我国宋代绘画作品的珍品，是国内仅存的一批较为完整的西夏绘画艺术品。数量虽然不多，但保存了中原画风和藏密画风，弥足珍贵。为了保护这批西夏遗珍，自治区文管办在加固修复绢彩画的同时，聘请了胡继高先生绘制了八幅绢画线图，并在此基础上另请他人临摹。随后，又聘请敦煌研究院研究员李其琼与关友惠，专门临摹了两幅不同画风的炽盛光佛图，用于陈列展示。胡继高组织临摹（图453、454）与李其琼、关友惠亲手临摹的西夏绢彩画先后赠送西夏陵区博物馆和调拨给自治区博物馆常年展出（图455）。

图453　炽盛光佛图2（摹本）

图455　炽盛光佛图1（摹本）

图454　玄武大帝图（摹本）

（二）西夏泥塑造像的修复

1．西夏泥塑造像出土残状

宏佛塔拆卸维修时，当打开天宫槽室上口封口砖，取出装藏堆积表层画杆与残画后，剩余装藏堆积主要是西夏早期寺庙毁弃的泥塑造像残存。经文物考古人员于存海、李全福等人清理，其中有佛头像、佛面像、佛身像、佛手、佛脚、力士头像、罗汉头像、罗汉身像等大、小残块与残

图456　泥塑像出土时的场景

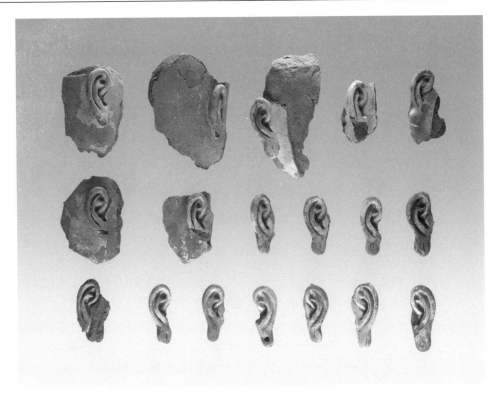

图457　泥塑造像耳部残件

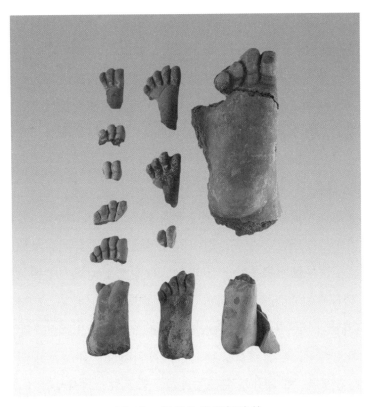

图458　泥塑造像脚部残件

图459　泥塑佛头像（修复中）

件，残损状况不一，约占槽室装藏物的82%。未见完好无损的造像（图456）。

　　装藏佛像残块经文物考古人员分类整理和注册编号登记，包括有脸形的佛头残像2尊、罗汉头残像6尊、力士头残像2尊，无脸形的佛残像4尊、罗汉残头12尊、力士残头1尊；有身形的佛身残像1座、罗汉身残像12座，较大的残像断块60余块、佛手或罗汉手30多个、佛脚或罗汉脚20多个、像耳60个；其余均为残断、剥落、破碎像身残块，如像眼、手指等残件（图457、458）。

　　西夏泥塑造像，在内蒙古西夏故地的寺庙遗址与佛塔中曾有少量出土，敦煌地区石窟有不多见的个例。在西夏都城近郊西夏佛塔中，发现这样多的西夏泥塑造像残件，实属罕见。抢救拼对修复这批泥塑造像，成为宁夏文物部门拆卸维修宏佛塔、抢救保护西夏遗宝的系统工程和重要任务。

　　2. 西夏泥塑造像的修复

　　修复佛教造像和泥塑，宁夏缺乏这类专业技术人才。20世纪80年代，发掘北周李贤墓，出土波斯鎏金银壶。在夏鼐先生的亲自关注下，由中国社科院考古研究所高级修复师王振江先生整形修复，并组织手工复制了这件国宝级文物。1990年，在国家文物局的支持与协调之下，宁夏与日本广播协会（NHK）合作在日本九大城市筹办"大黄河宁夏秘宝展"，应日方要求，需复制一尊近2米高的须弥山石窟51窟北周佛头像，这项难度极大的任务亦由王振江先生完成，复制品惟妙惟肖，深受海内外佛教美术界专家学者赞誉。经向中国社科院考古研究所求援，王振江先生1992年来到贺兰县文化局文物管理所，带领并培训工作人员，着手修复宏佛塔出土西夏泥塑造像。

　　经王振江先生修复的西夏泥塑像，包括2尊佛头像、2尊佛面像、6尊罗汉头像、2尊力士头

图460　泥塑罗汉像（修复后）

图461　泥塑罗汉像

图462　泥塑罗汉残像

像、5躯罗汉身像。修复和复制佛头像3尊、罗汉头像5尊。王振江先生积累了几十年修复各类文物的经验，特别掌握了各时代各类造像造型和服饰特征。他用黄泥浆和石膏粉等与各色配料，修复了佛头像、面像及罗汉头像的残损部位与剥落部位，并随其色泽进行了做旧处理，保持西夏原始风貌。他还将几躯残像身，找配原有的残件，将其修复完整，并为之配上相应的头部与手部，并复原了衣纹和服饰色调（图459～463）。

图463　泥塑罗汉像（修复后）

遗憾的是由于王振江先生年事已高，又忙于加班修复文物，体能不适，在修复现场发病，中途返京休养。随着于存海、何继英夫妇俩，在拆卸维修工程实施前，已调回上海市文管会工作（参与拆卸维修系临时借调），贺兰县机构改革人事变动等多种因素，泥塑造像修复工作故此中止，实属遗憾。

（三）西夏文木雕印经版的加固修复

1. 西夏文木雕印经版出土残状

在宏佛塔天宫发现装藏物现场，西夏文木雕印经版当时与泥塑造像残件混合堆放。这批雕版

图464　天宫装藏物堆积中的西夏文木雕印经残版

残件也应是早期寺庙印经院遭毁时的遗物，由虔诚信士装藏供奉在天宫内。除个别残版断块较大外，大都炭化龟裂为黑色小块，甚至许多龟裂成鱼鳞状碎块或碎渣（图464）。

　　经于存海与何继英等文物考古人员精心梳理，从其中精选出保留有西夏文刻文与版痕的大、中、小字号的残块数百块，进行注录登记编号，制作囊匣由文管所保管。这批雕版残件多数系两面刻字印经版，有些残版两面文字与行距、版框清晰；有些一面文字与行距清晰，另一面龟裂成鱼鳞状，文字无迹可寻。从残版损毁的状况看，应为过火烧烤，木板变质为木炭状，龟裂松散为残块与残渣（图465、466）。

　　2．西夏文木雕印经残版的加固修复

　　西夏文木雕印经版是我国古代印刷史上罕见的实物遗存。其相关发现得到了宁夏和国家文物主管部门与文博学术研究单位的高度重视。如何加固修复出土的残版，延缓其龟裂，便于收藏保管与研究利用，是急需解决的问题。对此，自治区文管办及时求教于中国文物研究所胡继高先生。胡继高先生采用化学药剂浸泡加固实验后，观察其强度和有无脱粉现象。测试成功后，胡继高先生提出，让宁夏派人到他们实验室，由他教习化学药剂调配和浸泡加固的方法与程序。自治区文管办派出宁夏文物考古研究所文物修复人员张莉，前往中国文物研究所实验室学习加固修复技术。张莉在学习期间，按胡先生开列的加固修复器材与药剂清单，代文管办购买所需的器具与药剂，回银川后，到贺兰县文化局文管所库房，将精选注录登记编号的数百块大、中、小不同字号的西夏文木雕残版块，按照胡继高先生传授的加固黏合法，尽数进行浸泡加固。同时，将能拼对的残断版块进行黏合修复。经过加固修复的残版，不再脱粉渣散裂，便于收藏保管和研究与展

图465　天宫出土西夏文木雕印经残版

图466　天宫出土西夏文木雕印经残版（火烧龟裂毁损的痕迹）

出使用。

　　加固修复后的西夏文木雕印经版作为国家一级文物，多次参加海内外的文物大展。

　　3. 西夏文木雕印经版的拓印、刷印与译释

　　西夏文是古代少数民族创造的文字，当代能够识读者仅有数人。西夏文木雕印经版，其文字是反刻文字，文字残断，清晰度差，译释困难。经化学加固修复后的珍贵西夏文木雕印经版块，已有一定硬度与强度，可以进行试拓和刷印，为保管、保护并加以研究利用提供了极大的便利。经文物考古研究所的拓印与摄影人员钟雅玲、边东冬拓印与刷印，取得三十余块珍贵的刷印资料

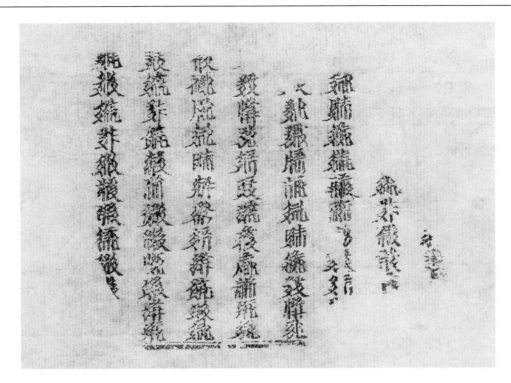

图467　天宫出土西夏文木雕印经版（拓本）

（图467）。经请北方民族大学西夏研究院王荣飞译释识读，确认这部分残版是西夏时期西夏王朝皇家印经院印制佛教经典《释摩诃衍论》卷一、二、三、五、八、十，《金光明经》等印经版。已经译释的西夏文木雕版的释文已收入正文相关章节中，其余残版的译释，作为一项课题委托北方民族大学西夏研究院王荣飞等继续进行译释鉴别。

结　语

第一节　始建年代和修缮时间

宏佛塔在文献中未见任何记载。通过20世纪八九十年代初的数次踏查、勘测、查阅历史文献，直至1990年的落架拆卸、复原修缮和近年的相关研究，可以初步确定宏佛塔为西夏晚期修建的佛塔，元、明、清及近代都进行过维修加固。

一　始建年代

宏佛塔建于何时，截至目前未发现文字记载，只能通过塔的建筑特征和塔内发现的遗物初步判断。

1．宏佛塔的建筑特征

宏佛塔直接建在夯筑的三合土塔基上，不设基座，平地起塔。下部为三层楼阁式塔身，上部砌筑一座完整的覆钵式塔，是楼阁式塔与覆钵式塔的复合体。下部的三层楼阁式塔身空心，八边形。每层砌出阑额、斗栱、叠涩砖塔檐、平座和栏杆。楼阁式塔为中国传统的塔式，有方形、六边形、八边形等，宋代以八边形楼阁式塔最为流行[1]。在第三层楼阁式塔身之上，承托一座完整的覆钵式塔（喇嘛塔）。覆钵式塔由塔座、塔身、塔刹三部分构成。塔座三层，平面呈十字对称向内折两角形式。塔身覆钵形，塔刹由十字折角承托相轮，相轮保存二层，其上残缺。覆钵式塔由印度的窣堵波演变而来。唐至宋代，覆钵式塔流行于我国的北方地区和西藏。宏佛塔将这两种建筑形式的塔结合在一起，形成了一种比较独特的塔型，这在我国佛塔中比较少见。著名考古学家宿白先生在《西夏佛塔的类型》一文中将宏佛塔列为六型："即上部为覆钟式覆钵、下部为楼阁式的复合形制。此型现仅知贺兰县东北潘昶乡宏佛塔一例（Ⅵ）。宏佛塔砖砌，无基座，下

---

[1]　罗哲文《中国古塔》，外文出版社，1994年。

部之八角三层楼阁直接砌建于夯土地基之上。每层楼阁倚柱柱头和平座皆用阑额、普柏枋，其上皆施一斗三升斗口跳简单铺作。第三层平座栏杆之上砌十字折角束腰座三层和圆形束腰座四层，再上为中间饰有叠涩束腰线脚的覆钟形覆钵塔身。再上又建十字折角束腰座，座上残存粗壮相轮两层。覆钵塔身上部建有方形小室，室内装藏文物甚多。"[2]同宏佛塔形制相近的塔保存至今的主要有2座，一座为辽清宁三年（1057）建造的天津市蓟县独乐寺塔（观音寺舍利塔），通高30.6米，塔平面八边形，其下为束腰须弥座，其上置一座完整的覆钵塔[3]；一座为辽天庆年间（1111～1120）建造的北京市房山县云居寺塔，塔的下部为八边形须弥座，其上建八边形楼阁式塔身两层，塔身的上部是斗栱支撑的两层塔檐，塔檐之上砌一座由八边形须弥座、半圆球状塔身、九层相轮及宝珠构成的完整的覆钵式塔。[4]三塔比对，宏佛塔与独乐寺塔、云居寺塔应该有其内在的联系。宏佛塔很有可能是在参考了辽塔中的独乐寺塔、云居寺塔建筑造型后建造的。尽管宏佛塔是仿辽塔而造，但在细部处理上又与辽塔有所不同。第一，独乐寺塔、云居寺塔及保存至今的辽塔基本上为实心塔，宏佛塔则为空心塔。第二，独乐寺塔、云居寺塔和其他辽塔，大多建有高大的须弥座，而宏佛塔则不设基座，第一层塔身直接建在夯筑地基上。第三，在塔身、塔刹的细部处理上，宏佛塔与独乐寺塔、云居寺塔也多有区别。由此看来，西夏宏佛塔的建造，不是完全照搬辽塔的建筑形式，而是在吸收了辽塔建筑特点的基础上，形成了自己的特色和风格，宏佛塔的始建年代应该晚于辽蓟县独乐寺塔和房山云居寺塔。

宏佛塔为砖砌塔，所用砖绝大部分为掌纹砖和沟纹砖。掌纹砖在银川市西夏王陵、贺兰县拜寺口双塔、同心县韦州康济寺塔等西夏建筑上大量发现，是典型的西夏用砖[5]。沟纹砖在辽代塔和建筑上多见，为典型的辽砖。

塔中心柱和横梁木，经碳十四年代测定，中心柱距今1140±100年，树轮校正年代距今1080±105年；横梁木距今1050±90年，树轮校正年代距今995±95年。上述年代大体上与西夏时期（1038～1227）相吻合。

2．宏佛塔出土遗物反映出的时代

（1）塔内出土大量钱币。塔体内发现的钱币，全部为宋代钱币，其中天宫中发现的3枚钱币，分别为天禧通宝（1017～1021）、皇宋通宝（1038～1040）、嘉祐通宝（1056～1063）。在楼阁式塔身第三层塔檐砌砖内发现的21枚钱币，分别为开元通宝、太平通宝（976～984）、

[2]　宿白《西夏佛塔的类型》，《中国古建筑·西夏佛塔》，文物出版社，1995年。

[3]　天津市历史博物馆考古队等《天津蓟县独乐寺塔》，《考古学报》1989年第1期。

[4]　参见刘策编著《中国古塔》第三章"中国古塔集锦·房山云居寺塔"。阎文儒《房山云居寺》，《文物》1955年第9期。

[5]　于存海、何继英《贺兰县拜寺口双塔》，雷润泽、于存海等《同心县康济寺塔》，《中国古建筑·西夏佛塔》，文物出版社，1995年。

祥符通宝（1008～1016）、天禧通宝（1017～1021）、天圣元宝（1023～1032）、明道元宝（1032～1033）、景祐元宝（1034～1038）、皇宋通宝（1038～1040）、治平元宝（1064～1067）、熙宁元宝（1068～1077）、元丰通宝（1078～1085）、元祐通宝（1086～1094）、绍圣元宝（1094～1098）、崇宁重宝（1101～1106）、政和通宝（1111～1118），全部为北宋（960～1127）货币，其中年代最晚的为北宋政和年间铸造的政和通宝，宏佛塔应建造于1118年以后。

（2）天宫内发现的由西夏人骨勒茂才所著的《番汉合时掌中珠》，正式刊布于西夏乾祐二十一年（1190）。也就是说，宏佛塔修建于1190年以后。

（3）天宫内发现了大量西夏文字遗物，包括木雕经版、木简、经书残页、纸质护塔寺院律文残页等。

（4）天宫内发现的《八相塔图》唐卡上，有西夏文榜题。残损的泥塑罗汉像身腹内藏有西夏文经卷等。

（5）地基三合土层内的建筑构件，在西夏王陵、西夏拜寺口双塔多有发现。

由上述几点可以初步断定：宏佛塔修建于西夏晚期，其建造年代不会早于1190年。

二　历代对宏佛塔的维修

在对宏佛塔进行落架拆卸时,基本解剖清楚了后代对宏佛塔的修缮，至少经过墙面粉饰、修补一层塔身砌砖、加补一层塔身砖墙、支护砖墙、筑打夯土墙、垒砌土坯墙、堆黄土等修葺加固。其中以补砌砖墙、支护墙体那次的规模最大。

1.从塔体表面剥落处露出内外两层白灰皮，两层白灰皮上都有彩绘，彩绘虽已漫漶不清，但从色泽、花纹图案、绘画风格看，非常相近，说明宏佛塔在建成后不久，墙体表面进行过一次大的粉妆，粉妆时间初步推测可能在西夏末年或元代初年。

2.在塔身第一层砌砖中，发现有明代大方砖。另外，地下发现的铜佛像、玉执荷童子像为标准的明代造像，据此推测，明代曾对宏佛塔进行过修补。

3.在塔地表以下50～60厘米处发现"康熙三十八年制造"铜铎，从铜铎形制、大小看，极有可能为当时挂在塔身转角处的铎铃。在距塔1.8米处的东北部淤土中发现清顺治通宝（1644～1661）、康熙通宝（1662～1722）钱币，在塔门处淤土中出土门楣上的砖雕残件、铭文砖残件等。按以上出土遗物可知，宏佛塔应在清康熙三十八年（1699）进行过一次大规模的修缮。塔身砌体外加砌的砖墙、支护墙、支撑墙、新砌的南塔门等，极有可能是在这次大修中加砌的。

4.在补砌的砖墙、支撑墙、支护砖墙外，斜撑支护的木柱、夯土墙，夯土墙外堆垒的土坯和黄土时代更晚，可能是清代晚期至20世纪50年代先后修补加固的。

第二节　塔内遗物反映出的几个问题

一　遗物供奉有序

宏佛塔遗物主要发现在天宫、地宫、楼阁式塔身和塔基夯土层内。其中天宫装藏有西夏文字雕版、经书、绢画、泥塑造像、发愿文幡带等等，地宫内仅供奉泥塔模（擦擦），楼阁式塔身转角放置钱币，塔基夯土层内夯筑有黄、绿琉璃建筑残件垫层等。地宫、天宫、塔身内供置物各不相同，应该是事先安排、有一定讲究的。

打开、清理天宫时，依次先后看到的是经过烟熏火燎、皱皱巴巴、一片狼藉的绢画、画轴杆，木雕像，朽成粪渣般的纸质经卷，面目全非的烧成木炭的西夏文字雕版，头、身、手、脚分离、遍体烧痕的泥塑佛头像、面像，力士面像，罗汉头像、面像、躯体残件、碎块、碎渣等等。看似杂乱无章，但放置还是有一定顺序的，即天宫建成后，先摆放分量最重的泥塑像，尽管是残件，但并没有被随意堆填，而是先将像身残件、头像、面像有序排放。近10躯保存相对较好的像身残体，分上、下两层围靠在天宫中下部，且像身背靠砖墙端坐。将佛、罗汉头像、面像皆面部朝外供奉。剩余空间内填塑像碎块、碎渣等。接着在泥塑像残块上堆置烧成木炭的破碎的西夏文字雕版，其他分量较轻的纺织品、纸质类的绢画、经书残页及小木雕像等则放在最上面。打开天宫时，就看见背靠壁面的1尊木雕观音立像。天宫中的这批遗物，几乎没有一件是完好的，但放置依然有一定规律，显示出供奉者对这批经过浩劫的残损品的尊崇。

二　最早的文字雕版——西夏文《释摩诃衍论》版片

西夏文又名河西字、番文，是记录西夏党项族语言的文字。创制于西夏景宗李元昊正式称帝前的西夏大庆元年（1036），元昊"命野利仁荣演绎之，成十二卷，字形体方整类八分，而画颇重复"[6]。西夏文字曾在西夏王朝所统辖的今宁夏、甘肃、陕西北部、内蒙古南部等广阔地域，盛行了约2个世纪。元明两朝，仍在一些地区流传了大约3个世纪。宏佛塔天宫中装藏的西夏文字

---

[6]　《宋史》卷四八五《夏国传》。

雕版残块清理出有文字的2000余块，多则上百字，少的仅1个字。全部经火烧炭化变黑。雕版分单面版和双面版两种，皆版面平整，界格整齐，行距匀称，字格疏朗。文字方正，结构致密，四角饱满，左右平衡。笔画遒劲，刀法熟练，干净利落，堪称西夏雕版印刷中的精品。这批雕版按文字大小分为大号字版、中号字版、小号字版三类。大号字版最少，仅清理出7块，多单面刻字，笔画粗浑，背面平整无字。大号字版1作蝴蝶装，上下单栏，左右子母栏，高13厘米，宽23.5厘米，厚2.2厘米。每半面6行，每行12字，字1.2厘米左右见方，是宏佛塔雕版中保存最好的一块。另外六块都较小，但字体尚清楚。中号字版最多，约占雕版总数的50%以上，双面刻字，字1厘米左右见方。正、背两面刻字正好是上下颠倒，即正面从上到下，从右到左刻写满后，由上到下翻到背面，使正面的上部成了背面的下部。中号雕版1残高11厘米，残宽23.7厘米，残存14行，行最多存12个字。小号字版约占雕版总数的40%以上，版厚1.5厘米左右，双面刻字，行距0.5～0.7厘米，字0.6～0.8厘米见方。字体娟秀，笔画纤细。小号字版残损最甚，5厘米见方以上者仅10余块。小号字版1残高10厘米，残宽38.5厘米，厚1.2厘米，下半为子母栏。残存23行，每行残留最多11字。其中第5行空二字，似为挖后未补。此块雕版为宏佛塔雕版中最宽的一块。

木雕版印刷是在一定厚度的平滑的木板上，粘贴上抄写工整的书稿，薄而近乎透明的稿纸正面和木板相贴，字就成了反体，笔画清晰可辨。雕刻工人用刻刀将版面没有字迹的部分削去，就成了字体凸出的阳文。印刷的时候，在凸起的字体上涂上墨汁，然后将纸覆盖在上面，轻轻拍击纸背，字迹就留在纸上了。雕版印刷为后世留下了浩如烟海的典籍，但刷印这些典籍的雕版迄今却万不存一。在宏佛塔西夏文字雕版发现前，存世的雕版不足10件，其中宋代雕版3件，1919年河北巨鹿淹城遗址出土。目前一件在美国纽约市国立图书馆，两件在中国历史博物馆（现中国国家博物馆）[7]。西夏雕版6片，20世纪初于内蒙古额济纳旗黑水城遗址发现，其中4片为西夏文字版片[8]。宏佛塔大量雕版的发现，不仅反映了西夏印书业的发达，更为西夏乃至中国印刷业的研究提供了丰富的实物资料。据著名西夏学学者史金波说，宏佛塔西夏文雕版是我国现存最早的文字雕版。

将宏佛塔珍藏的雕版选出文字清楚，行、字数较多的近50块请西夏文字专家读译，先将西夏文逐字对译成汉文，再将汉文释义。其中对大号字版1、2、3、4、5、6进行了汉译，又对大号字版1作了释义，为《释摩诃衍论》卷二；对中号字版1、2、3、4号进行了释义，其中中号字版1，译自《释摩诃衍论》卷八，中号字版2译自《释摩诃衍论》卷二，中号字版3译自《释摩诃衍论》卷五，中号字版4正面，译自《释摩诃衍论》卷十；对小号字版1、4、17、50、56、80、81进行了

[7]　胡道静《巨鹿北宋雕版是淹城遗址的出土物》，《中国印刷》第21期。

[8]　同[7]。

释义，小号字版1译自《释摩诃衍论》卷五；小号字版4译自《释摩诃衍论》卷三，小号字版17译自《释摩诃衍论》卷四，小号字版50，正、背两面均译自《释摩诃衍论》卷五；小号字版56，两面均译自《释摩诃衍论》卷三；小号字版80，译自《释摩诃衍论》卷一；小号字版81，译自《释摩诃衍论》卷二。从所释义的大、中、小号字版，全出自《释摩诃衍论》，为《释摩诃衍论》卷一、卷二、卷三、卷四、卷五、卷八、卷十共七卷。据此初步断定，宏佛塔装藏的这批西夏文雕版，绝大部分应该为《释摩诃衍论》雕版残片。又从中号字版4，正、背两面均雕刻《释摩诃衍论》卷十；小号字版50，两面均雕刻《释摩诃衍论》卷五；小号字版56，两面均雕刻《释摩诃衍论》卷三，正背两面印的为同一卷相连的文字内容看，刻印时，在一块板上，刻满一面，接着刻另一面。再从大号字版为卷二，单面雕刻；中号字版有卷二、卷五、卷八、卷十，小号字版有卷一、卷二、卷三、卷四、卷五，中、小号字版均为双面版推测，西夏文《释摩诃衍论》至少有2~3个刻本。

《释摩诃衍论》，又称《释论》，为《大乘起信论》的注释书，相传系印度·龙树菩萨造，姚秦·筏提摩多译。在宏佛塔发现《释摩诃衍论》雕版残片前，20世纪初曾在黑水城遗址中出土《释摩诃衍论赞玄疏》残本，2件计98页，收录在《俄藏黑水城文献》第2册中，编号分别为TK79.2和TK80.2，原定名为《龙论》，即《龙树所造论》的简称。实为辽僧法悟所著《释摩诃衍论赞玄疏》卷2中的内容。宏佛塔《释摩诃衍论》雕版残片、黑水城《释摩诃衍论赞玄疏》残本，两者之间应该有必然的关系。1974年在山西应县木塔发现《辽藏》12卷，内包含有由志延负责校勘的辽"咸雍七年十月（1071）"《释摩诃衍论通赞疏卷第十》、《释摩诃衍论通赞疏科卷下》[9]。从辽咸雍四年志延撰《旸台山清水院创造藏经记》碑文中提到，辽"大藏经凡五百七十九帙。"和沙门法悟撰《释摩诃衍论赞玄疏》卷一载：《释摩诃衍论》是辽道宗清宁八年（1062），将此经"编入华龛"即补行入藏的。它在房山石经中列于千字文"宁"字帙，已是全藏之尾部。道宗还下旨令志福、守臻、法悟注释该书。辽道宗皇帝耶律洪基（1032~1101），对佛教华严学有造诣，"备究于群经而尤精于此论"[10]，从而在辽代形成了《释摩诃衍论》传习的热潮。又从西夏与辽多有佛教因缘，谅祚时即曾进回鹘僧、金佛、《梵觉经》于辽，"夏国遣使进回鹘僧、金佛、《梵觉经》"。辽寿昌元年（1095）"十一月……夏国进贝多叶佛经"[11]。再从西夏文《过去庄严劫千佛名经》发愿文中提到"后奉护城皇帝（仁宗仁孝）敕，与南北经

---

[9]　国家文物局文物保护科学技术研究所、山西省小山古代建筑保护研究所等《山西应县佛宫寺木塔内发现辽代珍贵文物》，《文物》1982年第6期。

[10]　法悟序《释摩诃衍论通赞疏》，《卍续藏经》第72册，第831页。

[11]　引自《辽史·西夏外记》。

重校"[12]可知，"南经"当指北宋的《开宝藏》，"北经"应该是指竣工于辽清宁八年的《契丹藏》即《辽藏》等，故《释摩诃衍论》极有可能是由辽代传入西夏的，传入时间当在辽道宗清宁八年以后。

大量雕版在宏佛塔天宫发现，说明该塔区曾是西夏一处重要的译经、印经场所。根据陕西省西安市文物管理处收藏的汉文《大方广佛华严经》卷九末尾的残页上，留有一方西夏文木刻押捺题记。其汉译文为"番国摄贺兰山佛祖院禅园和尚李慧月、平尚重照禅师之弟子，为报福恩，印制十二部大藏经契及五十四部华严经，以金银字写华严一部、全觉、莲华、般若、菩萨律、经契、信行论等"[13]。由此可知，贺兰山佛祖院是西夏印制佛经的一个重要场所。贺兰山佛祖院的地址，史籍中没有明确记载。根据宏佛塔发现的大量雕版及所处方位来分析，宏佛塔可能与贺兰山佛祖院有着密切的关系。

三　彰显皇家水准的彩绘泥塑像

宏佛塔天宫不大，在四分之三空间内堆满泥塑佛教造像残件，清理出佛头像，包括面像六七尊，力士面像5尊，罗汉头像18尊，罗汉身躯残件18躯及像身残块及耳、手、臂、脚等残块200多件。虽全部为残件，但从佛头、面像，力士面像，罗汉头像以及躯体看，身体比例适度、神态形象逼真，衣着合身，纹饰繁缛富丽，是一批高水准的彩绘泥塑像。

1．塑像材料及制作工序

宏佛塔泥塑像全部为残件，为了解塑像所用材料、制作工序提供了方便。材料为最普通易得的黄胶泥、河沙、木棍、铁丝、麦秸、苇秸、谷糠、石灰等。塑像四肢内有烧黑的木棍，胸腔内有烧成灰、形状尚存的成束麦秸，手指内有细铁丝，腹腔内有烧成灰的纸本经卷等。它的制作工序大体如下：根据佛、力士、罗汉像的形态、尺寸，先用木棍搭出四肢骨架，胸腹腔以成束麦秸支撑，其外附粗黄胶泥，用力拍打压紧后捏出人体的大致轮廓。待其干燥后，再附上黏软细腻的细泥，塑出五官手足等具体部位，表现出人物的神态。接下来整形打磨光洁后，抹一层细腻的白灰泥。最后，根据人像的需要，在白灰泥上敷彩。从发现的2件耳朵陶模来看，正好同罗汉耳朵相配，说明耳朵是翻模贴上去的。罗汉腹内多装藏西夏文经书，虽已烧成黑色灰烬，仍可看出经书的式样及方整醒目的西夏文字。

---

[12]　史金波《西夏佛教史略》，宁夏人民出版社、青海人民出版社，1988年。

[13]　参见《西夏文物》图版370和此幅图版说明。

2．塑像种类、形态及服饰

这批泥塑像没有一尊是完整的，经整理拼合有佛、力士和罗汉像。保留的佛头像、面像、佛手、佛脚及手指、耳朵等，比例相称，螺髻、面部与手脚塑造得非常精细。佛结跏趺坐，彩色金箔妆銮，螺髻平缓，面容圆浑柔美，呈现出柔软、光泽的质感。五官匀称，细眉修目，眼眸俯视，丰腮，神态平淡而庄严，大有佛法无边、威德慑众的气度。值得强调的是在佛唇上部以墨线绘八字胡须，下颏墨线绘日、月、云状纹饰，这在佛像中比较少见。类似的饰妆见于黑水城发现的卷轴画《大势至菩萨》、《接引男正行者于阿弥陀佛净土的途中》的菩萨面部。菩萨的脸形、五官、弯眉、细眼、嘴唇同泥塑佛像也十分相近[14]。

力士仅发现面相，额骨上凹凸的额沟、深锁的眉弓、曝出的眼珠、高凸的颧骨、隆起的齿床、抽搐的肌肉及侧面线条的起伏变化，将力士的威猛无比塑造得淋漓尽致。

保存最多的是罗汉像，从拼对出的18个头颅、18尊躯体来看，应该为宋代盛行的十八罗汉像。十八罗汉是指佛教传说中十八位永住世间、护持正法的阿罗汉，目前所知最早的十八罗汉像为五代张玄及贯休所绘。雕塑这批罗汉像的工匠们，凭借着精巧的构思、高超的技艺，以及对罗汉的深刻认识——罗汉由凡尘人脱胎而来，故依据现实中的真人而进行模仿塑造，准确地把握了人体各个部位的比例和解剖关系，骨骼肌肉塑造符合解剖原理，使罗汉形象写实、结构准确、五官匀称，头、身比例相称。保存较好的6尊罗汉面相神态各不相同且颇具神韵。雕者通过对每尊罗汉头颅、面型、面部肌肉及额头、颧骨、眼耳口鼻的细微变化，便将罗汉的坚韧、勇猛、愠怒、和善、老成、稚嫩，老者的饱经风霜、成年人的严谨持重，年轻者的活泼可爱、童心未泯塑造得栩栩如生，均能深得其貌，而更尽神韵。

这批罗汉像都着衣两层，衣服贴体，衣褶繁简自如。罗汉内穿的僧祇支，基本为交领宽襟长衫，式样单一，衣褶简练，多做程式化的处理。质感轻薄，随着人体结构而有韵律地下垂，合身得体。腰束统一的布绳带，同样的僧祇支或右袒（像身1、5、8），或交领（像身2、3、4、7），或宽襟翻卷。将最简单的长条布绳带，在腰或左、或右、或腹部中间肚脐处打十字结。中部的十字结绳带两端弧线下垂，正好突出了圆鼓的腹部。一个不经意的十字结，增添了衣饰着装的韵味。僧祇支外披宽大的袈裟。贴体的僧祇支与宽松的袈裟相搭，内紧外松，一张一弛，松弛有度。袈裟上剔刻出繁复曲折的衣褶，深邃浅出的线条，运刀自如，深得法度。最具代表性的泥塑罗汉像身9，仅存左肩部的衣褶，一道道由上向下的弧线，凹凸起伏，极富韵致。泥塑罗汉像身10仅存双腿结跏趺坐，横卷的圆弧线将宽大的袈裟高度概括、贴附在盘屈的双腿上。其雕塑技法已运用到相当精湛成熟的水平。

[14]　台北"国立"博物馆《丝路上消失的王国·西夏黑水城的佛教艺术》，1995年。

泥塑俗有"三分塑、七分彩"之说，非常重视敷彩，宏佛塔发现的这批塑像也不例外。尽管塑像全部为残件和碎块，又经过烟熏火燎，彩绘、纹饰多漫漶不清，经仔细比对，将图案放大一点点反复细辨，发现彩绘和泥塑巧妙地结合在一起。这批塑像的彩绘，首先灵活运用了对比色与邻近色以强化表现力。如肤色与衣色不同，肤色与真人肌肤相近。衣色表现在罗汉与罗汉所穿僧衣的色泽多有区别，一尊罗汉所穿僧祇支与袈裟颜色深浅不同，袈裟、僧祇支的边襟与周身颜色又深浅相搭。其次花纹图案繁缛富丽，表现在袈裟、僧祇支的宽边襟上皆刻画连续折枝花卉纹，而每件边襟的折枝花卉纹又各不相同。除边襟纹饰外，周身花纹主要分为两种。一种是由田字格、大团花纹构成主体图案，在田字格、团花内又细刻繁密的花卉纹、卷云纹、鸟纹、兽纹等。如泥塑罗汉像身1，袈裟白色衬底，其上用朱砂绘出大田字格，格内又刻画繁密的卷云纹和鸟纹。泥塑罗汉像身2的僧祇支白色衬底，腹部、肩部绘几朵大团花，其中右肩上的团花尚可看清纹饰，即在圆圈内用细线刻画繁密的鸟衔花纹饰。泥塑罗汉像身9仅存袈裟左肩部，上用墨线绘出田字格，方格与方格间，用细线浅刻繁密的卷云纹和圆圈纹，每个圆圈内均分成八等份，每等份内似刻一梵文字。泥塑像身残块35，在田字格内用细红线绘双圆圈，圈内白色衬底，中间绘一只四肢飞奔的天马，圆圈外绘黑色卷云纹，红线勾边等。另一种周身绘碎花卉纹，仅见于罗汉像身5、6、8僧祇支上，周身刻细密花草纹图案，多漫漶不清。其中罗汉像身8僧祇支上见数朵红色小花朵和绿色叶脉。

彩绘泥塑佛教造像的面部，多留有黑色或绿色泪痕。这种现象在已发现的西夏彩绘泥塑像中尚属首例。其原因何在，有待探讨。

西夏泥塑像在甘肃敦煌莫高窟、安西榆林窟、张掖卧佛寺[15]、内蒙古额济纳旗黑水城遗址[16]和黑水城附近的一座古庙遗址[17]，以及河西地区石窟中多有发现。石窟中的泥塑像多被元明及以后粉妆彩绘修补过。将宏佛塔泥塑像同黑水城和黑水城附近古庙遗址中发现的泥塑像相比较不难发现，黑水城、宏佛塔的泥塑像都是残损后被供奉在喇嘛塔内的。以图版上所见黑水城泥塑像的代表作双头佛，其螺髻、面相及五官同宏佛塔泥塑佛头、面相相似，但神态、塑造工艺似略逊于宏佛塔泥塑佛像，尤其是双头佛的手同宏佛塔精雕细琢的佛手完全不在一个水平上，甚至双头佛的衣褶、彩绘也不及宏佛塔泥塑罗汉的流畅。又黑水城附近西夏庙宇中的15尊泥塑佛、菩萨、罗汉等造像，亦不及宏佛塔泥塑像精致。毋庸置疑，宏佛塔的泥塑像代表了西夏皇家水准的塑造工艺。

---

[15]　参见《西夏文物》图版14、237～253，文物出版社，1988年。

[16]　台北"国立"博物馆《丝路上消失的王国·西夏黑水城的佛教艺术》，1995年。

[17]　史金波、翁善珍《额济纳旗绿城新见西夏文物考》，《文物》1996年第10期；盖山林《绚丽多彩的艺术奇葩——记额济纳旗西夏彩塑》，《内蒙古文物考古》1981年创刊号。

西夏与宋同处在一个历史时期，宋代保存至今的彩绘泥塑像，最有名、最为人称道的是山西晋祠圣母祠的43尊彩绘泥塑和山东济南灵岩寺千佛殿内宋治平三年（1066）的彩绘泥塑罗汉像[18]。宏佛塔发现的这批彩绘泥塑像同两者相比毫不逊色。更为难得的是宏佛塔的泥塑像未经后代修补，原汁原味，完整地保留了西夏彩绘泥塑像的信息。

四　风格有别的汉藏绢画

宏佛塔天宫内装藏有14幅绢质彩绘画，其中较完整清晰的12幅。经对这些作品进行系统的分类研究，依据绘画风格和绘画技巧，包括构图、大小和配置、线条及色彩，所画的主要及次要人物的姿势、服装发饰，以及画面空间的处理、背景的精心设计等等，主要分为两大类，一类为藏密风格的唐卡，一类为宋辽风格的绢画。

1. 源于藏密风格的最早唐卡

宏佛塔发现的绢画中，有一半是源于西藏佛教密宗艺术的藏地风格的唐卡作品，可以初步确定的有《胜乐金刚图》《八相塔图》《千佛图》《坐佛图》《护法神图》《大日如来佛图》。这些绘画作品多浓墨重彩，色彩对比强烈。布局方圆相间，讲究对称。画面上的人物造型、衣冠服饰等与西藏佛教密宗艺术中的同类形象几乎相同，内容属于藏传佛教范畴。

唐卡系藏语，意为用绸缎等织物装裱成的卷轴画，具体的作画方法是：先于绢上涂一层胶糊状物，待其干燥和打磨光滑后，再于上面作画。此类绘画有一定的构图和绘制模式，一般以供奉的本尊、护法神、尊者（上师或国师）为中心设坛，四周有序配置佛、金刚弟子、侍者菩萨、护法、僧官等，施色浓艳厚重，以突出佛法密宗仪轨和神奇威严的宗教气氛，具有鲜明的民族特点、浓郁的宗教色彩和独特的艺术风格。宏佛塔唐卡发现于西夏境内，故可称为西夏唐卡。最典型的有《胜乐金刚图》《护法神图》《八相塔图》《千佛图》等。

胜乐金刚亦名上乐金刚，是藏密无上瑜伽修法中尊奉的五大本尊之一，故《胜乐金刚图》为藏传佛教最盛行的题材之一。在内蒙古额济纳旗黑水城遗址和宁夏贺兰县拜寺口双塔、贺兰山山嘴沟石嘴山石窟，皆发现了西夏时期的胜乐金刚像，反映了这一题材在西夏的流行[19]。宏佛塔的《胜乐金刚图》，主尊胜乐金刚双身像居中，画面上部绘一横排六护法，下部绘一横排八大成就者，主次分明，排列有序。胜乐金刚为蓝色，金刚亥母为红色，利用色彩冷暖的反差起到强烈的对比效果，突出了主题画面。金刚的四面，颜色各异，居中蓝色，左边白色，右边红色，

[18]　张鹤云《长青灵岩寺古代塑像考》，《文物》1959年第12期。

[19]　台北"国立"博物馆《丝路上消失的王国·西夏黑水城的佛教艺术》，1995年。

后面黄色，依次表示增益、息灾、敬爱、降伏四种事业和功德。每面三只眼，表示能观照过去、现在和未来三世。头戴五骷髅冠，表示无常和勇武。头上方有半月，代表"人的幸福"。头顶有双金刚，表示方法与智慧双成。腰围虎皮，象征无畏和勇猛。项挂五十骷髅念珠，代表佛教全部经典。十二只手，象征克服12种缘起的方法。主臂左手持金刚铃，右手持金刚杵，两手同时抱明妃。其余各手伸向两侧，手中持斧、月形刀、三股戟、骷髅杖（天杖）、金刚索、金刚钩、活人头等。右脚伸直踩在红色大自在天妃的心上，左脚微屈踩在蓝色大自在天神的额头。金刚的明妃金刚亥母，一面二臂，面呈红色，表示爱慕、热烈之情。有三只眼，戴骷髅冠。两手皆持物，右手拿月形刀，左手拿人头骨碗，碗内盛满血，献与本尊。她的两腿姿势很特别，左腿伸，与主尊右腿并齐，右腿盘在主尊腰间。胜乐金刚是以男神和女神交媾的图像表示密宗修行，达到智慧与慈悲和合的佛境界。《黑鞑事略》记载："西夏国俗，由其主以下皆敬事国师，凡有女子，必先以荐国师，而后敢适人。"[20]这反映佛教密宗对西夏社会生活已经产生了一定影响。这种影响如元朝人马祖常《河西歌》云："贺兰山下河西地，女郎十八梳高髻，茜根染衣光如霞，却召翟昙（僧人）做夫婿。"[21]

　　本书中定名的《护法神图》同"空行母"相似。密宗颂扬女性，代表女性神祇的空行母图像随之流行。"空行母"是密宗教法和修持的最主要之主体之一。代表智慧与慈悲，以女性之姿态出现。如二十一度母、尊胜佛母等皆是。宏佛塔唐卡中的《护法神图》，画面绘一女神，有红色背光，游戏坐于一朵盛开的莲花上。其下为镶嵌红绿珠宝的束腰须弥座。女神头戴华丽的珠宝冠，颈、臂、手、脚腕亦佩戴同宝冠一样的珠宝饰，颈部还佩挂骷髅串饰等。面相圆腴，黛眉垂目，润口朱唇，脂玉般的肌肤丰满润泽，珠光宝气中尽显女性的妩媚。

　　《八相塔图》是西夏流行的题材，以八座塔即释迦如来生处塔、尘园法轮初转塔、拘尸那城涅槃塔、耆门崛山大乘塔、菩提树下成道塔、庵罗林会维摩塔、降伏外道祥名塔等赞颂释迦牟尼一生的八大功德。宏佛塔的《八相塔图》唐卡，虽然已严重损毁，但从几块残片上可见六座喇嘛塔、两处菩提树及祥云等。六座塔的塔形、大小完全相同。塔左右的榜题局部尚存，左侧为西夏文榜题，右侧为汉文榜题。其中保存上、中、下三座塔的一块残片，上塔榜题残存的汉字为"尘园法轮初转塔"，中塔为"释迦如来生处塔"，下塔为"拘尸那城涅槃塔"，同黑水城《金刚座佛与五大塔》唐卡右侧的三座小塔塔形、色彩、榜题完全一样。又残块中的两处菩提树亦同黑水城这图幅中的释迦牟尼佛背后塔左右两侧的菩提树，由此不排除宏佛塔的《八相塔图》同黑水城的《金刚座佛与五大塔》完全一样的可能性。黑水城的《金刚座佛与五大塔》中间释迦牟尼佛被

[20]　《黑鞑事略》。

[21]　《贺兰山歌》。

安置于一座大喇嘛塔内。佛塔两侧绘有三叶形的菩提树，左侧汉文榜题是"菩提树下成道塔"，表明此大塔象征佛陀事迹中最重要的菩提树下证道的场景。根据画面榜题，释迦牟尼佛右侧三塔为"耆门崛山大乘塔"、"庵罗林会维摩塔"和"佛从天下宝阶塔"；左侧三塔为"尘园法轮初转塔"、"释迦如来生处塔"和"拘尸那城涅槃塔"。释迦牟尼佛下面的一横排五座塔，一大四小，大塔居中，可能代表八塔中的"降伏外道祥名塔"[22]。从西夏汉文刻本《大方广佛华严经》卷末题记"（太后）散施八塔成道像净除业障功德共七万七千二百七十六帧"可知，此经为罗皇后为悼念仁宗（1140～1193）去世三周年而施。散施如此庞大数量的"八塔成道像"，说明释迦牟尼八塔成道图在西夏的盛行[23]。

《千佛图》的整幅画面被横平竖直的线条均分成42个长方框，从左到右一横排7个框，从上到下一竖列6个框。框内共绘36座塔和36尊佛像，每尊佛像供置在一座塔内。考虑到主尊释迦牟尼的突出地位，故主尊占据了居中的7个框，剩余35个框内各1尊佛像。35座塔的塔形一模一样，35尊佛像的形态也几乎相同，唯所施手印有别，且相邻的两尊佛像的手印都是不同的。如第一行，居中佛像结禅定印，左、右两侧的施说法印，再左、右两侧的施禅定印，再左、右两边的施降魔印。第二行居中框被主尊身后塔刹顶所占，刹顶两侧佛禅定印，在左右两侧的降魔印、再两侧说法印。第三行居中的3个框被主尊所占，靠主尊左、右两侧的佛施说法印，再两侧的施降魔印。第四行4尊佛像，靠主尊两侧的结禅定印，再两侧的施说法印。第五行7尊佛像，居中佛施禅定印，左右施说法印，再左右施降魔印，再两侧施禅定印。第六行尊佛像，居中佛施说法印，左右两侧施降魔印，再两侧结禅定印，再两侧施说法印。上下左右相邻的佛像所施手印各不相同，固守了唐卡特定的严谨构图法。

西夏唐卡除宏佛塔外，还在青铜峡一百零八塔发现《千佛图》《大日如来佛图》各1幅，宁夏拜寺口双塔发现《上师图》《胜乐金刚图》各1幅，黑水城发现《金刚座上的佛陀》《金刚座佛与五大塔》《药师佛》《十一面八臂观音》《绿度母》《佛顶尊胜曼荼罗》《金刚亥母》《胜乐金刚》《不动明王》《空行母》《胜乐轮威仪父母曼荼罗》《胜乐轮威仪曼荼罗》《观世音菩萨》《阿弥陀佛的净土》《增长天》《比丘像》《佛陀和文殊师利》《释迦牟尼佛说般若波罗蜜》等70多幅[24]，甘肃武威亥母洞发现《文殊菩萨》《五方佛画》[25]等等，反映了藏传佛教密宗"唐卡"在西夏地区的盛行。

[22]　台北"国立"博物馆《丝路上消失的王国·西夏黑水城的佛教艺术》，1995年。

[23]　史金波《西夏佛教史略》第八章西夏的佛教艺术，宁夏人民出版社，1988年。

[24]　台北"国立"博物馆《丝路上消失的王国·西夏黑水城的佛教艺术》，1995年。

[25]　《西夏艺术》，宁夏人民出版社，2003年。

唐卡是吐蕃松赞干布时期兴起的一种绘画艺术作品，据说西藏第一幅唐卡是吐蕃王松赞干布用自己的鼻血画成的护法女神白拉姆。唐朝时期的唐卡几乎不见，萨迦寺保存的1幅"桑结东厦"唐卡，上画35尊佛像，据说是吐蕃时期的作品。宋代的唐卡在布达拉宫见到3幅，分别为缂丝帕玛顿月珠巴像、贡塘喇嘛像及米拉日巴苦修情节的传记。缂丝唐卡帕玛顿月珠巴像的下方有藏文题款，说江村札订制这幅唐卡赠送其师札巴坚赞（1149～1216）。札巴坚赞是萨迦五祖的第三祖师，1182年继任萨迦达钦，这幅唐卡应该绘于1182～1216年。贡塘喇嘛生于1123年，死于1194年。宏佛塔建于1190～1227年，塔中装藏的唐卡的时代早于建塔时间，比西藏保存的这几幅宋代唐卡时代或许还早一些，弥足珍贵。藏传佛教噶举派的著作《贤者喜宴》记录了吐蕃佛教中的噶玛噶举派和萨迦派等各派的高僧在西夏中期纷纷北上，受到重视和发展的事实。西藏噶玛噶举派的都松钦巴（1110～1193）是该派的初祖法王，在吐蕃影响很大，也受到西夏仁宗皇帝（在位时间1140～1193）的崇敬。1159年，仁宗遣使入藏专程迎请，都松钦巴未能前来，但派遣弟子格西藏索哇来到西夏都城兴庆府。仁宗尊他为上师，为之建立译场，并组织力量大规模翻译佛经。其后，在都松钦巴创建的有名的噶玛噶举派本寺——楚布寺建白登哲蚌宝塔时，仁宗又献赤金璎珞及幢、盖诸种饰物。又西藏萨迦派祖师札巴坚赞（1149～1216）的弟子迥巴瓦国师觉本等，曾被西夏人奉为上师等。由此可见，至少在西夏仁宗时，吐蕃佛教中的噶玛噶举派和萨迦派都已传入西夏，并产生了积极影响。宏佛塔天宫发现的这批西夏唐卡，有明确的出土地点和时间，为唐卡的断代提供了标尺，也为研究藏传佛教在西夏地区传播，提供了珍贵的第一手资料。

2．源于中原汉地风格的宋辽绘画

宏佛塔天宫珍藏的绢画中，属于宋、辽绘画风格的有《玄武大帝图》《炽盛光佛图》《侍星真君图》《千手千眼观音图》等。最值得称道的是《炽盛光佛图》和《玄武大帝图》。

《炽盛光佛图》发现2幅，均是描绘众星围绕着主尊炽盛光佛，场面宏大，人物众多，显示出作画人高度的艺术构思。两幅图的内容基本相同，都是炽盛光佛、十一曜、十二宫、二十八星宿图组合。唯《炽盛光佛图》1多了两组星宿、星宫庙宇和牛车等。两幅图的构图方法也是大同小异，主尊炽盛光佛居中，上部天界绘十二宫、二十八星宿，下部地界绘十一曜，但在细部处理上，包括十二宫、星宿的排列布局，十一曜的形象、装扮、服饰和画面色彩等，却多有不同。《炽盛光佛图》1着色较清淡，画面显得淡雅华美，边界清晰，同宋代绘画中的色彩相近。《炽盛光佛图》2敷色较浓艳，同辽代卷轴画和辽墓壁画所用色彩更靠近一些。前者的炽盛光佛高尖螺髻，面相显清秀。身着团花图案的红色袈裟，结跏趺坐于一朵盛开的莲花上。后者的炽盛光佛鹅蛋形脸，红色顶严在螺髻前顶中部，短颈。身着右祖红色袈裟，左肩处搭袢清晰。内着边襟饰忍冬纹的僧祇支，同黑水城发现的《星宿图》中的炽盛光佛面相、螺髻及辽代佛像风格相近。再看围绕着主尊的十一星宿，日神、月神、金星、木星、水星、火星、土星和紫炁、月孛、罗睺、计都神，在两幅图中的形态、服饰差别较大。《炽盛光佛图》1的月星、水星、金星形象和服饰同宋代仕女相似，举止娴雅，体态轻盈纤柔，内穿低胸衣，窄长裙，外着对襟褙子。日星、木星、紫炁形象端庄，衣冠服饰以及色彩运用同宋代文官相近。《炽盛光佛图》2中的月星、金星、水星的扮相及衣冠服饰和色彩运用同辽墓壁画中的皇后、仕女多有相似之处，特别是月星的形象、神态、服饰，同应县木塔南门照壁板上刻画的三个神情安逸而虔诚、衣着华丽的女供养人相近。也有专家考证，她们是辽代三位皇后，萧耨斤、萧挞里、萧观音。其中，萧挞里的画像，"首饰花冠、金步摇。薄鬓、素妆，绛袍、大袖……"尽展辽代皇后的丰姿。由此分析，这两幅《炽盛光佛图》有可能分别来自宋代和辽代。同这两幅《炽盛光佛图》相似的西夏星宿图，在内蒙古额济纳旗黑水城也有发现，黑水城的《星宿神》[26]同宏佛塔《炽盛光佛图》2相似，反映出星曜崇拜在西夏的流行。西夏人所崇拜的十一星曜，日神代表着光明和阳性，往往扮成帝王或文臣的形象；月神代表黑暗和阴性，多扮成皇后形象；土星代表大地，头饰公牛是土星的象征；金星是一位弹奏着琵琶的女子，以鸡为饰；水星是一位手持书卷的女性，头冠上有猴形饰物；木星是掌管诉讼、大赦、惩罚的神灵，以文臣的形象出现；火星是主管雷霆的神，对内执掌官府，对外统领军队，故是一名手持利剑的武士；紫炁星是一颗福星，出现的时候会给人带来吉祥幸福；西夏人认为罗睺、计都、月孛是会带来祸事的星星，每当他们出现时，就会遮盖太阳或月亮的光芒，也就预示着将会有灾祸发生。西夏的统治者为了禳除灾星带来的灾难，并祈求福星带来祥兆，每年都要在规模较大的佛寺中举行盛大的法事活动，修建坛城，中心绘炽盛光佛，四周绘星曜等。依仗佛的法力，消除带来灾难和不幸的灾星，并向福星祈求幸福。如《元始天尊说十一大曜消灾神咒经》，当灾害将起时，速绘十一曜形仪，建道场，持念本《神咒经》，即可"上消天灾，保镇帝王，下摄毒害，以度兆民"。

《炽盛光佛图》上，除了十一曜，还绘有黄道十二宫。黄道十二宫是古代西亚地区将黄道附近的十二个星座，用来作为太阳一周年运动的星象背景，逐渐演变定型的。隋、唐之际，黄道十二宫传入我国。敦煌石窟唐代壁画《炽盛光佛五星神图》中已出现十二宫图像，惜已漫漶不清，仅存圆形轮廓。河北宣化辽天庆六年（1116）张世卿壁画墓[27]、辽天庆七年（1117）张恭诱壁画墓[28]墓室顶部均绘有黄道十二宫图像。其时间比宏佛塔中的黄道十二宫图像早八九十年，西夏的十二宫图像有可能从辽代模仿而来。

---

[26] 台湾"国立"博物馆《丝路上消失的王国·西夏黑水城的佛教艺术》，1995年。

[27] 河北省文物管理处、河北省博物馆《河北宣化辽壁画墓发掘简报》，《文物》1975年第8期。

[28] 张家口市文物事业管理所、张家口市宣化区文物保管所《河北宣化下八里辽金壁画墓》，《文物》1990年第10期。

《玄武大帝图》除宏佛塔发现的这一幅外，早在20世纪初的西夏黑水城遗址中就发现了一幅《玄武图》[29]。两幅图中的玄武大帝形象相近，披发，持剑，跣足，身穿铠甲，外披黑色斗篷，坐于岩石上。其侍从执黑旗。这个形象与《云丽漫钞》卷九中的"道士以为真武（玄武）现，绘其像为北方之神，披发，黑衣，仗剑，蹈龟蛇，从者执黑旗"的记载相吻合。玄武大帝是中国传统文化中推崇供奉的道家尊神，属于道教范畴。因长期以来中原多受北方游牧民族侵袭和骚扰，故而塑造出一批扫荡漠北、保境安民的英雄和神祇形象，寄托人们追求和平、安居乐业的愿望。对其形象和威武气质的描述，出现在宋代的文献中，而图像仅在明清一些寺庙的塑像、壁画中可以见到。宏佛塔乃至黑水城西夏《玄武大帝图》的发现，对研究道教传统文化在西夏的流传意义十分重大。据文献记载，西夏开国皇帝李元昊的儿子宁明，就是位道教徒，一生都住在山中研究道教的戒律，卒于1042年。

宏佛塔珍藏的这14幅彩绘绢画，无论是属于藏传佛教范畴的唐卡，还是属于宋、辽佛、道教题材的绢画，在内容选择、构图设计以及敷色晕染上都达到了很高的水平，堪称已发现的西夏绘画中的精品。

五　代表皇家寺院的黄、绿琉璃建筑构饰件

宏佛塔夯土地基内发现大量绿色、黄色琉璃建筑构件。其中黄琉璃发现100多块碎块，不成形，但尚可看出板瓦、莲瓣、圆眼珠、联珠饰等。大部分黄釉白胎，个别深黄色釉、砖红胎，有2件碎块的釉色黄绿相间，胎质细腻坚硬，釉泽光亮。绿色琉璃构饰件清理出10余筐，约2立方米。包括筒瓦、瓦当、滴水、摩羯首、鸟首、龙首、龙爪、兽牙、兽眼、兽角，及模印有龙首、龙身、龙爪、扇形花草、卷云、螺旋等等纹饰的板块等。这些黄、绿色琉璃构饰件，经过夯打碾压，碎不成形，但光亮的釉泽在阳光下仍熠熠生辉。这些不起眼的已被废弃的建筑构件里面蕴藏着珍贵的历史信息，透露出昔日西夏皇宫建筑的富丽辉煌。其中的绿琉璃摩羯首、龙首、龙爪、鸟首同西夏陵园北端建筑遗址中出土的绿琉璃摩羯、立鸽的形制、尺寸几乎相近。西夏陵园修复完整的绿琉璃摩羯长42厘米，宽15厘米，龙首鱼尾，尾部挺直翘起，分作长短两支。腹部以圆形空心筒柱与脊瓦连为一体。兽牙、兽眼、兽角等同西夏陵区出土的琉璃套兽、鸱吻的牙、眼、犄角多相像，形制、尺寸也相差无几。模印有龙、卷云纹的残块在西夏陵区北端建筑遗址也有发现[30]。

[29]　台北"国立"博物馆《丝路上消失的王国·西夏黑水城的佛教艺术》，1995年。

[30]　西夏博物馆编《西夏艺术》，宁夏人民出版社，2003年；宁夏文物考古研究所、银川西夏陵区管理处编著《西夏六号陵》，科学出版社，2013年。

对比建筑屋顶上的饰件，宏佛塔发现最多的绿琉璃摩羯首、龙首、龙爪、鸟首等，为屋顶翘起的戗脊上的小兽，称"戗兽"。其数目与种类有着严格的等级规定，小兽越多，建筑规格越高，常见为9、7、5、3不等，均为奇数。只有故宫太和殿的角脊上，排列10个琉璃小兽，成双数，为最高等级。模印有龙和花草、卷云、螺旋等纹饰的绿琉璃碎块，可能同建筑屋顶正脊琉璃脊筒有关。套兽、鸱吻则是安放在正脊两端的构件。这些构饰件都是殿宇寝庙"大屋顶"屋脊上的兽形装饰构件。屋脊是房屋的最高处，位置非常明显。在屋脊上装饰美观实用的脊兽，增加了建筑的美感，如梁思成评价："使本来极无趣笨拙的实际部分，成为整个建筑物美丽的冠冕。"

在中国古代传统建筑中，屋顶的色彩有严格的等级划分。"琉璃瓦以颜色分尊卑，以黄色琉璃瓦屋顶最高贵，是帝王和帝王特准的建筑所专用。宫廷建筑除个别有特殊用途外，一律用黄琉璃瓦。坛庙、王府、寺观按等级用黄绿混合（剪边）、绿色、绿灰混合。"[31] 脊兽常与琉璃瓦颜色、等级制度相结合。宏佛塔夯土地基内出土大量西夏殿堂建筑构饰件，说明在修建塔之前，这里曾经有规模宏大、富丽堂皇的皇家宫殿建筑。

据文献记载，西夏统治者对修建宫室、宗庙十分重视。李继迁占据夏州时，就"修复寝庙"，以"抚绥宗党"。后来夺取宋灵州，改为西平府，作为新的都城，立宗庙，置官衙。德明在宋大中祥符三年（1010）于陕西延州境西北的傲子山，"大起宫室，绵亘二十余里，颇极壮丽"。元昊称帝后，在新建都城兴庆府广修宫城，营造殿宇。元昊还在天授礼法延祚九年（1046）于兴庆城内作避暑宫，"逶迤数里，亭榭台池，并极其胜"。第二年，在贺兰山建离宫。《西夏书事》卷十八记载："曩霄（元昊）自夺没移氏、废野利后，阴闻宁令哥有怨言，大役丁夫数万于贺兰山之东，营离宫数十里，台阁高十余丈，日与诸妃游宴其中。"西夏时所建宫殿随着时代的变迁已难觅踪迹，而宏佛塔、西夏陵园出土的大批黄绿琉璃制作的鸱吻、脊兽、筒瓦和滴水等建筑构件，都从一个侧面反映出西夏建筑的工艺水平足可与宋代建筑相媲美。

---

[31]   嘉禾《中国建筑分类图典》，化学工业出版社，2008年。

附　录

宏佛塔的建修年代和在西夏时的功能与地位

20世纪90年代，在宏佛塔拆卸维修工程竣工撰写维修工程简报时，以天宫出土物中时代最晚的西夏骨勒茂才著《番汉合时掌中珠》残页断代，确定是"西夏晚期建造的佛塔"。初始这一结论无法准确解读宏佛塔塔中发现的各类遗迹和承载的建修史迹。时隔二十余年，在整理宏佛塔拆卸维修考古资料和编写考古报告的过程中，结合文史资料，并联系加固维修中观察到的建筑遗迹细节，进行对比研究后，对西夏建构的宏佛塔有了新的认识。

（一）八角楼阁砖塔可能是李乾顺当政时重修之塔

西夏腹地兴庆府，地处地质构造断裂带。该地气候干燥多风，高大的砖木建筑与土木建筑，极易受损毁。据古文献记载，西夏时期影响全境的灾害性大地震发生过两次（乾顺雍宁五年，即1118年；仁孝大庆四年，即1142年）。两次大地震期间，余震经月不止，地裂泉涌，城郭房屋倒塌，人畜死亡者以万计，造成饥荒，西夏社会出现动乱。从勘测维修时，塔身上下发现的不同时期的构筑遗迹来分析，宏佛塔寺也未能免于震灾，遗存下来的残塔有可能是这两次震灾后重修之构筑。依据有以下四点。

第一，宏佛塔夯基垫层中有大量绿黄琉璃建筑饰件瓦碴。我们登记拍照整理这些瓦碴，编写考古报告时，将它们与西夏陵区3号陵与6号陵发掘出土的各类琉璃瓦件一一进行了对比，发现有些是寺庙殿堂或门楼上脊饰与吻兽残件，有些是西夏陵区未发现过的小件高浮雕或圆雕龙头龙身残件。其造型与制作工艺精湛，应是西夏前期皇家寺庙殿阁上或者塔身上特有的细部建筑装饰，因地震建筑倒塌摔砸断裂为残块。在灾后重修塔时，作为塔寺的传承物被其收集在一起，散置在塔基夯层内，以延续该寺塔在西夏独特的历史地位和传统。维修发掘时，在塔基夯层垫碴内，未发现西夏后期藏传佛教题材的砖瓦饰件与遗物，故此推测重修的这座八角楼阁砖塔的年代有可能是西夏中期。

第二，逐层落架拆卸宏佛塔上部覆钵式塔砌层时，未发现砖面上放置有钱币或他物，仅在拆卸到下部第三层八角楼阁式塔身的檐角第135层砖面与129层砖面上时，发现放置有17枚北宋铜钱（其中北宋发行最晚的1111年铸政和通宝1枚），继续拆卸其下各层砖面时，再未发现放置有其他物品。在两种不同造型塔身结合部位，八角楼阁塔的三层砖砌体塔檐砖面上，放置北宋钱币，未放西夏钱与辽钱，也未见金与南宋钱。这一迹象说明重修该塔时，是主持修塔工匠有意放置的信物，以此类钱币表明重修这座塔的时间，是北宋行将被金所灭的这段时间。而这正是李乾顺亲政后，金人灭辽未灭宋前这一历史节点。其是在灾害性大地震震毁原有构筑之后，李乾顺的重修之物。如若是西夏第二次大地震震毁后修建的塔，这些撒置在砌层砖面上的北宋钱币，就不会存在于砌层中了。故此推测八角楼阁式砖塔，是李乾顺在元德或正德年间（1119～1127）重修之塔。

第三，观察宏佛塔壁面有粉装彩绘遗迹，下部三层楼阁塔身上灰皮至少有两层，剥蚀裸露的内里塔身之二三层上，有彩绘与线刻图案，外层素面无饰。上部覆钵式塔壁上仅有素面一层灰皮。粉装层上的差异，说明下部塔身与上部塔不是同一时代的构筑，故在上部塔身坍毁后，增修上部覆钵式塔时，将塔身上下通体粉装。下部塔身壁面，原有彩绘图案的粉层被覆盖在下面。另从塔的构造形制差异来分析，一般覆钵式塔均为实心，而宏佛塔上部覆钵式塔，依其下部八角楼阁塔心室八边空筒式造型，对接砌筑至上叠涩封顶。同时，在拆卸塔身时发现，上部覆钵式塔身壁砌体，基本未见结构性裂变，而下部楼阁塔的壁体结构，不但有多条往上斜向纵深断裂，而且底层塔壁八面与八角砌体均有整体性断裂，表明下部塔体是之前地震造成的结构性破坏所致。此类遗迹说明，下部塔是西夏重修筑的砖塔，系第二次大地震未彻底损坏的三层遗构，与上部后期增筑的覆钵塔不是同期构筑。

第四，李乾顺自幼仰慕汉文化，在位53年，亲政40年。他亲政后，注重教化和治理，积极剪除后党干政，实行以军功政绩册封后妃与王侯的制度，加强中央集权统治，缓和社会矛盾，休战息兵，三次遣使赴辽请婚。崇宗贞观五年（1105）辽以成安公主与乾顺成婚。贞观八年（1108）成安公主生子，向辽报喜。贞观十一年（1111）令成安公主赴辽省亲，改善与辽宋和青唐吐蕃的关系，促进社会发展与进步，故臣下为其尚尊号为崇宗。他崇尚儒学，在西夏境内倡建孔庙设太学，行孝道，当境内多处发生水旱和地震灾害，命臣僚言过失，赈灾和修建城池与寺塔。文献中未详细记述修建城池与塔寺的名称地点，但从文物考古发现的金石文字记述中得知，西夏天祐民安四年（1093）乾顺帝和梁太后重修凉州感通塔；永安元年（1098）嵬咩思能国师主持在甘州修建迦什如来寺，永安二年梁太后卒，乾顺"辄供佛，为母祈福"，贞观三年（1103）赐寺额"卧佛"。西夏陵区李仁孝寿陵（7号陵）之西南方和5号陵（被推测为李乾顺的显陵）之正北方之间，被考定为三朝元老重臣的贵胄嵬名安惠的182号——梁国正献王陪葬墓，残碑记"崇宗践位"后"即命公（指献王）城中兴"。5号陵碑亭出土残碑中，有"先祖三"、"皇母"、"睡殿"、"净塔"等碑文字样残块，推测是指崇宗乾顺在1117年大震后，令梁国正献王主持修建损毁的府城和各处皇家建筑，重新修葺损毁的塔寺，将兴庆府更名为中兴府。这正是李乾顺与朝中重臣为中兴西夏，继承先祖父前三代修佛寺塔庙的事迹，在京畿地区敬佛事、行孝道、祈福禳灾所做的一件大功德[1]。八角楼阁砖塔为李乾顺朝内所为当无疑问。

（二）宏佛塔上部覆钵塔西夏晚期两次重修的构筑

覆钵塔出现在西夏晚期，已为西夏佛教建筑考古勘测所证实。在拆卸维修宏佛塔时，从覆钵塔刹座内的梯形槽室清理出土的众多装藏物中，发现粘有《番汉合时掌中珠》印页纸的泥团。据文献记载，西夏编印这部夏汉文对照字典的成书时间是1190~1191年，而将此书印制出来的印页粘连在泥团上，被装藏在覆钵塔刹座天宫内，肯定是在这此后的年代里。由此可以断定，增修的覆钵塔竣工于西夏晚期的乾祐二十一年之后，也就是仁宗李仁孝1194年病逝之前后。在拆卸维修施工中，还发现上部覆钵式砖塔刹座与相轮砌层砖，每层都是满铺满砌，中心未见预留塔柱木孔，也未见塔柱木遗迹。而自第19层开始往下至50层天宫槽室底，塔身砌体中心均预留塔柱木方孔，并残存塔柱木和柁梁木的遗存与遗迹，说明在覆钵式砖塔身中，原装设有中心柱木，往上卯接至刹顶以支撑宝盖塔顶。而刹顶遭毁增修刹座和相轮时，再未立塔柱木，仅用砖筑，将原增修塔柱木压存在其下。塔身上部发现的不同砌筑遗迹，说明西夏晚期增建覆钵式塔后，刹顶遭毁，又草率修复过一次，这也是西夏末期最后一次修复其塔。

经与西夏故地其他寺塔内考古发现的装藏遗存和遗迹对比，初步推测，宏佛塔晚期的两次建修，应是开始于仁孝在世之年，完工于其子桓宗李纯祐继位之后。推论依据有三点。

第一，20世纪80年代，宁夏文物考古部门在抢修清理几座西夏佛塔时得知，拜寺口双塔天宫中出土物是修塔竣工时，作为供奉物装藏在塔内；青铜峡一百零八塔群中出土物也是始建土塔时作为供奉物装藏在塔内；拜寺沟方塔炸毁后清理的出土物，也是西夏重修塔与后期粉装塔时供奉在塔里的。故此类装藏物中有西夏中晚期甚至蒙元时期的物件，不足为奇。虽曾经后代重新粉装，但结构未变。宏佛塔天宫装藏物经分析，有许多时代特征鲜明的遗物，如镇戎州军士敬奉给寺庙的用楷书汉字题写发愿黄绫长幡带，以及藏传佛教唐卡、镂雕供养人木板残块、高桶状覆钵

---

[1]　宁夏文物考古研究所编著《西夏陵》第三、四章，华夏出版社，1995年，115、131~139页。

式木塔模等，甚至包括印经木雕版，都是仁孝当政的几十年内，寺庙中供奉和印经使用（近代以来发现的各类西夏印本文献与佛经，多为这两朝编印的遗物）。另外，还有西夏前期寺庙内供奉传承下来的造像、佛画等物。因遇意外灾祸受损且幸存下来的这些圣迹，被虔诚的信士与僧侣收存起来，装藏供奉在增修的上部塔天宫内。这与西夏黑水城被俄国探险家发现的西夏土塔中的装藏物相似，是为了保护幸存的圣迹，将其封存在塔室内。宏佛塔天宫装藏除西夏文物，并无其他时代遗物。塔身遍体粉装层，也是与塔身竣工同时完成，并无后代再次粉装彩绘做功德的遗迹[2]。

第二，将宏佛塔天宫出土残存的藏密唐卡和木雕彩画板残块，与拜寺口双塔和青铜峡一百零八塔群中出土的唐卡，以及俄国探险队从西夏黑水城佛塔掘获的西夏唐卡等物相比较，其成画时间要早于这些晚期的作品，应是西夏后期的作品[3]。这说明其装藏的时间，也早于已发现的其他西夏佛塔，故说明上部覆钵塔的建修应在仁孝病逝前后。

第三，据天宫装藏的大量西夏文木雕印经残版、具唐宋中原风格的泥塑造像、金代军士做功德敬奉的发愿黄绫幡带等物分析，这些遗物只能是乾顺和仁孝与辽宋金、吐蕃结好时期，在寺庙中供奉传承下来或制作与使用的圣迹。李仁孝在位当政五十五年，兴文、重佛事活动，迎请卫藏地区大德高僧做法事。佛寺塔庙的建修是要经过精心策划设计和施工准备完备时，才能一步步构筑完成。宏佛塔上部增建为覆钵式塔，并将前代遭毁损的圣迹装入建修的天宫内，是为西夏祈福的大功德，只能是仁孝或其子纯祐为行孝做功德，或由仁孝赐封的"上师"或"国师"主持在三层楼阁塔身上增修覆钵式塔，以彰显藏传佛教在西夏后期的地位，报仁孝知遇之恩，将其装藏封存在塔上。绝非是李安全篡权之后，朝政混乱、与金人失和、蒙古人进攻劫掠的动荡年代能够完成的事业。而最后草率用砖修复的刹顶，可能是末代僧人应急所为。

综上所述，凝聚在建修宏佛塔身上的历史印记，与西夏王朝的兴衰相始终。其是西夏建修各类佛塔的历史映象与见证。

（三）明清时期对塔的维护

宏佛塔建成后有无修缮，明清方志中未见记载。从塔身底层后代补砌的砖中，发现明代大方砖。据此推测，明代对宏佛塔进行过加固修缮。又据塔外淤土中出土的铜铎铭文"康熙三十八年造"可知，清代对塔进行了一次维修。明清时期的修缮，主要是补砌受损的底层塔身、塔门，在底层塔身外筑支撑护墙、围筑夯土墙、修挂角木铎铃等，以维护塔身安全，防止倾圮。

---

[2]　宁夏文物管理委员会编著《中国古建筑·西夏佛塔》，文物出版社，1995年，76、102页。

[3]　台北"国立"博物馆《丝路上消失的王国——西夏黑水城的佛教艺术》，1995年。

（四）宏佛塔在西夏诸塔寺中的功能与地位

古代封建帝王建修佛寺塔庙，是国家官式建筑的一项形象系统工程，无论在前代寺址上重修，或者是在发生重大事件的历史节点和值得纪念的地点上兴建，均具有重要的象征意义、纪念意义与实用价值。据古文献与金石文字记载，宋真宗在定州建造开元寺与楼阁式料敌塔，辽圣宗在上京、辽兴宗在中京、辽道宗在西京建造的佛寺与楼阁式舍利塔，均经过精心策划设计，历经数年或数十年才完工。西夏亦仿效东朝与南朝，立国之后各代帝王先后精心策划，在其都城与辅郡之地兴建或重修寺塔，也经历数年或数十年才得以竣工。从获取的文物考古信息资料可知，拜寺沟方塔和宏佛塔是西夏诸塔寺中，与西夏王朝相伴始终，传承和延续时间最长的佛教建筑文化遗存。两者相比较，处在府城近郊的宏佛塔，凝聚和饱含的西夏历史文化信息，是远在贺兰山深处的方塔无法比拟的，凸显了这座塔在西夏诸塔寺中的重要地位。依据宏佛塔勘测维修时获取的多种文化信息，结合古文献对西夏历史，特别是西夏佛教文化史的记载，进行综合对比研究后发现，西夏历代帝王在该地，引进和仿效辽朝佛教塔寺建筑元素，建修这座有纪念意义的佛塔，与依附辽朝，维系其与西夏友好相处的战略姻亲互惠关系，有着直接联系。其依据如下。

第一，据宁夏明代志书记载，宏佛塔所在地的原潘昶乡王澄堡，是明代在元代仓廪旧址上传承使用的旧有堡寨，地近通鄂尔多斯的黄沙古渡。又据宁夏交通史学者鲁人勇考证研究，西夏兴建从兴庆府通辽的直道，行经此地，从而说明此处是古代西夏至元明时期粮草仓储与运输的集散地，又是西夏与河套地区各蕃部联系、与辽朝密切往来的水陆通道交汇枢纽。皇朝在此专设有迎宾的馆驿机构，并建有堡寨等官式建筑，故宏佛塔亦建在此处。这与兴庆府之西南方，西夏在黄河支流岔口的鸣沙洲建造皇家贮粮台和安庆寺永寿塔扼西南通道，南北遥相呼应。两者同处水陆交通枢纽和物资基地，实为异地同功，有管控王朝物资基地与门户之象征作用。

第二，据古文献记载，西夏早期曾五次向北宋求取大藏经，其中三次获得赎赠宋藏，后又向辽金求取过契丹藏与赵州藏。同时，秉常与乾顺时，又向辽回赠过回鹘僧人、金佛与百叶经。宏佛塔发现的西夏文木雕版，印证了该塔是西夏贮藏大藏经及译释和印行佛经的场所。

第三，据古文献记载，西夏自先祖李继迁到李乾顺，曾四度向辽朝皇帝请婚，除拱化五年（1067）谅祚求婚被拒外，三次成婚。辽封义成公主下嫁李继迁，兴平公主下嫁李元昊，成安公主下嫁李乾顺，前两任公主未见生育，且未得长寿善终，唯成安公主为乾顺生世子，并为辽被金灭（1125）痛国而亡故。西夏利用联姻的策略，与辽建立友好互助的同盟关系，对抗宋的压力和灭夏企图，获得生存与发展。辽代公主为悼念父母之邦的养育之恩，为国祈福与禳灾的地点，选定在兴庆府东北方，通辽直道旁辽邦使节往来必经之地，宏佛塔是最适合之地。义成公主下嫁党项贵族李继迁是辽圣宗统和七年（989），当时处在与宋争战的年代，不知所终。兴平公主下嫁李元昊是辽兴宗景福元年（1031），德明死元昊继位之后，穷兵黩武的同时，淫乐成性，兴平公主倍受冷落，被放逐在兴庆府东北郊寺庙，于元昊称帝时的1038年郁愤而终。李乾顺系忠孝信义之君，对成安公主护爱有加，当辽邦遭金兵围攻之际，于元德四年（1122）派三万兵去救辽，并派使臣去迎接辽朝皇室与贵族到西夏避难。李仁孝出生后，成安皇后视为己出，并为其取名"仁孝"。李仁孝成年当政，感念成安公主的贤德，做功德为皇太后祈福在情理当中。据此种种推断，李乾顺与李仁孝父子重修宏佛塔，也是为报答辽和成安公主的情谊，为辽与西夏祈福禳灾。

综合前文列举的宏佛塔构造形制、建筑材料与装藏物中，诸多辽塔的文化元素和悠久贮经、埋佛骨、做功德的传承，以及与西夏立国和契丹辽皇室的特殊关系，宏佛塔的兴建和重修，藏传佛教在西夏后期的影响和藏密艺术的传播，表明西夏宏佛塔是一处多功能的皇家塔寺，是西夏建筑史上一处重要的历史文化遗存，在西夏佛教史上，具有重要的特殊地位。在不同建修年代，其有不同的称谓，有可能是西夏文献和金石题刻中出现，尚未指明兴庆府中确切方位的戒坛寺，或者更名的大度民寺、大延寿寺、温家寺经院。（撰文：雷润泽　雷昊明）

宏佛塔的构造特征及与同期佛塔的异同

西夏立国的标志性建筑均是承袭了唐宋立国时的建制传统，依照其营造法式，聘用汉族工匠，进行规划设计，按照党项贵族的意志建造。西夏开国与中兴的各代帝王建修的佛寺塔庙亦不例外，基本上借鉴和仿效宋、辽、金朝帝王兴建与重修佛寺塔庙的成功实例，在两京之地建造了一些楼阁式塔。因降服了河西地区的回鹘各部，特别是西夏中后期实现了青唐联姻，改善了与吐蕃各部的敌对关系，密切了与吐蕃地区的友好交往。受西夏帝王的迎请，大批回鹘与吐蕃大德高僧的东来北上，将后弘期藏密建筑引入西夏境内，覆钵式构造形制的塔，渐次兴起。同时，受周边战略环境变化的影响，西夏一度与辽金关系密切。辽金兴起的密檐式塔，影响了西夏建修佛塔的形制，其在后期亦建修了几座密檐塔。我们以西夏宏佛塔为典型案例，运用类型学排比研究的方法，将之与同期及其后的古塔考古勘测实例进行比较研究，剖析其多元建筑文化内涵，揭示出和谐交融的时代特征、地域特征、民族特征。

（一）宏佛塔与同期复合变体砖塔构造、形制的异同

与宏佛塔构造外形类似的佛塔，在中国古塔之林中共有三座，即辽宁大城子塔、北京云居寺北塔、天津独乐寺白塔。据构造形制对比分析，各有传承、地域与民族差异。

（1）辽宁喀喇沁左旗大城子镇内大城子塔，是一座建于辽代的八角七级下楼阁上密檐式有台座的复合变体塔。它完全承袭了辽早期楼阁式砖塔与辽中期密檐式砖塔的构造传统，将辽塔的构造特征集于一身。与宏佛塔比较，其塔下部同为楼阁式，上部取自当时本地塔的流行造型构建。塔身上下构造与装饰截然不同，彰显了各自王朝佛塔的构建传统（附图1）。

（2）北京房山云居寺北塔，建于辽代，下有塔座和两层八角楼阁塔身，上为十字折角座覆钵式塔的复合变体塔，与宁夏贺兰县潘昶乡建于西夏的宏佛塔外形结构有点相似。但该塔下有典型辽代须弥塔座和塔檐平座，上有鼓腹塔身的覆钵式塔，与宏佛塔上下构造装饰完全不同

附图1　辽宁喀喇沁左旗大城子镇大城子塔　　　　　　附图2　北京房山云居寺北塔

（附图2）。

（3）天津蓟县独乐寺白塔，重建于辽清宁四年，下须弥座上八角楼阁式单层塔身上构建一叠涩束腰座覆钵式塔。这一复合变体塔塔身上下构造形制与装饰，既不同于云居寺北塔，也不同于宏佛塔。云居寺北塔上覆钵式塔塔型接近宏佛塔上部塔型，而独乐寺白塔上覆钵式塔型接近流变的蒙元时期塔型（附图3）。

据有关资料介绍，始建于辽代的这两座复合变体塔上部的覆钵式塔，是金代在原建的楼阁式底层塔身上后加筑的[1]。这与宏佛塔身上下构筑情况相契合。宏佛塔是西夏两种流行的构造形制

[1]　国家文物局主编《中国文物地图集》中《辽宁分册》、《北京分册》、《天津分册》，全国重点文物保护单位介绍与各塔名目。

 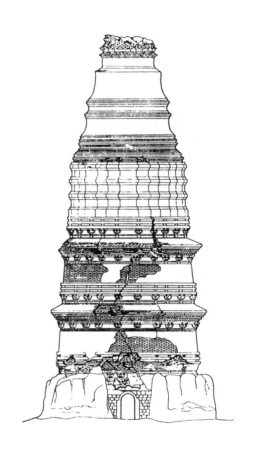

附图3　天津蓟县独乐寺塔复原图　　　　　　　　附图4　宁夏贺兰县宏佛塔立面图

塔的复合体（附图4）。云居寺北塔与蓟县独乐寺白塔，其塔上塔的构造形制，并不是辽金地域流行的塔型，与流行的下塔复合于一体，是两王朝古塔遗存中的孤例，辽金故地再未曾见到辽金时覆钵式塔。

（二）宏佛塔下部楼阁式塔是西夏最先兴建的塔型与主流构筑

楼阁式塔是中国内地最早出现的塔，据史志文献记载，在汉魏之际的祠寺中已经出现，但无遗存可寻，仅洛阳北魏都城中永宁寺塔基址尚存。经中国社会科学院考古研究所组织勘测与考古发掘得知，这是一座方形楼阁式木塔（附图5）。依据洛阳北魏孝明帝熙平元年（516）灵太后胡氏在都城中倡建永宁寺九级楼阁式木塔基址数据资料，古建专家绘制出该塔的复原图，展现出

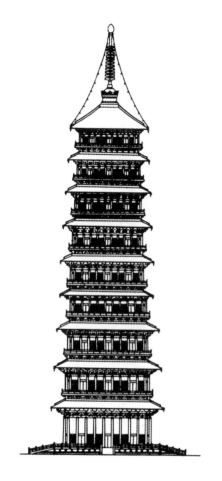

附图5　河南洛阳北魏熙平元年（516）
永宁寺九级楼阁式木塔复原图

昔日古塔的雄姿，为人们识别楼阁式塔提供了参考[2]。根据国务院公布的全国重点文物保护单位名单统计，各地保存下来的隋唐、五代至宋代楼阁式佛塔比北朝时期多[3]。其包括西安仙游寺法王塔（隋开皇十八年，598年）；大雁塔（永徽三年，652年）；兴教寺玄奘塔（唐高宗总章二年，669年）；河北定县开元寺塔（始建于宋真宗咸平四年，1001年）；河北景县开福寺舍利塔（北宋）；陕西旬邑县泰塔（宋）；内蒙古释迦佛舍利塔（辽圣宗太平十一年，1031年）；山西佛宫寺释迦塔（辽清宁二年，1056年）；内蒙古万部华严经塔（辽中晚期）。

据宋代之前的楼阁式塔遗构实例观察，其中有方形塔、八角形塔，有木塔，有砖木混构和仿木构砖塔。其共同特点是空筒结构，各层塔身装设有塔檐和隐砌筑出的柱枋、简单斗栱、额枋和门窗与盲龛等。西夏统治者党项贵族在迁徙与崛起立国的过程中，对中原王朝周边各地的佛塔构造形制，应有深刻印象。

1. 西夏构筑的楼阁式塔

据碑石文字与文献记载，西夏前期创建和重修的佛塔，承袭中原唐宋的传统，借鉴宋辽塔中早期造型，均为楼阁式塔。迄今尚未见到完整的原建实例，能见到的唯一实例，就是幸存下来的宏佛塔下半身三层楼阁式塔。另外，还有西夏石窟寺壁画中的楼阁式塔遗迹，以及在其西夏佛寺原址上，明清重新修复的几座构筑（据考证应是在旧址上仿原塔形制而复建的楼阁式砖塔）。

（1）坐落在银川市老城西南隅的西夏皇家寺院承天寺内承天寺塔，始建于西夏天祐垂圣元年，福圣承道三年（1055）竣工后，不幸毁于清乾隆三年银川大地震。塔位于寺内中心位置，高64.5米，系嘉庆二十五年（1820）在原址上重建（附图6）。

（2）坐落在宁夏回族自治区中宁县鸣沙镇黄河东岸台地废寺内安庆寺永寿塔，是始建于西夏毅

[2]　中国社会科学院考古研究所著《北魏洛阳永宁寺（1979～1994年）考古发掘报告》"木塔"节，中国大百科全书出版社，1996年，13～15、141页。

[3]　国家文物局主编《全国重点文物保护单位》Ⅲ卷（第一～五批），文物出版社，2008年。

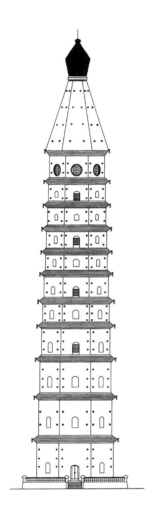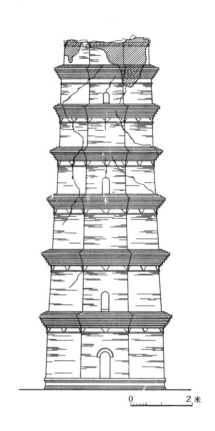

附图6　宁夏银川承天寺塔东侧立面图　　附图7　宁夏中宁永寿塔未加固维修前残塔实测正立面图

宗谅祚时期的一座八角楼阁式砖塔，俗名鸣沙塔。其毁于明嘉靖年地震，残塔系明隆庆四年重修（附图7）。

（3）坐落于银川市北郊的海宝塔，据明清宁夏地方志书记载："相传建于汉晋之间"，"东晋赫连勃勃所建造"，故名"赫宝塔"（附图8）。原建塔毁于康熙年间大地震，乾隆三年修复，后遇强震坍毁，现存系乾隆四十三年重修遗构[4]。塔位于寺内中心位置，通高64米，塔身高54米，9层。两层台座高近10米。塔身四隅向内折两角，平面呈"亚"字形。塔身四面正中出轩，形成三开间三门五立面，具有极强的立体感。在现存中国古建筑楼阁式塔中为独有的实例。

---

[4]　雷润泽《宁夏佛塔的构造特征及其传承关系》，姜怀英《宁夏佛塔的形制和结构》，《中国古建筑·西夏佛塔》，文物出版社，1995年，16、30页；现藏海宝塔寺院《宁夏卫重修海宝塔记》碑。

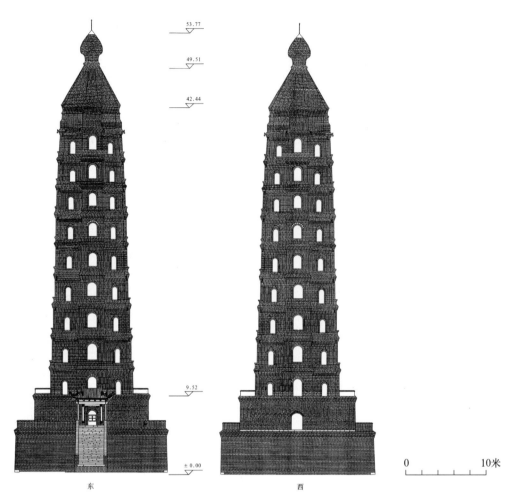

附图8　宁夏银川海宝塔立面图

　　（4）坐落在宁夏平罗县姚伏镇、西夏定州旧寺址内田州塔，平面为六角形，高七层，约38米，底边长7.5米，由过洞式塔座、七级楼阁式塔身和覆钵式宝顶组成，空心筒壁结构。该塔系明代重修的砖塔。

　　（5）宁夏石嘴山市大武口区武当山的寿佛寺多宝塔是与海宝塔的形制颇为相近的一座塔。塔高25米，边长5.25米，平面呈"亚"字形，五层，四壁出轩。每层塔身各面置有卷门和佛龛，刹座为覆斗形，上承桃形攒尖宝顶。武当山寿佛寺现存砖塔系清康熙年重修。据武当山寿佛寺门前清代《武当庙建立狮子碑记》碑文称，此寺"乃西夏名蓝"。说明该寺自西夏以来就是一处知名佛教景观（附图9、10）。

　　（6）西夏楼阁式塔的图像遗迹。在西夏创修的安西榆林窟第3窟东壁壁画中保存有三座塔的图像。图像中的每座塔下有低台基，台基正中设阶道。塔身七层三开间，塔顶绘束腰座上，承

附图9　宁夏石嘴山寿佛寺多宝塔

附图10　宁夏石嘴山寿佛寺多宝塔

载下弛上尖较粗壮的相轮，轮顶覆有大宝盖，盖上出刹立宝珠[5]。该图像完整地勾画出西夏楼阁式塔的构造特征（附图11）。其形象与敦煌莫高窟第61窟西壁五代后晋所绘五台山图中的木塔接近。依据考证该窟的凿造与壁画绘制，系西夏中晚期的作品，承袭的楼阁式塔型系中原唐制[6]。

　　此类塔的共同特点是塔身作多层楼阁状，平面呈方形，或八角形，或六角形，或四面出轩的"亚"字形。塔内呈空筒形结构，各层塔身筑有叠涩檐、平座，隐出柱枋或简单的斗栱。各层塔身上开设有门窗、盲龛。塔心室内有折上式楼梯与楼板，可登临。均构筑有地宫，埋葬供奉佛骨舍利。刹顶装设有宝顶伞盖、刹竿。其塔分木构、砖木混构、砖构三种[7]。宏佛塔塔身下部仿木构八角楼阁式塔型，正是继承了此类早期塔的构造特征和传统而建造，代表了西夏官式建筑的主流形制。

---

[5]　敦煌研究院编《中国石窟·安西榆林窟》，文物出版社，1997年，144页与244页图文。

[6]　宿白《西夏古塔的类型》，文物出版社，1995年，《中国古建筑·西夏佛塔》，1～15页。

[7]　雷润泽《宁夏佛塔的构造特征及其传承关系》，《中国古建筑·西夏佛塔》，文物出版社，1995年，22页。

2. 宏佛塔下部楼阁式塔的构造特征及与辽宋塔的异同

宏佛塔下部楼阁式塔，从塔的建制与构造形制上彰显出辽宋早期楼阁式塔的基本要素，但仔细剖析其细部结构与装饰，就会发现在类似的外廓身影中，凸显出不同的时代风格和地域特点，构造形制上差异较大。

（1）与辽代楼阁式塔的异同

辽代建修的密檐式塔多，楼阁式塔数量较少，且多集中在与西夏东北部边境相接壤的地区。辽塔构造形制与饰装风格整齐划一，变化较少。宏佛塔下部八角形楼阁式塔身、叠涩塔檐、隐出的柱枋、阑额、斗栱等构造形制，与临近辽代地区的几座楼阁式塔基本相同。

然辽楼阁式砖木塔身上分层开设有门窗，说明辽塔塔心室内有折上式楼梯可登临。塔身各层壁面均有浮雕等各类装饰，并有须弥座式塔台，且其塔心室内部构造复杂，这些是西夏楼阁塔无法比拟的。辽代楼阁式塔既挺拔率直，又显现出浑厚凝重。宏佛塔楼阁式塔身不但显得简单，且集楼阁式塔与密檐式塔双重特点，塔身叠涩檐宽厚，使塔身显得短矮，不开门窗，又与宋辽楼阁式塔不同，反映出从木塔向砖塔转化，由楼阁式塔向密檐式塔过渡的构造特征。

附图11　安西榆林窟第3窟东壁南侧五十一面千手观音变（西夏）　　附图12　内蒙古释迦佛舍利塔

附图13　山西应县木塔剖面图

附图14　内蒙古呼和浩特万部华严经塔立面图

（2）与宋代楼阁式塔的异同

宋代建修的佛塔种类繁多，建造技艺娴熟，造型秀美，尤以楼阁式塔数量最多，且构造形体与饰装南北差异较大。其构造有壁内折上式、穿心式、穿壁绕平座式、套筒回廊式多种。北宋在北部与西部地区建造的塔对西夏影响较大。经勘测维修宏佛塔得知，其下部塔身为八角形平面布局，略有收分，叠涩檐口上下较为宽厚，并在每层楼阁倚柱柱头和平座皆装设仿木构的砖雕阑额、普柏枋。其上皆施一斗三升交麻叶斗口跳简单铺作。特别是补间斗栱两朵、转角斗栱一朵，应沿袭的是宋天圣年间（1023～1032）晋祠圣母殿的木作制式[8]，说明其制式与营造法式，均系仿北宋楼阁塔的作法。据宏佛塔八角楼阁式塔身与塔檐平座造型结构和体量观察，与地近西夏党项始建于北宋年间旬邑县泰塔和元符年间（1098～1100）甘肃东华池塔十分相像[9]。楼阁塔身层级较短，而塔檐与斗栱和平座阑额较宽厚。塔身往上收分较小，略显粗壮，与后期高显、挺拔的楼阁式塔有差异（附图12～18）。

[8]　宿白《西夏古塔的类型》，《中国建筑·西夏佛塔》，文物出版社，1995年3、4页。

[9]　国家文物局主编《全国重点文物保护单位》I、IV卷，文物出版社，2008年。

附图15　河北定县开元寺塔

附图16　河北景县开福寺舍利塔

附图17　陕西旬邑泰塔

附图18　甘肃华池东华池塔立面图

西夏楼阁式塔的建制和构造形制，叠涩檐口上下装设的柱枋、阑额、斗栱都是仿宋塔营造法式建造。除宏佛塔下部楼阁式塔身之外，在西夏寺庙旧址上重修重建的楼阁式塔，其构造形制，如北宋的料敌塔、舍利塔，均体现出挺拔、高显、聚集的风格。

西夏宏佛塔塔身虽然具有宋塔的基本特征，但不设门窗，叠涩檐宽厚。其构筑具密檐式塔檐塔身的特点，反映了西夏中期佛塔由楼阁式向密檐式转型的过渡性特征。这与宋塔有较大差别。宋塔中密檐式塔罕见，金人灭北宋后，继承了辽代建修密檐式塔的传统，在黄河流域一带建造了许多密檐式砖塔，对西夏中后期建修佛塔有影响。宏佛塔与拜寺口双塔、康济寺塔的修建，正是受此风影响的产物。

（三）覆钵式塔是西夏佛塔后期兴起的新造型

覆钵式塔是中国古塔中最接近古印度窣堵波的一种佛塔，尤其与印度笈多王朝时期石窟寺中的佛塔造型更为相似，有人俗称"始生塔"。这种形制的塔，5~6世纪在中国石窟雕刻与壁画上曾出现过，但完整的建筑遗构未曾发现，仅在西部早期佛教建筑遗址中出土此型石造像塔，如吐鲁番寺庙遗址出土的北凉宋庆石塔、酒泉石佛湾子出土的北凉马德惠石造像塔和高善穆石造像塔等，保留了较多犍陀罗覆钵式塔的造型特征（附图19~21）。

这种塔在北朝至隋唐之际并未流传开。目前所见覆钵式塔，最早的遗存实例是西藏山南地区扎囊县桑耶寺附近，建于8~9世纪的四座用整块巨石雕造而成的黑、红、绿、白色塔，还有拉萨

附图19　北凉宋庆石塔　　　附图20　北凉马德惠石造像塔　　　附图21　北凉高善穆石造像塔
（吐鲁番寺庙遗址出土）　　　　（酒泉市石佛湾子出土）　　　　　（酒泉市石佛湾子出土）

1

2

3

4

附图22　西藏桑耶寺四塔及平面图塔底

1.白塔　2.红塔　3.黑塔　4.绿塔

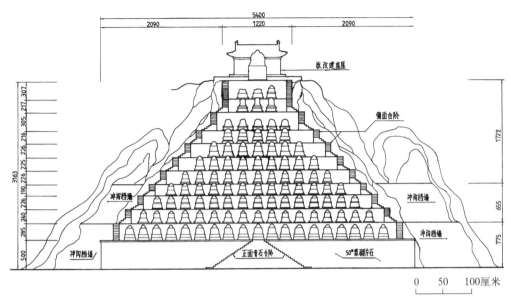

附图23　青铜峡一百零八塔立面图

布达拉宫下法王洞的石塔。桑耶寺四塔位于乌策大殿外四隅（附图22）。

桑耶寺四塔是吐蕃前弘期中心佛寺的建筑遗存，成为9～11世纪后弘期，宁玛、噶当噶举、萨迦、格鲁派在藏区建造大德高僧佛塔的范本。阿里地区托林寺内存放仁钦桑波（958～1055）遗体的佛塔，对此塔，藏语称"觉顿"，因11世纪噶当派兴盛故称"噶当觉顿"，俗称喇嘛塔（因称藏区大德高僧为喇嘛，其埋灵骨的塔亦其名）。又因其"取军持之象"，亦称之为瓶形塔[10]。

1. 覆钵式塔在西夏各地的流传与建造

西夏立国之后，妥善处理了与河西各部回鹘的关系，并与西州回鹘建立友好交往关系，建寺塔贮藏大藏经，迎请回鹘僧为其译释佛经，讲经做法。回鹘地区佛教建筑对西夏亦有深刻的影响。西夏党项与吐蕃本就有密切接触和渊源关系，西夏自乾顺朝与吐蕃青唐联姻，打通了西夏与吐蕃腹地的联系，到仁孝时期藏传佛教各派高僧纷纷北上西夏，受到皇室尊奉和礼遇。西夏王朝的统治者，为了在党项、藏、回鹘、契丹与汉族中树立权威，施加影响力和凝聚力，将藏传佛教和藏传佛教文化引进到西夏境内，并把覆钵式塔作为顶礼膜拜的构筑，引入葬制、葬俗中，将陵台与陵园地面建筑修造为佛塔的形体。在皇室倡导引领下，西夏辖境各地军民纷纷效仿尊崇，在

---

[10] 宿白《西藏山南地区佛寺调查记》，《藏传佛教考古》文物出版社，1996年，60、61页；姜怀英《宁夏佛塔的形制与结构》，《中国古建筑·西夏佛塔》，文物出版社，1995年，36页。

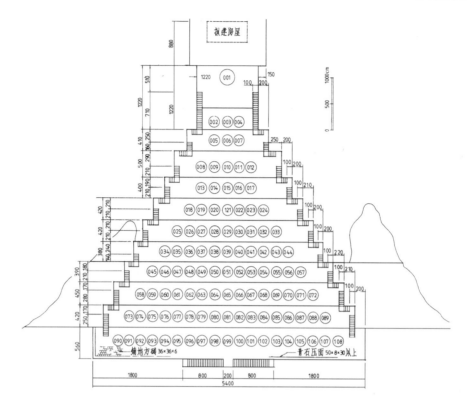

附图24　青铜峡一百零八塔设计图

各地因地制宜，大肆修造，使西夏各类覆钵式塔迅猛发展起来。由于此类塔体量小，便于利用当地土石砖木材料建造，在遵循吐蕃后弘期藏传佛教兴起的覆钵式塔原形的基础上，依据各族信奉的佛教教义和礼仪之需要，突破了吐蕃后弘期卫藏地区的规制，进行创意建造，因而出现了各种样式的覆钵式塔。从西夏故地各类土塔图像资料可以看出，其中有灵骨塔、庙塔，有空心塔、实心塔，有排列规律的塔群和无排列规律的塔群，有石塔、砖塔、土塔、木塔、石刻塔、陶塔，林林总总，遍布西夏故地。西夏故地保存下来的各类覆钵式塔，都能从卫藏或西州回鹘之地古塔中找到原形。

（1）西夏都城近郊的覆钵式塔

宁夏贺兰宏佛塔楼阁式塔身上的覆钵式塔、青铜峡一百零八塔和拜寺沟口双塔院北坡上的土塔群，是各型覆钵式塔最典型的实例（附图23～25）。它们传承了卫藏地区覆钵式塔的四种基本造型。

（2）敦煌莫高窟第285窟内西夏泥塑塔和窟前党河两岸的覆钵式土塔

在敦煌莫高窟西夏修葺装銮的第285窟左、右两壁相对的4座小窟门前的南北窟门口残存着三座泥塑覆钵式塔的遗迹（附图26），而在莫高窟前党河两岸的台地和沙山丘上，散落着许多各种

附图25　拜寺口双塔院北覆钵式土塔群（西夏）

附图26　莫高窟第285窟西夏塔

附图27　莫高窟前党河东南岸各种形制土塔（西夏至蒙元）

附图28　科兹洛夫1908年拍摄的黑水城遗址中的土筑佛塔

附图29　黑水城遗址中的土筑佛塔（西夏至蒙元）

附图30　黑水城遗址中的土筑佛塔
（西夏至蒙元）

附图31　宏佛塔天宫藏木塔　　　　　　　附图32　黑水城佛塔出土舍利塔（科兹洛夫盗掘）

形制的土坯塔，多数为十字折角座覆钵式土塔，也有方形四坡攒尖顶空心土塔、圆形尖锥顶空心土塔、八角形花土塔。其中有些是空心塔，在塔室彩绘有壁画和西夏文题记与泥塑，实心塔身有粉装彩绘（附图27）。

（3）西夏黑水城地区的覆钵式土塔

在内蒙古额济纳旗西夏黑水城内外与城上、绿城、红庙、小庙遗址中，残存着许多大大小小的覆钵式土塔。此类土塔都有方形或十字折角大塔座，上覆钟形或圆球形塔身和相轮宝顶，均为黄土夯筑和泥块版筑与土坯砌筑的技法构筑。塔中辟有塔心室，绘制壁画、塑供佛像，装藏有佛教经卷咒语（附图28～30）。

（4）西夏石刻塔与木塔模

此型石刻塔亦出现在西夏至蒙元时期开凿的一些石窟寺窟龛内和山崖岩刻中。其木塔模也在西夏遗址的出土物中发现，如宏佛塔天宫出土的木塔模，科兹洛夫从黑水城遗址中佛塔内盗掘的彩绘木塔模（附图31、32）。

附图33　宏佛塔天宫藏彩绘绢质八相塔图　　附图34　金刚座佛与五大塔（12～13世纪唐卡）

附图35　安西榆林窟第3窟
南壁东侧观音曼荼罗壁画

（5）西夏覆钵式塔的图像遗迹

除建筑与石刻遗存外，此型塔的图像遗迹亦出现在西夏佛塔出土的胶彩佛画中。如宁夏宏佛塔出土的一幅《八相塔图》残画中有八座两侧有西夏文与汉文榜题的灵塔，就是此型塔的典型[11]。俄国探险队从黑水城土塔中获取的西夏绢质佛画中，也有一幅类似的《八大灵塔图》，其中八大灵塔图形较完整[12]。此类塔的图像还出现在西夏开凿的安西榆林窟第3窟南壁东侧观音曼荼罗壁画中（附图33～35）。

综上所述的西夏覆钵式塔，尽管种类庞杂繁多，但基本构造特征和构筑元素包括十字折角座或束腰方座与八角座及圆座、覆钟式或圆形塔身、塔身上有束腰座与相轮宝顶（噶当觉顿塔顶）。而宏佛塔身上的覆钵式砖塔应是此类塔中最为流行的造型。

2．宏佛塔上部覆钵式砖塔的构造特征

西夏故地遗存至今的覆钵式塔，多为西夏后期及蒙元时期建造的土塔。因体量矮小，就地取材，方便建造，受传统亭式塔、叠涩尖锥塔、金刚宝座塔的影响，一些塔在构建时掺杂其他构造元素，使此类塔的形体和制式呈现出庞杂的景象。细心剖析其结构，大体上还是承袭了卫藏地区桑耶寺早期建造的黑、红、绿、白塔的古制和古格王朝佛塔的遗风，同时又糅合进西州回鹘时期佛塔的影响，故西夏覆钵式塔的构造形制不是卫藏地区覆钵式塔简单的移植，而是中国覆钵式塔在西夏传承时的创新与发展。依据西夏故地各地文物考古部门公布的覆钵式塔勘测资料，按其建筑类型，可将西夏覆钵式塔归纳为以下四种形制。

（1）覆钟状塔身覆钵式塔

此型塔的塔身作覆钟状，塔座平面呈方形、圆形、十字折角形，覆钟塔身上饰仰莲座的相轮、宝盖与宝珠。年代较早的形制简单，呈三角形；年代晚的塔座较高，塔身覆钟高长。此类塔的原型是桑耶寺的黑塔。西夏故地残存的覆钵式塔中，此型较多。最典型的实例是位于银川近郊宏佛塔塔身上部覆钵式塔。青铜峡一百零八塔群中也见有此型塔，其次在内蒙古额济纳旗黑水城、绿城遗址中也散布此型土坯塔[13]。此型塔的刻石遗存在西夏故地发现较多，如位于宁夏石嘴山市贺兰山涝坝沟口北崖上的浮雕石刻塔。

此型塔的图像遗迹，也出现在西夏故地佛塔中出土的西夏与蒙元时期的一些佛教绘画与版画，以及西夏与蒙元时期装銮绘制的石窟壁画中。这说明该型塔在西夏晚期至蒙元时期的西夏故地很盛行。

[11]　宁夏文管办编《中国古建筑·西夏佛塔》"贺兰县宏佛塔"，文物出版社，1995年，61、193页。

[12]　台北历史博物馆编《丝路上消失的王国·西夏黑水城的佛教艺术》，1996年，119页。

[13]　国家文物局编《中国文物地图集·内蒙古分册（下）》，641、642页，13～16条。

（2）高桶状塔身覆钵式塔

此型塔的塔身作高桶状，塔座有束腰圆形、束腰十字折角形与六边形、八边形，塔顶多作带束腰座的"噶当觉顿"式刹顶。从形体外廓看，圆润高如桶状。遗存实例：一是西夏宏佛塔天宫出土的小木塔，另一是俄国探险队从黑水城古塔掘走的彩绘小木塔。

该型塔的图像，保存在安西榆林窟西夏创建的第3窟南壁东侧六臂观音曼荼罗壁画正中塔龛上，唯塔身较宽，相轮之上施仰月、日轮与基座作十字折角形[14]。另安西东千佛洞第5窟东壁绘此型塔，相轮短，宝盖大，束腰基座简单。就其形制论，似较前者为早。

（3）塔身略作球状的覆钵式塔

此型塔的塔身略作圆球状，基座有叠涩方形、六边形、八角形、十字折角形、圆形等多种，塔顶多为束腰"噶当觉顿"，伞盖宝顶，原型出自西藏桑耶寺红塔。西夏故地此型覆钵式塔的遗存较多，都城兴庆府周围的贺兰山下青铜峡一百零八塔群、拜寺口双塔塔院北坡台地塔群中都有发现。在甘肃河西地区和内蒙古额济纳旗黑水城、绿城遗址附近也有遗存。

此型塔的图像遗迹亦出现在西夏佛塔出土的胶彩佛画中，如宁夏贺兰潘昶宏佛塔出土《八相塔图》残画中八座两侧有西夏文与汉文榜题的灵塔，就是此型塔的典型[15]。俄国探险队从黑水城土塔中掘获的西夏绢质佛画中，也有一幅类似的《八大灵塔图》，其中八大灵塔图形较完整[16]。莫高窟第465窟前室西壁元代典型球状塔身图像的壁画承袭了西夏的遗风。

（4）扁圆状塔身覆钵式塔

此型塔的塔身呈扁圆状，或折腹扁圆状，基座有叠涩方形、六角形、八角形、十字折角形，塔顶多为束腰"噶当觉顿"式宝顶。其原型出自西藏桑耶寺绿塔与白塔。此型塔的图像遗迹，曾出现在莫高窟东岸一残土塔内的西夏文印本《妙法莲华经观世音普门品》上。青铜峡一百零八塔群北侧一残塔基址内也出土八页西夏文印经残页，其中一残页中有此型塔的图像。

宁夏固原须弥山石窟的松树洼区第112窟和第114窟内各凿刻一塔，由叠涩式基座和扁圆形塔身与方形相轮座刹顶构成一完整的覆钵式塔。该石窟各洞窟内多处有唐、宋、西夏、金纪年年号的题记、古藏文题记，说明这座独一无二的塔窟很有可能是党项或藏、西夏僧众所为[17]。

内蒙古鄂托克旗阿尔寨石窟窟间崖壁上浮雕覆钵式塔24座、楼阁式塔1座。其覆钵式塔亦属扁圆状塔身。

---

[14] 敦煌研究院编《中国石窟·安西榆林窟》，文物出版社，1997年，153页。

[15] 《中国古代建筑·西夏佛塔》，文物出版社，1995年，61、193页。

[16] 台北历史博物馆编《丝路上消失的王国·西夏黑水城的佛教艺术》，1996年，119页。

[17] 宁夏文管办编《固原须弥山石窟》，文物出版社，1988年，161页112窟、162页114窟。

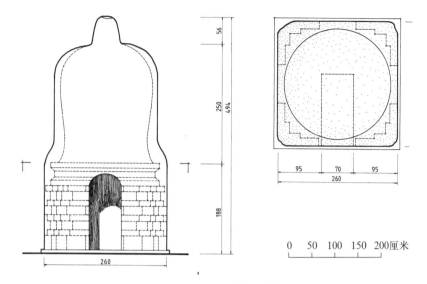

附图36 青铜峡一百零八塔1号塔平、剖面图

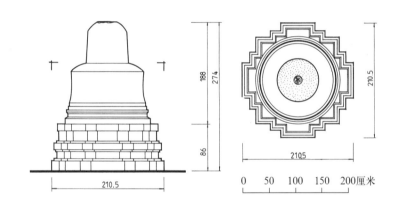

附图37 青铜峡一百零八塔99号塔平、剖面图

　　上述四种类型的覆钵式塔中，以宏佛塔上部覆钟状为代表的第1种塔身和第3种塔身略作球状的形制为多。第1种是西夏后期兴起的主流造型，而第3种球状塔型是较晚（西夏末至蒙元）兴起的塔型。

　　纵观西夏故地各类覆钵式塔遗存实例，以宏佛塔上部覆钵式砖塔造型为代表的类型为最多，流传最广，应是西夏覆钵式塔的先导形制和主流造型。如青铜峡一百零八塔群中，此型塔有十字折腰座上塔、八角束腰座上塔七排共85座之多（附图36～41）。建在十字折角束腰须弥座上的覆钟式塔有20座，即第一级平台（最上层）上开有券门龛的塔和第十二级平台（最前一排）上的19座塔，以99号塔为例，塔残高2.74米。十字折角束腰座，高0.86米，座宽2.1米。塔身平面为圆形，腹部微向内收，高1.12米，塔刹残，高0.76米。建在八角束腰须弥座上的球状塔有23座，即

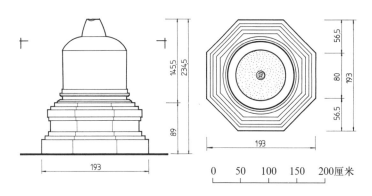

附图38 青铜峡一百零八塔29号塔平、剖面图

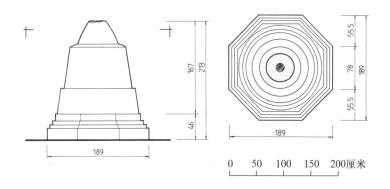

附图39 青铜峡一百零八塔39号塔平、剖面图

附图40 青铜峡一百零八塔中保存较完好的土坯塔

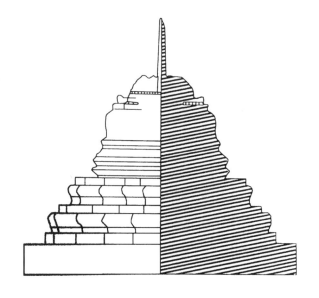

附图41 小庙遗址覆钵式塔立、剖面示意图

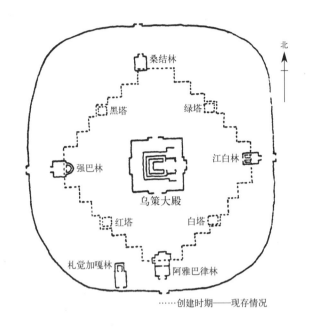

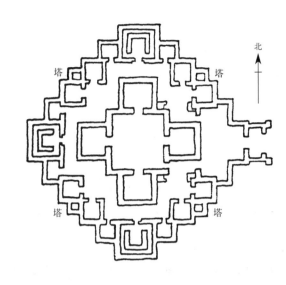

附图42　西藏桑耶寺平面示意图　　　　　附图43　西藏阿里托林寺迦莎殿平面示意图

第二级与第三级平台上各3座，第四级与第五级平台上各5座，第六级平台上7座塔；建在八角束腰须弥座上的桶状塔有9座，即第七级平台上9座塔；建在八角束腰须弥座上的折腹式塔有56座，即第八级平台上的11座，第九级平台上的13座，第四级平台上的15座，第十一级平台上的17座诸塔。又如西夏黑水城遗址区中的绿城双塔、小庙覆钵式塔等均属于此类造型。此类造型的覆钵式塔结构清晰匀称，分为三部分，即塔座（十字折角、八角、方、圆），覆钟形塔身，十字折角座相轮顶。塔的体量适度，造型凝重、浑厚，并设置有塔心室，埋藏或置放供奉物，体现了佛教极乐世界的三界意境，体现了塔即是佛、佛即是塔的建筑理念。此即从印度与尼泊尔引导到卫藏地区首先兴起的始生塔与藏传佛教建筑原形的传承和创新（附图42、43）。

　　3. 宏佛塔上部覆钵式砖塔与同时代覆钵塔的异同

　　宏佛塔上部覆钵式砖塔的构造形制，闪现了许多与西夏相接西部地区佛教建筑遗存和遗迹的影子。

　　（1）与周边地区同期古塔相比较，首先体现在塔的平面布局上。塔底平面的十字折角座，还是刹顶座，建构的平面布局都是卫藏地区佛塔与殿堂（拉康）建筑普遍传承和流行的平面布局。

　　西州回鹘时期许多佛塔塔身平面亦是此种布局，如高昌古城中和柏孜克里孜石窟前回鹘修筑的十字折角座土塔。显然以宏佛塔上部覆钵式砖塔和众多西夏土塔为主的造型与构筑手法，是先从西州回鹘那里，受藏传佛教早期建筑平面布局影响，而陆续建修的构筑物。

（2）其次体现在塔身和塔顶的造型上。覆钟状圆形塔身和厚重略呈三角形的噶当觉顿塔刹宝顶，都是来自藏传佛教噶当派强势时的建筑原型。

（3）以宏佛塔上部覆钵式砖塔为代表的西夏后期主流塔型，在构造形制上，与同期同类造型的佛塔差别是：河西地区和西州回鹘时期此类覆钵式塔多有塔台，塔座高大，塔身短小，并渐变为圆球形、扁圆形；塔刹顶部变得尖细，呈尖锥状，彰显出西夏覆钵式塔向蒙元转型的时代风格。故在蒙元时期中国北方地区兴起建修覆钵式塔的浪潮，使该型塔遍及北方各地，成为蒙古人、女真人倡导的佛塔造型。

纵览西夏故地遗存至今的古塔，以楼阁式塔和覆钵式塔数量最多，分布流传得最广。其中以宁夏黄河两岸最为密集，构造形制与种类最为丰富。始建于西夏的宏佛塔与一百零八塔群，为这两种构造形制最早的建筑遗存，也是在中国古塔之林中，实属罕见的两个孤例。西夏继承了中国古塔建修传统，在西夏境内最先建造修复的佛塔，亦是楼阁式塔。其亦继承了中国西部地区建造覆钵式塔的传统，将各种覆钵式塔，以有序的排列组合方式，共筑在一处，构建出寓意佛教莲花藏世界的一百零八塔大塔群，并将覆钵式塔与楼阁式塔修筑于一体，创新成复合变体式砖塔，引领和带动了这两类塔型在西夏故地遍布建修流传，影响了元、明、清北方地区佛塔的构造形制，起到了传承与创新发展中国塔文化的积极作用。（撰文：雷润泽　雷昊明）

存世早期文字木雕版考

（一）文字的创制和印刷术的发明

人类创造文字是文明发展的重要标志，甚至可以说是文明社会产生的标志。文字是人类创造的一种特殊视觉形式，它不仅记录语言，而且比语言更加清晰，可以反复阅读，因而延伸了语言，使原来只能口耳相传的信息能长期保留，传至异地，传至后世，使人类的知识不断叠加积累，大大促进了人类文明的长足发展。

人类在使用文字的过程中，经过了漫长的历史阶段，又发明了使文字化身千百、广泛传播的印刷术。印刷术为中国首创。在历史上，印刷术包括两大类，即雕版印刷和活字版印刷。这两种印刷术在发明的时间上有先后，在制作技术上有传承，在实际应用上有交叉和衔接。中国最先发明了雕版印刷术，后来经过几百年的应用和发展，又于北宋年间率先发明了活字印刷术。

雕版印刷产生于中国的隋唐时期。当时的中国文字广泛应用，又有纸的发明和长期使用，加上社会文明高度发展，有大量文献的需求，这些构成了文字印刷发明的深厚背景。当时的世界上也只有中国才具有这样独特的社会和文化背景。作为中国四大发明之一的印刷术，对世界中世纪以后文明的发展起到了重大推动作用。

（二）早期雕版印刷品和木雕版

现在所见最早的雕版印刷品为唐朝初年。出土的实物中，唐代初期的印刷品已经不止一件，说明当时中国的雕版印刷已很成熟，并有了相当的发展，至唐代中期雕版印刷术得到广泛的使用，至宋代达到高度发展时期。

过去认为世界上现存最早的印刷品是唐咸通九年（868）的《金刚经》。这件成熟、精美的早期印刷品发现于敦煌藏经洞，后于1900年被英国斯坦因盗走，今藏大英博物馆。该经卷首有释迦牟尼说法图，卷末有题记"咸通九年四月十五日王玠为二亲敬造普施"[1]。

---

[1]　张秀民《中国印刷术的发明及其影响》，人民出版社，1958年，44页。

清代末期在新疆吐鲁番地区发现了一批古代印刷品，其中一件《妙法莲华经》后流入日本，由中村不折氏保藏。日本印刷史学者长泽规矩也认为该经"有武则天异体字使用，为武则天去世不久刊本"[2]。1954年4月在成都望江楼附近的一座唐代墓中出土了唐代的印刷品《陀罗尼经咒》，首行刻款有"成都府成都县龙池坊卞家印卖咒本"字样。因成都府始设于唐至德二年（757），而墓葬年代又不晚于唐大中四年（850）。此经时代定为757～850年[3]。1966年10月在韩国庆州佛国寺石塔内发现了刻本《无垢净光大陀罗尼经》一卷，刻印皆佳，时代确定在704～751年。因此经始译成于中国唐武周长安四年（704），上有武周时期的制字。出土佛经的石塔始建于新罗王朝景德十年（751），其后未受到破坏。此经是在中国刻印后运往朝鲜并被保存在该石塔内的[4]。1974年西安唐墓出土梵文《陀罗尼经》，与其同时出土的随葬物早于唐初。经鉴定考证，该经为唐初印刷品[5]。

早期雕版印刷除佛经外，还有社会上应用广泛的日历、字书、占卜之类的书。现存最早的世俗印本书籍是唐代乾符四年（877）具注历书。该卷首残，上部为历书，下部为历注。它也发现于敦煌藏经洞，1907年被英国斯坦因盗往伦敦，今藏大英博物馆。另大英图书馆还存有一件敦煌出土的唐中和二年（882）雕印的具注历书，也是现存最早的雕印世俗书籍之一[6]。

鉴于早期雕版印刷品对印刷史研究的重大价值，加之一段时期有的国家个别学者对中国最先发明雕版印刷提出质疑，印刷史学界和考古学界对早期雕版印刷品十分关注，不少专家从不同角度深入研究，取得了可喜进展。然而对雕版印刷另一种实物——雕版版片本身的探寻和研究仍显不足。雕版印刷的成品是雕版印刷品，而雕版印刷品是通过雕版版片印制而成的。原雕版本身附着重要信息，如雕刻、印制、补改、板框、栏线、质地、纹理等，这些特性往往为纸质印刷品所缺乏，具有更为特殊的学术和文物价值。

然而存世的早期木雕版寥若晨星，似乎早期木雕版比早期雕版印刷品更难保存下来。其原因大概是一种文献的木雕版只有一种，而以此种雕版印出的印刷品则化为千百份，甚至更多，历经千百年沧桑，虽多数损毁，但因数量大能侥幸存留一二。此外，雕版印刷完毕虽可保存以备再印，但不再印刷后，或刮削雕刻其他文献，或遭淘汰，这也是早期木雕版稀见的原因之一。

[2] [日]长泽规矩也《和汉书の印刷とその历史》，东京，5～6页。

[3] 李致忠《历代刻书考述》，巴蜀书社，1990年，12～13页。

[4] 胡道静《世界上现存最早印刷品的发现》，《书林》1979年2期；张秀民《南朝鲜发现的佛经为唐朝印本说》，《图书馆研究与工作》1981年第4期；钱存训《现存最早的印刷品和雕版实物考》，《中国印刷》第28期。

[5] 张树栋《社会文化发展是印刷术起源和发展的基础和动力》，《中国印刷史学术研讨会文集》，印刷工业出版社，1977年，27页。

[6] 李致忠《历代刻书考述》，巴蜀书社，1990年，11～12页。

至今唐代的木雕版尚未发现一片，即便作为被学界视为雕版印刷繁荣时代的宋代木雕版也如凤毛麟角。现存宋朝雕版仅存三片，皆1919年出土于河北巨鹿淹城遗址[7]。而其中真正的印刷文献的文字雕版仅一件，即今藏于美国纽约市国立图书馆的宋代佛经雕版，推断时间大约是宋大观二年（1108）。同时出土的另两件木雕版入藏国家博物馆，皆为绘画雕版。其一高26.4厘米，宽13.8厘米，上部刻细花大幔帐，中间垂流苏两条，幔帐下有形态丰满、面容端正的戴冠妇女三人，左下楷书"三姑置蚕大吉"，右下楷书"收千斤百两大吉"，内容似为蚕神神像版[8]。

近代西夏文献、文物大量出版，给西夏文字木雕版的探寻带来新的希望。

（三）西夏文雕版是存量最多的早期文字雕版

1909年俄国科兹洛夫率领的一支沙俄探险队在中国北部黑水城遗址（今内蒙古额济纳旗）掘获的大批西夏文物、文献，被运到俄罗斯的圣彼得堡。文物中有保存完整的木雕版6块，现藏俄罗斯圣彼得堡爱尔米塔什博物馆[9]。其中4块是文字雕版：X-2023号高8.7厘米，宽13厘米；X-2025号高11厘米，宽17厘米；X-2026号高11.7厘米，宽16.7厘米；X-2024号存半块版，据判断全版高15.6厘米，宽22厘米[10]。X-2023号、X-2025号、X-2026号明显为蝴蝶装。X-2025号和X—2026号版大小相近，皆为双面雕字，半页6行，行9～10字。这些都是西夏时期的木雕版，虽无确切纪年，可推断约为12世纪遗物，相当于宋代，确为存世最早的珍贵木雕版之一。这4块西夏文雕版的发现使早期文字木雕版数量增加到5块，打破了河北巨鹿文字木雕版一枝独秀的局面，并且为12世纪文字木雕版增添了新的文种，而且在4块西夏文雕版中，有3块完整无损，一块保存过半，品相优良，系文字雕版的上乘之作。

通过这些木雕版可以看到西夏时期雕版印刷的一些鲜为人知的情况，而这些信息在纸本印刷品中是难以见到的。如可看到当时西夏文反向文字成熟、精细的雕刻方法，文字雕刻的深度、笔画的斜度以及洗练的刀法，单双边框和版口的线条和雕刻手法，为节省木料而一版双面雕刻文字的现象，为修正文字而挖补、修改的痕迹等等。

X-2023号是西夏文《佛说长寿经》第一页的木雕版，首行（雕版左第1行）有西夏文经名缜

---

[7]　张树栋、庞多益、郑如斯等著，李兴才审定《中华印刷通史》，台湾台北市印刷传播兴才文教基金会，2005年，266页。

[8]　胡道静《巨鹿北宋雕版是淹城遗址的出土物》，《中国印刷》第21期。

[9]　[日]东京国立博物馆、京都国立博物馆、日本经济新闻社：《スキタイトミルクロード美术展》，和田制本工业株式会社，1969年，图163。

[10]　王克孝：《西夏对我国书籍生产和印刷术的突出贡献》，《民族研究》1996年第4期；（俄）捷连提耶夫—卡坦斯基著、王克孝、景永时译：《西夏书籍业》，宁夏人民出版社，2000年。

铜砸瞻睛，对译为"佛说寿长经"，意译为"佛说长寿经"，四周有栏线，分左右两面，中间版口窄细，为白口，无鱼尾，下部似有页码 "一"字，每面5行，行9字，应是较小的经版。现将该经版文字依行翻译如下。

对译：

佛说长寿经

此如闻我一时佛舍卫

园中在大比丘比丘尼

优婆塞优婆夷七万人

与俱时比丘一有名者

（版口）

那房自寿尽将知佛处

寿长求索佛其之利益

因十七神名已说线黄

以百结缚则寿长八十

上至百年为者寿长百

意译：

佛说长寿经

如是我闻。一时佛在舍卫

园中，大比丘、比丘尼、

优婆塞、优婆夷七万人

与俱。时有一比丘名

（版口）

那房，自知寿将尽，到佛处

求索长寿，佛因其之利益

演说十七神名，以黄线

缚百结，则可达寿长八十，

成百岁者，寿长百

……

更令人惊喜的是1991年维修宁夏贺兰县宏佛塔时，在塔的天宫中发现了大批西夏文木雕版。该天宫槽室内散置西夏文木雕版2000余块，几乎全部过火炭化，变成残块。其中最大的两块长13、宽23.5、厚2.2厘米和长10、宽38.5、厚1.5厘米。最小的残块长和宽都不足1厘米。发掘整理者将这批木雕版残块分成大号字版、中号字版和小号字版。大号字版仅有7块，版厚1.5～2厘米，字形较大，每字1～1.2厘米见方，字体方正，刻工娴熟有力。中号字版数量最多，约占50%以上，长和宽均在10厘米以上的仅有15块，两面均刻西夏文字，字体方正秀丽，细腻有力，字形1厘米和0.8厘米见方。小号字版数量也不少，约占40%，5厘米见方的仅有10块，版厚1.5厘米，也是两面刻字，每字0.6厘米见方，字体娟秀，笔画较细[11]。以上残版，除少部分字数较多的容易考证出是属于何种文献外，多数难以确定是何经何典。上述雕版若仔细考察字的大小还可细分为很多种，如果考虑到行距、字距、边栏、字体、页面行数、字数的区别，那就会分为很多种文献。在一个宏佛塔的天宫内发现这样多种西夏文的经版，反映出西夏雕版印刷的兴盛。

这些残雕版有的显然是蝴蝶装版，它们有版口。如大号字版1，中间有版口，上部刻三字，为文献名称；大号字版2，也有版口，版口中刻页码汉文"四"；大号字版6，版口上刻两个西夏字，是文献名称。有的似应是经折装雕版，如中号字版1存14行文字，中号字版2存13行文字，中无版口，应不是蝴蝶装，西夏的刻本一般不作卷装，因此应是经折装。

上述西夏木雕版中大字版极少，版厚字大，且只一面雕字，所印书籍当是疏朗清晰，质量上乘。这些雕版印刷应是皇室或财力充裕的官府、寺庙所刻。雕版中绝大多数是中、小号字，且每一版多是两面使用，这一方面大大节省了雕版用的板材，又节省了储藏木雕版的空间。由此可知，西夏的雕版印刷采取了节省木板材料的方法，木雕版两面雕字在西夏已经逐渐成为普遍的现象。

这批木雕版过去从未系统刊布过，我们在编辑出版《中国藏西夏文献》时将有两三个文字以上的西夏文雕版千多块全部刊印出版[12]。这样一方面使这些重要的早期文字版片公诸学界，便于研究利用；另一方面这些炭化的雕版残块，容易损伤，难以保存，印制刊布后能起到永久保存的作用。

宁夏宏佛塔所出木雕版最大的为001号。此残雕版表面整齐平滑，版面中间有宽1厘米的版口，版口两侧各竖刻6行西夏文字，其中最长一行残存10个西夏文字。版口上亦刻有三个略小的西夏文字，应为书名，第1字较清晰，为糜"续"意。显然这也是一块蝴蝶装书页的雕版，背面无字。此类雕版共发现7块，此块残版是宏佛塔槽室内所发现的残版中最大的，也是唯一没有全部都

---

[11]　于存海、何继英《贺兰县宏佛塔》，雷润泽、于存海、何继英编著《中国古建筑·西夏佛塔》，文物出版社，1995年。

[12]　史金波、陈育宁主编《中国藏西夏文献》第13册，甘肃人民出版社、敦煌文艺出版社，2005年，彩版69～308页。

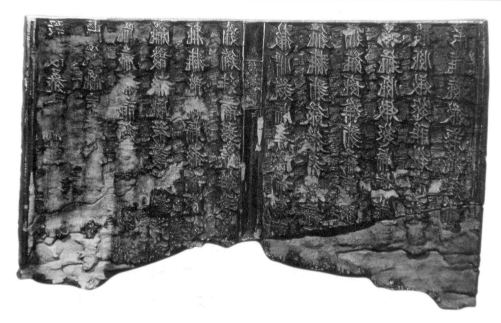

附图44　宏佛塔出土西夏文残雕版（001号）

炭化变黑的一块（附图44）。

　　这批残木雕版多残损过甚，且为反字，更难以释读，过去尚未译释出一种经名。笔者试译一些文字较多的经版，释读出6块，皆为中号字，分别为《释摩诃衍论》卷第二（021号）、卷第三（046号）、卷第五（022号）、卷第八（020号）、卷第十。《释摩诃衍论》为《大乘起信论》之注释书，简称为《释论》，共10卷，印度龙树菩萨造，姚秦筏提摩多译。但对其真伪论说不一。已释读出的6块残雕版涉及该论五卷的内容，推断西夏时期已从汉藏翻译，并以西夏文雕版印刷了全部10卷。现将卷八（020号）经版文字对译如下：

　　　　……………………中二字轮……

　　　　………………正字轮往此以……

　　　　………门修者人自室前面二种……

　　　　………者松木二者石榴木此者二……

　　　　………门修者必定[□]? 字[13]字轮持……

　　　　………依必定此轮持也此字轮者……

　　　　………之大恩师长大恩父母大恩……

　　　　………者人<>此轮赐当此如因缘……

---

[13]　方框原为方框内有上一、下二三个王字，下有水平两小字，译为"侯字"。

附图45　宏佛塔出土西夏文《释摩诃衍论》卷第八残雕版（020号）

　　………………一第因缘显余者不显者初……

　　………………处在谓止轮成就因缘门……

　　………………门中自七门有七者何所……

　　………………空理中其心定也故本中……

　　………………无通达能也其本自……

　　………………不依地水……

以下再将相应汉文经文摘录如下，黑体字为残雕版相应的西夏文字。因西夏文和汉文语法不同，每行文字大体相符，但字数会稍有出入。

若此神咒诵四千六百五十遍已讫。即彼像中付二字轮。

谓若邪人付邪字轮。若正直人付正字轮。以之为别。言植

善林树因缘者。谓若为修彼止轮门人。**自室前中植二种**

大吉祥草故。云何为二。一者松木。二者石榴木。是名为二

言字轮服膺因缘者。谓若为修彼止轮门人。必当服[□]字轮

而已。服何处耶。谓方寸处故。以何义故必付此轮。谓此字轮

三世诸佛无量无边一切菩萨。大恩师长大恩父母大恩天地

大恩海故。此因缘故。为修止人当付此轮。如是因缘

附图46　宏佛塔出土西夏文《释摩诃衍论》卷第三残雕版（046号）

虽有无量。而今此摩诃衍论中。明**第一因缘**。**不明余者**。**举初**

摄后故。如是而已。如本若修止者住于静处故已说成就止轮因缘门。

次说直示修行止轮门。就此门中则有七门。云何为七。

一者存心决定门。不生不灭。**真空理中其心定故**。**如本**

端坐正意故。二者不著身体门。**能善通达此身空无**。**其本自**

性不可得故。如本不依气息不依形色不依于空**不依地水火**……

由残雕版可见多数行的文字约占足行的一半，推算原每行22字左右，还可估算出原雕版的高度（附图45）。

宏佛塔中所出残雕版虽多过火炭化，但仍可以纸刷印（附图46）。

宏佛塔集中存放大量西夏文木雕版，推测宏佛塔所在寺庙可能是当时一印刷佛经的场所，是一座重要的皇家寺院。

保存于宏佛塔的西夏文木雕版数量巨大，使早期木雕版零星传世的局面得以改观，大大拓展了早期雕版印刷实物资料，显示出中国中世纪雕版印刷丰富的内涵和较高的发展水平。

西夏文木雕版不仅数量多，有的还很完整，有的有文献名称，有的可考出文献名称，是研究早期木雕版最重要、最基本的实物资料，也是印刷史和文字史研究的重要资料，应给予充分的重视。（撰文：史金波，原载《浙江学刊》2012年第2期）

西夏时期《炽盛光佛与十一曜星神宫宿图》

　　炽盛光佛信仰与星宿崇拜有着密切的关系。在自唐至明相当长的一段时间里，人们相信供养、归命炽盛光佛可以禳息星宿界引起的灾难。于是，基于此而产生的"炽盛光佛与诸曜诸宿"的图像成为一种与天学联系起来的佛教图像。炽盛光佛与星宿界诸神图像的形成，有其繁杂的背景和文化内涵，是佛教密宗图像遗存的重要组成部分。它不仅反映出古巴比伦与希腊、罗马的天学及星学图像通过中亚或南亚向东亚传播的情况，也反映出其在传播过程中与中国传统文化融合的情况。这种传播情况逐渐成为研究东西文化交流史的学人们留意的课题，成为世界文化史与科技史中东西文化交汇的组成部分。

　　近十年来，国内外学者从众多角度展开针对该题材作品的分析与研究，比较清晰地勾勒出"炽盛光佛与诸曜诸宿"的图像在唐、宋、辽、西夏、元、明时期的发展与演变的脉络[1]。而从遗存的图像与文献来看，这种信仰在西夏时期表现得尤为突出[2]。在西夏文《九曜供养典》中有

---

[1]　这方面的研究主要有赵声良《莫高窟第61窟炽盛光图》，《西域研究》1993年第4期，61~65页；孟嗣徽《炽盛光佛变相图图像研究》，《敦煌吐鲁番研究》第二卷，108~148页，北京大学出版社，1996年；Marilyn L. Gridley（葛雾莲）[美] Images from Shanxi of Tejaprabha's Paradise. *Archives of Asian Art* 51 (1998/99), pp. 7~15；孟嗣徽《〈五星及廿八宿神形图〉图像考辨》，《艺术史研究》第2辑，517~556页，中山大学出版社，2000年；孟嗣徽《五星图像考源——以藏经洞遗画为例》，《艺术史研究》第3辑，397~419页；钮卫星《西望梵天：汉译佛经中的天文学源流》，上海交通大学出版社，2004年；廖旸《炽盛光佛构图中星曜的演变》，《敦煌研究》2004年第4期，71~79页；江晓原《十二宫与二十八宿——世界历史上的星占学》，辽宁教育出版社，2005年；陈万成《中外文化交流探绎——星学、医学、其他》，中华书局，2010年；孟嗣徽《文明与交汇——吐鲁番龟兹地区炽盛光佛与星神图像的研究》，《敦煌吐鲁番研究》第十五卷，181~200页，上海古籍出版社，2015年等。

[2]　关于西夏时期星曜崇拜的研究主要有聂历山（H. A. Nevsky）[俄]《12世纪西夏国的星曜崇拜》，见《固原师专学报》第26卷第2期，23~30页，2005年；Kira Samosyuk（萨玛秀克）[俄] "The Planet Gult in the Tangut State of Xixia: The Khara Khoto Collection, State Hermitage Museum, St. Petersburg, Appendix: A Twelfth Century 'Stellar Magic Circle' from Khara Khoto" (Tr. by Michael Shottor), *Silk Road Art and Archaeology*, vol.5 (1997/98), pp. 353~376；孟嗣徽《十一曜星神图像考源——以西夏时期〈炽盛光佛与十一曜星神宫宿图〉为例》，波波娃（Irina Popova）[俄]刘屹主编：《敦煌学：第二个百年的研究视角与问题》，167~179页，圣彼得堡：Slavia出版社，2012年等。

附图47　绢质彩绘挂幅《炽盛光佛与十一曜星神宫宿图》Ⅰ

这样一段偈颂："最神圣最伟大的炽盛光佛啊，你那炽烈的火焰甚至超过了万劫之火！你能降服星曜诸神，灭除所有的不幸。我们称颂你！我们膜拜你！"[3]这段文字映证了西夏时期炽盛光佛与星曜诸神信仰的繁荣景象。

（一）西夏时期《炽盛光佛与十一曜星宿图》以及星神图像的遗存情况

20世纪90年代初，在对宁夏贺兰县宏佛塔的维修中，在宏佛塔天宫中出土了10余件绢质彩绘挂幅。其中三件和炽盛光佛和诸曜星宿崇拜有关。

1. 宁夏贺兰宏佛塔出土绢质彩绘挂幅《炽盛光佛与十一曜星神宫宿图》I

西夏（1038～1227），80厘米×139厘米，纵。现藏宁夏博物馆（附图47）。

画幅中央为主尊炽盛光佛，面相庄严，肉髻高耸，双耳垂肩。着祖右肩朱红色袈裟，袈裟上饰有环状图案。左手托金轮，右臂戴臂钏，手掌上扬作说法状，结跏趺坐于束腰仰莲须弥座上，头上有宝盖。身光外圈为红色，象征着炽盛火焰；主尊上方绘有黄道十二宫，二十八宿，周围祥云缭绕，左右两侧及下部有十一曜星神簇拥。

在主尊炽盛光佛须弥座左右两侧有男像、女像各一身，分别为日曜星神和月曜星神。日星神为男相，文官装扮，头戴冠，身着交领长衫，双手于胸前捧红色日轮；月星神为女相，头戴花冠，身着交领长裙，双手捧白色月轮。其余九曜作环状分立一圈，其下由一条弧形五色彩虹和九朵祥云托起。主尊下部中央为一老者，躬背弯腰，戴牛首冠，左手持印板，右手提香炉，是为土星神；土星神左右两侧为金星神和水星神，均为女相，身着交领长裙，束高髻，戴花冠。金星神左手持裾，右手上扬，足下立一只鸡；水星神左手握一卷纸札，右手执笔，足下有一双手捧砚的立猴，仰脸向水星神；日星神身后武士装扮者，裸上身，毛发上冲，发中饰驴首冠，左手持箭袋，右肩扛戟，当为火星神；水星神后侧武士装扮者，绿面，裸上身，毛发上冲，发中有蛇，双手持剑，跣足，为罗睺星神；月星神后侧武士装扮者，绿面，裸上身，头上有人首冠，左手托一山形物，右手持法器者，为计都星神；金星神后侧双手握剑者，裸上身，跣足，披发束带，为月孛星神；在日星神与月星神后侧靠下部位的两位文官装扮持笏板者，应为木星神与紫炁星神。

主尊上方是分为六组的二十八宿星神，每组七位，侍立于祥云之中。他们的数量显然超过了二十八位，均作文官装扮，身着蓝色或红色长衫，各个手持笏板；黄道十二宫残存十宫，环绕在画幅上方半周。现存可辨认的有主尊佛左上侧，摩羯宫、双子宫、天秤宫、白羊宫、狮子宫；右上侧，双鱼宫、巨蟹宫、天蝎宫；其余部分因漫漶不清，无法辨认。

在十一曜星神足下的一层祥云彩虹的下面，左下角绘出山峦、牛车、僧人、老翁等。老翁白

---

[3] 转引自聂历山《12世纪西夏国的星曜崇拜》，《固原师专学报》2005年第2期，29页。

附图48 绢质彩绘挂幅《炽盛光佛与十一曜星神宫宿图》Ⅱ

发，躬背，弯腰，持杖，形象与土星神相似；右下角有两个僧人，一个趺坐于岩窟之中，似坐禅状；一个直立于窟外，两人均身着朱红袈裟。

2．宁夏贺兰宏佛塔出土绢质彩绘挂幅《炽盛光佛与十一曜星神宫宿图》Ⅱ

西夏（1038～1227），61.8厘米×120.5厘米，纵。现藏宁夏博物馆（附图48）。

画面中央为主尊炽盛光佛，双目下视，面相庄严，红色肉髻高耸，双耳垂肩。左手作禅定印于双膝之间，右手两指持小金轮上举，金轮周围有火焰纹，结跏趺坐于束腰仰莲须弥座上，身着红色右祖袈裟，内着皂色僧祇支，身光外圈有炽盛火焰。主尊上方绘黄道十二宫，二十八宿，周围祥云缭绕，左、右两侧及下部绘十一曜星神。

在主尊下部左、右两侧作帝后装扮的一对男女立像，男像冠上有红色日轮为饰，双手持笏板，当为日曜星神；女像冠上有白色圆月为饰，手捧一只玉兔，为月曜星神；在他们下方的两位女神分别是水星神和金星神。水星神束高髻，着青衣，左手持纸札，右手持笔；金星神戴花冠，着白衣，怀抱朱红色锦缎包裹的琵琶。中央靠下的位置婆罗门装扮的老者为土星，头戴牛首冠，躬背弯腰，肩披豹皮，脚穿草鞋，左手挂锡杖，锡杖上端悬挂一个印板，右手持香炉；月星神右侧文官装扮者为木星神，手持笏板，身着青衣；和他相对的位置，日星神后侧应为紫炁星神，亦作卿相，持笏板的装束[4]；紫炁星神的上方当为火星神，裸上身，红色肌肤，左手持箭袋，右肩扛戟，竖起毛发中饰有驴冠；与他相对的位置上的武士形象者，为计都星神，愤怒相，毛发竖起，发中有人首冠，左肩扛戟，右手托山形物；左、右下角的两个形象，右侧下角者愤怒相，毛发竖起，发中出蛇，裸上身持剑，跣足，应为罗睺星神；左侧下角者身上佩剑，头发中有数蛇穿出，应为月孛星神[5]。

主尊上方有分为四组的二十八宿星神，每组为七身，着蓝色或红色长衫，侍立于祥云之中。黄道十二宫分别穿插在祥云之间的十二个圆环中，因漫漶程度太甚，已无法辨认。

3、宁夏贺兰宏佛塔出土绢质彩绘挂幅《悖星真君像》

西夏（1038～1227），51.5厘米×80厘米，纵。现藏宁夏博物馆（附图49）。

此像武士状，愤怒相，怒目圆睁，龇牙咧嘴，耳佩金色耳环；全身与四肢肌肉隆起。头戴人首形冠，冠饰环状圆形物，毛发竖起；裸上身，肩披红巾，腰束红、蓝两色飘带，跣足佩踝钏。双手佩金色腕钏，右手持三叉戟，戟上有璎珞和飘带，左手上举托一山形物。

[4]　木星神与紫炁星神的形象很接近，因紫炁为"木之余气"之故。参见《海琼白真人语录》卷二，《道藏》第33册，120页，文物出版社、上海书店出版社、古籍出版社，1988年。

[5]　月孛的形象原本发中无蛇，此图发中附蛇可能为画师借用了罗睺、计都的形象。

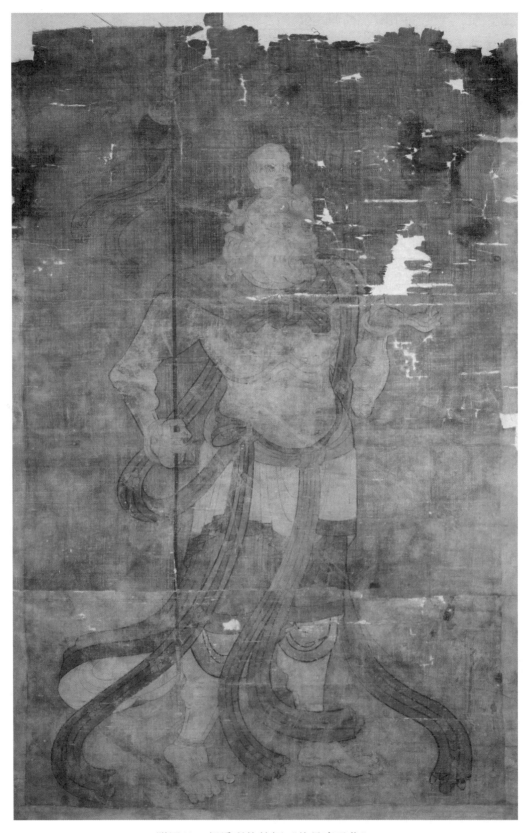

附图49 绢质彩绘挂幅《悖星真君像》

此图右上方有红底榜题框，框中文字漫漶，似为"侼星真君"四字，由此而定名[6]。而此像图像学特征与西夏时期的几幅《炽盛光佛与十一曜星神图》中之计都形象十分接近，唯头冠饰环状圆形物为月孛的特征，应是借用了计都星神的图像学特征。

除宏佛塔所藏的三件《炽盛光佛与十一曜星神宫宿图》与星宿崇拜的绢画之外，在西夏时期还有许多"炽盛光佛与诸曜诸宿"的图像作品存世。从宏佛塔所在地宁夏贺兰县往西，穿过巴丹吉林沙漠，在阿拉善盟额济纳旗东南的荒漠里有著名的黑水城遗址。20世纪初，在黑水城城墙外西北部的一座残塔中，发现了一批西夏时期关于炽盛光佛与星宿崇拜的图像遗存。此为俄罗斯科兹洛夫探险队盗掘获得，现藏于俄罗斯圣彼得堡艾尔米塔什博物馆。1993年，艾尔米塔什博物馆出版了《丝路上消失的王国——10至13世纪西夏黑水城的佛教艺术》一书，书中首次刊布了关于炽盛光佛与星曜崇拜的绘画作品资料[7]。之后在1998年，艾尔米塔什博物馆负责黑水城藏品的萨玛秀克（Kira Samosyuk）博士发表了论文《西夏王国的星曜崇拜——圣彼得堡艾尔米塔什博物馆黑水城藏品》[8]。文中全面披露了在艾尔米塔什博物馆的文物藏品中，有24件是有关星宿崇拜的资料，为学界了解西夏时期的星曜崇拜提供了期盼已久的资料。

在图像资料中，圣彼得堡艾尔米塔什博物馆所藏"炽盛光佛与诸曜诸宿"的藏品中较完整者有五至七幅之多。囿于篇幅，这里仅介绍其中两幅。

1．内蒙古黑水城佛塔出土绢质彩绘挂幅《炽盛光佛与十一曜星神宫宿图》（藏品号 X-2424）

西夏（1038~1227），66厘米×102厘米，纵。现藏艾尔米塔什博物馆（附图50）。

此画是该馆炽盛光佛与诸曜诸宿崇拜的图像藏品中保存最完整的一幅。画幅中央炽盛光佛身着通肩袈裟，结跏趺坐于仰莲宝座之上，头光中有炽烈火焰，身光外有祥云，双手持金轮。周围侍立十一曜星神。主尊下部的左、右两侧分别侍立的是日曜、月曜两星神，手中持笏板，官员装束。日星神为红色脸庞男性；月星神为白面女性，束高髻，佩凤钗。在日、月两星神之间靠下的位置为土星神，是一位长着红胡子的婆罗门形象的老人，肩披豹皮，头上饰牛首冠，足穿草鞋，双手持香炉，左肩上靠一锡杖，杖头悬一印板。日星神左上方为水星神，是一个女官形象，着青衣，右手持笔，左手持纸卷，束高髻，饰猴冠、凤钗和迦陵频伽等。与水星相对的位置上是金星

---

[6] 此榜题辨识初见于存海、何继英《贺兰县宏佛塔》，载《西夏佛塔》60页。据何继英女士的接续辨认，似应为"侼星真君"四字，因此定名"侼星真君像"。

[7] *Lost Empire of the Silk Road: Buddhist Art from Khara Khoto (X-XIIIth century).* Ed. by M.B. Piotrovsky. Milan: Electa and Thyssen-Bornemisza Foundation, 1993.

[8] Kira Samosyuk（萨玛秀克）（俄）"The Planet Gult in the Tangut State of Xixia: The Khara Khoto Collection, State Heritage Museum, St. Petersburg，Appendix: A Twelfth Century 'Stellar Magic Circle' from Khara Khoto"，pp. 353~376.

附图50 俄罗斯艾尔米塔什博物馆藏原黑水城出土《炽盛光佛与十一曜星神宫宿图》（西夏）

神，女像，束高髻，饰凤冠，怀抱琵琶，着白色衣裙。金星的左上侧为木星神，头饰猪冠，着青衣，左手持一枝桃果。与他相对的位置上是紫炁星神，戴黑色纱帽，双手持笏板，官员装束。紫炁的左上方是月孛星神，为忿怒相青年，头发散披。与月孛相对的是火星神，红色，裸上身，披白色帛带，忿怒相，头饰驴冠，四臂持兵器，其中一手持三叉戟。在画卷的底部左右分别是罗睺和计都星神，绿色，裸上身，披黄色帛带，跣足，呈忿怒相，双手持剑，数蛇自毛发中生出。

二十八宿星神分两组侍立于主尊头部两侧的祥云之中，一边十四位，均作文官装束。黄道十二宫以动物和器物图形分布在二十八宿与祥云之间的十二个圆环内。

此外，艾尔米塔什博物馆所藏黑水城出土的"炽盛光佛与诸曜诸宿图"中，藏品号Х-2431ab（拼合）、Х-2430（残片）者，构图与Х-2424基本相同，应该是出自同一底本的三幅图像作品。

2. 黑水城佛塔出土绢质彩绘挂幅《炽盛光佛与十一曜星神宫宿图》（藏品号不详）

西夏（1038～1227）。现藏艾尔米塔什博物馆（附图51）[9]。

此画尺寸不详，中央炽盛光佛身着红色右袒袈裟，结跏趺坐于仰莲宝座之上，双目下视，双耳垂肩，身光外有祥云，左手持金轮，右手作说法印相。周围侍立十一曜星神。

在佛尊下部左、右两侧作帝后装扮的一对男女立像，头戴冠，身着交领长衫。右侧男像左手举红色日轮，当为日曜星神；左侧女像右手举一只玉兔，应为月曜星神。他们后侧的两位女神分别是水星神和金星神。水星神束高髻，着青衣，右手持笔，左手被遮挡手持物不明。金星神戴花冠，着白衣，怀抱朱红色锦缎包裹的琵琶。中央靠下的位置婆罗门装扮的老者为土星，躬背弯腰，肩披兽皮，脚穿草鞋。右手挂锡杖，锡杖上端悬挂一个印板。左手持香炉。日星神右侧文官装扮者为木星神，身着青衣。和他相对的位置，月星神后侧应为紫炁星神，亦作卿相装束。紫炁星神的上方为火星神，裸上身，红色肌肤，左手持箭袋，竖起的红色毛发中饰有驴冠。与他相对的位置上的武士形象者，为计都星神，忿怒相，毛发竖起，发中有人首冠，左手托山形物，右手持剑。佛尊左、右两下角的两个形象，右侧者忿怒相，毛发竖起，发中出蛇，左手持剑，跣足戴踝钏，应为罗睺星神；左侧者光头戴冠，右手持剑，跣足戴踝钏，应为月孛星神。

此画上部残缺，佛尊头部两侧残留两个圆环，当为黄道十二宫中之两宫。此画中各星神的位置及图像学特征与宁夏贺兰宏佛塔出土《炽盛光佛与十一曜星宿图》Ⅱ基本一致。

除上述用于悬挂的彩绘绢画之外，西夏时期有关炽盛光佛与星宿崇拜的图像遗存，还有敦煌莫高窟61窟甬道南北壁的两铺壁画《炽盛光佛与十一曜星神宫宿图》，甘肃肃北五个庙石窟第一

---

[9]　参见《俄藏黑水城艺术品》，图版40，上海古籍出版社，2008年。

附图51　绢质彩绘挂幅《炽盛光佛与十一曜星神宫宿图》（西夏）

窟东壁壁画《炽盛光佛与诸曜星神宫宿图》等[10]。

在以上西夏时期的炽盛光佛信仰与星曜崇拜的作品中，敦煌莫高窟61窟甬道南、北两壁《炽盛光佛与十一曜星神宫宿图》的构图为延续了唐代以来的炽盛光佛与诸曜星神乘牛车在太空巡行的"行像"结构。此外其他均为由星曼荼罗演化而来的以跌坐的炽盛光佛为中心，在炽盛光佛周围环绕着十一曜星神的"静像"构图[11]。尽管在每幅画的构图中十一曜星神的位置不完全一样，但有规律可循，通常是在佛尊的座前两侧置日曜、月曜二神祇，中央置土星神，其余八位神祇在佛尊下方围绕半周，上方是黄道十二宫和乘在祥云之上的二十八宿星神。

（二）"十一曜"——"日、月、五星"与"四余"

"十一曜"在中国被分为两类，具有实体性质的"显曜"：日曜、月曜和金、木、水、火、土五星神，或称为"七曜"或"七政"。后来出现的罗睺、计都、紫炁、月孛星神，因为他们并不像日、月、五星一样具有物理实体并发出光芒而被称为"隐曜"或"虚星"。这些隐曜分别扮演五星之"余气"的角色，因而又被称为"四余"[12]。七政加上四余，便是十一曜。在古印度历法中认为十一曜可以在不同的日子里分别作祟。因而在日常生活中，不同的日子必须不断地有各种不同的禁忌。自唐代开始，中国历法中也增添了这一部分内容。

关于"五星神"的图像以及它们的禁忌，在《大正新修大藏经》中保存有印度来华的太史监瞿昙悉达翻译的《九执历》，印度入华僧人不空翻译的《佛说炽盛光大威德消灾吉祥陀罗尼经》《七曜星辰别行法》《大圣妙吉祥菩萨说除灾教令法轮》《文殊师利菩萨及诸仙所说吉凶时日善恶宿曜经》，西天竺婆罗门僧金俱咤译《七曜攘灾决》以及根据一行思想编撰的《梵天火罗九曜》等[13]。这些佛经中对五星的形象作了界定性的描述。

如《七曜攘灾决》卷中：

金，其神是女人，着黄衣，头戴鸡冠，手弹琵琶；

木，其神如老人，着青衣，带猪冠，容貌俨然；

[10]　西夏时期这几铺炽盛光佛与诸曜诸宿的壁画的情况，参见孟嗣徽《十一曜星神图像考源——以西夏时期〈炽盛光佛与十一曜星神宫宿图〉为例》，波波娃（Irina　Popova）[俄]刘屹主编《敦煌学：第二个百年的研究视角与问题》，167～179页，圣彼得堡：Slavia 出版社，2012年。

[11]　有关"行像"与"静像"的解释，参见孟嗣徽《炽盛光佛变相图图像研究》，《敦煌吐鲁番研究》第二卷，101～148页。

[12]　林伯谦《鹤林法语》："罗、计、紫、孛，在天为隐曜……夫罗睺乃火之余炁也，计都乃土之余炁也，月孛乃金、水之余炁也，紫炁乃木之余炁也。"参见《海琼白真人语录》卷二，《道藏》第33册，120页。

[13]　这几部佛经都保存在《大正新修大藏经》、《密教部》第19、21册中，台湾新文丰出版公司。

水，其神女人，着青衣，带猴冠，手执文卷，

火……其神作铜身赤色貌。带嗔色，驴冠，着豹皮裙，四臂一手执弓，一手执箭，一手执刀；

土，其神似婆罗门，色黑，头带牛冠。一手拄杖，一手指前，微似曲腰。[14]

《梵天火罗九曜》：

中宫土星……其形如婆罗门。牛冠首，手持锡杖；

北辰……其神状妇人。头首戴猿冠，手持纸笔；

太白星西方金精也……形如女人，头戴酉冠，白练衣，弹弦；

南方荧惑星……神形如外道，首戴驴冠，四手兵器刀刃；

岁星，东方木精……其神形如卿相，着青衣，戴亥冠，手执华果。[15]

两部经中出现的五星图像的附图与之相符。

在我们今天所能见到的"炽盛光佛与诸曜诸宿"的图本中，五星大都具备了以下明显的特征。

金星：女伎状，着长衫，头饰鸡形冠，怀抱琵琶。

木星：文官状，着长衫，头戴猪冠，双手捧果盘或持桃枝。

水星：女史状，着长衫，头饰猴冠，两手持笔持札。

火星：武士状，裸上身，头饰驴冠，四臂，持兵器，毛发冲冠，作忿怒相。

土星：婆罗门状老者，微弯腰，肩披或腰围豹皮裙，头戴牛冠，一手持锡杖，一手提香炉或持印。

他们具备了三个较明确的图像学特征。

1．性别：木、火、土星为男性，水、金星为女性。

2．与之相配置的五种动物：木星——猪；火星——驴、马；土星——牛；金星——鸡、凤；水星——猿、猴。

3．手持物：木星——果盘、桃枝；火星——兵器；土星——手杖、印板或香炉；金星——琵琶；水星——纸札、笔。

与一行和金俱咤几乎同时期的印度僧人不空，在传播印度历学算数方法方面起了很大的作

---

[14]　《七曜攘灾决》，《大正新修大藏经》第21册，449页。

[15]　《梵天火罗九曜》，《大正新修大藏经》第21册，459～461页。

用。他将《文殊师利菩萨及诸仙所说吉凶时日善恶宿曜经》翻译成汉文，不空的华人弟子杨景风
对经文作了注解。其中还用中亚各国的语言列出了七曜的名称：

日曜太阳，胡名蜜，波斯名曜森勿，天竺名阿儞底耶。

月曜太阴，胡名莫，波斯名娄祸森勿，天竺名苏上摩。

火曜荧惑，胡名云汉，波斯名势森勿，天竺名粪盎声哦啰迦盎。

水曜辰星，胡名咥，波斯名掣森勿，天竺名部陀。

木曜岁星，胡名鹘勿，波斯名本森勿，天竺名勿哩诃娑跛底。

金曜太白，胡名那歇，波斯名数森勿，天竺名戍羯罗。

土曜镇星，胡名枳浣，波斯名翕森勿，天竺名賖乃以室折啰。[16]

三部经典所举诸曜星神名，除汉名之外，还有粟特文、波斯文和印度文名称。其中用粟特文
列举的七曜名反映出久违了的巴比伦诸神，表明星宿崇拜的传播路径。

在现存的炽盛光佛及其随从的美术作品中，列曜的数目随时间推移逐步增加，由"五星"、
"七曜"、"九曜"向"十一曜"递增。从目前所知的作品来看，最早出现此类图像的是大英博
物馆藏原敦煌藏经洞晚唐乾宁四年（897）的绢画《炽盛光佛并五星神像》（附图52）和法国巴黎
图书馆藏原敦煌藏经洞纸画《炽盛光佛与诸曜星神像》（附图53）。其中围绕着坐在牛车上的炽
盛光佛周围的是金、木、水、火、土五位星神。在巴黎图书馆藏图中出现了罗睺、计都二星神的
雏形。江苏苏州瑞光寺塔出土的北宋景德二年木刻《大随求陀罗尼经》中心的插图《炽盛光佛与
九曜星神宫宿图》和山西应县佛宫寺释迦塔出土的辽代纸本彩绘挂幅《炽盛光佛降九曜星神宫宿
图》（附图54）中明确地出现了包括日曜、月曜、五星、罗睺、计都在内的九曜星神，同时出现
的还有来自西方的黄道十二宫和中国历日中的二十八宿星神。至西夏时期，在艾尔米塔什博物馆
藏品和宁夏宏佛塔出土的绢画中看到十一曜星神全部出齐[17]。至此，中国历史上与炽盛光佛有关
的星宿神祇到达极数。

与"五星"相比，"四余"的神形虽然也是以人的形式出现，但是他们并不具备以上所举
的"五星神"的三个图像学特征。换言之，与"五星"相比，"四余"的图像学特征相对不稳
定——他们同为男性，没有相应的动物相配，手持物也不确定。

罗睺与计都，这两个星神的形象来自古印度。其相同的图像志为武士装扮、忿怒相、手持兵

---

[16] 《文殊师利菩萨及诸仙所说吉凶时日善恶宿曜经》卷下，《大正新修大藏经》第21册，398页。

[17] 关于诸曜的发展脉络，参见孟嗣徽《炽盛光佛变相图图像研究》，101～148页。

附图52 大英博物馆藏原敦煌藏经洞《炽盛光佛并五星神像》（晚唐）

器、蓬发等等。他们在中国的出现始于唐朝开元年间瞿昙悉达所翻译的《九执历》[18]。最初在佛经中出现的罗睺和计都与日食、月食有关。罗睺被古代印度天学认为是日、月蚀过程中的升交点，计都则为降交点。因此，在佛经中罗睺被称为"蚀神头"，计都被称为"蚀神尾"[19]。

　　在古印度叙事诗《摩诃婆罗多》中，罗睺是一位阿修罗。他是统领众魔的龙神，长有四只手，下半身有数条龙尾，性残暴，好为非作歹。在大神毗湿奴与阿修罗搅乳海以制不死之水时，罗睺阿修罗混在天神队伍里偷饮了长生甘露。此举被日神苏利耶（Surya）与月神旃陀罗（Chandra）发现并告发，毗湿奴当即用神盘砍下了罗睺的头和手臂。但因为罗睺已经喝了不死之水，成就不死之身。他的上半身变成了暗星，常吞噬太阳和月亮以报复日神与月神，从而引起日蚀和月蚀；下半身仍维持多条龙尾的形态在宇宙中流窜，成为扰乱天际之星——彗星。而计都的图像则附会了罗睺的图像，两者之间很难区分。晚期因道教因素的介入，

附图53　法国巴黎图书馆藏原敦煌藏经洞
《炽盛光佛与诸曜星神像》（晚唐）

----

[18]　据《旧唐书·天文志》载：瞿昙悉达于唐玄宗开
　　　元六年（718）奉敕翻译印度历法《九执历》。
　　　这部历法后来被录入了《开元占经》。

[19]　如《七曜攘灾决》卷中记："罗睺遏罗师者，一
　　　名黄幡，一名蚀神头，一名复，一名太阳首。常
　　　隐行不见，逢日月则蚀。……计都遏啰师，一名
　　　豹尾，一名蚀神尾，一名月勃力，一名太阴首。
　　　常隐行不见，到人本宫，则有灾祸。……常顺行
　　　于天，行无徐疾。"《七曜攘灾决》，《大正新
　　　修大藏经》第21册，442页。

附图54　山西应县佛宫寺释迦塔出土
《炽盛光佛降九曜星神宫宿图》（辽代）

才使他们有了差别。

山西应县释迦塔出土的辽代《炽盛光佛降九曜星神宫宿图》和敦煌第61窟甬道南壁西夏的《炽盛光佛与十一曜星神宫宿图》中，罗睺、计都一手捧日，一手捧月，象征着他们是日、月的蚀星。有学者认为"头中附蛇"这一图像学特征与罗睺原为龙神有关[20]。

显然，西夏人也接受了这种观点，认为罗睺是引起日食和月食的根源。在西夏文写本《九曜供养典》中有对罗睺和计都的赞词。罗睺、计都被描绘成既可带来幸福，又可播撒不幸的天神。

> 伟大的罗睺星呵，你能凭借自己的神力夺取日月的光芒……
>
> 伟大的计都星呵……你用自己的神力摆脱巨大的恶魔，你既可以给我们带来幸福，又可以在人间播撒不幸……[21]

在西夏时期的《炽盛光佛变相图》中，围绕在炽盛光佛周围的罗睺、计都像一对双胞胎恶神出现在相对的位置上。他们的形象与较早出现的火星神形象有一些接近，同为手持剑戟、蓬发上冲、面容愤怒的武士形象。所不同的是通常火星神头上戴驴冠，而罗睺、计都则头发中钻出数蛇。

"紫炁"和"月孛"以及十一曜在中国的全体出现是在中唐。唐德宗贞元年间由西天竺传入的《都利聿斯经》首推包括紫炁和月孛在内的十一曜。据《新唐书》和《通志》载，《都利聿斯经》在贞元中（785~804）由都利术士李弥乾传自西天竺。另有一卷《聿斯四门经》，为唐待诏陈辅修，二经早已失传。饶宗颐先生在《论七曜与十一曜》中考证敦煌文书P.4071卷："都利"

---

[20]　廖旸《炽盛光佛构图中星曜的演变》，《敦煌研究》2004年第4期，75页。

[21]　聂历山《12世纪西夏国的星曜崇拜》，《固原师专学报》2005年第2期，25页。

即中亚Talas河。Talas河一带有源自波斯文化的粟特人的活动[22]。继饶公之后，姜伯勤和荣新江二先生对饶公的理论有所发展。姜先生将P.4071星命课文与古波斯巴列维语著作《班达希申》中关于世界星占的说法作了比较研究，认为《都利聿斯经》是波斯占星术，经西印度、中亚粟特地区传至敦煌、灵州等地[23]。荣新江教授继而认为《都利聿斯经》是源于希腊托勒密的天文学著作，经波斯人改编，其中有传到西印度的文本，是都利术士李弥乾在贞元中把"推十一星行历，知人命贵贱"的星命方术带到了长安[24]。

　　紫炁与月孛，这一对最晚加入炽盛光佛大家庭的星神图像则有些令人费解。如前揭，林伯谦《鹤林法语》云："罗、计、紫、孛，在天为隐曜……夫罗睺乃火之余炁也，计都乃土之余炁也，月孛乃金、水之余炁也，紫炁乃木之余炁也……"[25]

　　月孛在这里被认为是金曜、水曜之余气。而在中国古代，则普遍认为"孛"是彗星中之一种。《晋书》中载：

孛星，彗之属也。偏指曰彗，芒气四出曰孛。孛者，孛孛然非常，恶气之所生也。内不有大乱，则外有大兵，天下合谋，暗蔽不明，有所伤害。……灾甚于彗。[26]

　　在西夏文写本《九曜供养典》中也认为紫炁是由木之余气所组成的，同时认为紫炁是一位福星。

木星之余气有大福，你走遍世界，常为我们带来幸福……

　　与中原的认识不同，西夏人认为月孛是土之余气所组成的，而且月孛是一位灾星。

土星之余气粗鲁又凶狠……你预示着一年的盛衰运势、变化与不幸……[27]

　　由此，紫炁的形象多为卿相，手中持笏板，与木星神十分相似。由于其身份为"木之余

[22]　饶宗颐《论七曜与十一曜》，《饶宗颐史学论著选》，上海古籍出版社，1993年，570～593页。

[23]　姜伯勤《敦煌所见星占与波斯星占》，《敦煌吐鲁番文书与丝绸之路》，文物出版社，1994年，59～63页。

[24]　荣新江《一个入仕唐朝的波斯景教家庭》，《伊朗学在中国论文集》第2集，北京大学出版社，1998年。

[25]　《海琼白真人语录》卷二，《道藏》第33册，120页。

[26]　《晋书》卷十二《天文志》，中华书局。

[27]　聂历山《12世纪西夏国的星曜崇拜》，《固原师专学报》2005年第2期，25页。

炁"，而借用了木星"其神形如卿相"的图像学特征。月孛多为披发武士相。他手握利剑，以披散的头发象征着彗星的拖尾，如道经中所描述："毛头分怪状，慧尾或潜经。"[28]在艾尔米塔什博物馆藏图X-2424图本中，紫炁与木星相对，为一卿相，月孛为一披发青年的忿怒相。

该馆的另一图本X-2450中的月孛和敦煌61窟中的月孛与此相类。在著名的永乐宫三清殿壁画中，紫炁做文官装扮，月孛颈上盘蛇，做黑脸披发武士相。由于月孛和计都兼有彗星的元素，在某些图像中两者的形象有所混淆。

（三）西夏时期《炽盛光佛与十一曜星神宫宿图》中的道教因素

在以上所举早期的《炽盛光佛与十一曜星神宫宿图》中，诸曜星神的形象通常遵循了《梵天火罗九曜》和《七曜攘灾决》中的记述。而在西夏时期流行的《炽盛光佛与十一曜星神宫宿图》中则带有明显的道教因素。

道经《上清十一大曜灯仪》中对十一曜有详细的描写：

太阳……若奉于君。

太阴……象侔后德。

东方木德岁星重华星君……果玩蟠桃，兽蹲刚鬣。

南方火德荧惑执法星君……森剑戟之兼持，俨弧矢之在御。

西方金德太白天皓星君……常御四弦之乐，旁观五德之禽。

北方水德辰星伺晨星君……立木猴而捧砚，执素卷以抽毫。

中央土德地侯镇星真君……带剑伏牛，杖锡持印。

（罗睺）身御飞龙，手持宝剑。

（计都）怒摧山岳，怪出龙蛇。

（紫炁）仰瞻穆穆之容……遥想锵锵之佩。

（月孛）毛头分怪状，彗尾或潜经。[29]

任继愈等编纂的《道藏提要》认为《上清十一大曜灯仪》约出于元明时期。然此经所载咒文，则成于南宋白玉蟾以前，并有言："爰播聿斯之咏"。"聿斯之咏"或"聿斯歌"即与前揭失传的"聿斯经"相类，曾大盛于晚唐五代，入宋后渐微。

---

[28]　《上清十一大曜灯仪》，《道藏》第3册，564页。

[29]　《上清十一大曜灯仪》，《道藏》第3册，562~564页。

　　西夏时期的诸曜星神的图像
非常贴近《上清十一大曜灯仪》
等道经的描述。宁夏宏佛塔出土
《炽盛光佛与十一曜星神宫宿
图》I中，水星神执笔持札，头
上无猴冠而足下立捧砚白猴；金
星神头上无酉冠而足下立鸡便是
一例。在收藏于波士顿美术馆传
为南宋张思恭所作的《辰星像》
中，水星神手持纸笔，足下立一
捧砚向上的猴子，显然是同出
《灯仪》一典（附图52）。《灯
仪》中对土星神的描述是"带剑
伏牛，杖锡持印"，西夏时期所
出现的土星神的形象经常伴有持
杖带印、手持香炉的图像，而印
章与符箓在道教仪轨中正是基本
法器。计都星神手捧山形物正是
为了表现他具有"怒摧山岳"的
法力。再将《灯仪》与西夏时期
的其他星神的图像比对，日、月
两曜为帝后装扮，取"若奉于
君"和"象侔后德"之意；木星
神捧华果配猪豕；火星神佩剑戟
弧矢；金星神弹丝弦配金禽；水
星神执笔卷配木猴；土星神杖锡
伏牛；罗睺星神持宝剑御飞龙；
计都星神摧山岳出龙蛇；紫炁星
神锵锵肃穆而立；月孛星神毛头
披发如彗尾。《灯仪》中之描述

附图52　美国波士顿美术馆藏《辰星像》（南宋）

与西夏时期所见的十一曜星神十分相符。

在文献方面，俄罗斯科学院东方学研究所的藏品中除藏有前揭西夏文写本《九曜供养典》外，还藏有西夏文佛经《佛说炽盛光大威德调服诸星宿消灾吉祥陀罗尼经》《佛说大威德金轮佛顶炽盛光如来陀罗尼经》等经文。结合西夏时期遗留下来的十余幅《炽盛光佛与诸曜星神宫宿图》，说明西夏时期十分盛行炽盛光佛和星神崇拜的信仰。而来自中原的道教文化因素也深刻地影响了炽盛光佛信仰与星神崇拜在民间的流行。

学者聂历山认为，12世纪的西夏国当时正处于吐蕃和中国两大"文化板块"之间，自然会受到这两大文化的影响[30]。而这两大文化板块在形成中早已聚集希腊、波斯、印度等文化的元素。所以，炽盛光佛与星神崇拜的图像在西夏是"十字交汇文化"的结合体。（撰文：孟嗣徽）

---

[30]　聂历山《12世纪西夏国的星曜崇拜》，《固原师专学报》2005年2第期，25页。

宁夏文物考古研究所丛刊之三十三

西夏宏佛塔

下

宁夏文物考古研究所　编著

文物出版社

北京 · 2017

HONG OF PAGODA

II

The Institute Of Archaeology And Cultural Relics Of
Ningxia Hui Autonomous Region

Cultural Relics Press

Beijing · 2017

一　宏佛塔维修前原状（南—北）　　　　二　宏佛塔维修前原状（东南—西北）

宏佛塔维修前原状

三　宏佛塔维修前原状（北—南）

四　宏佛塔维修前原状（西北—东南）

宏佛塔维修前原状

五　宏佛塔维修前原状（东南—西北）

宏佛塔维修前原状

六　宏佛塔塔身劈裂缝隙（1983年摄）

宏佛塔维修前原状

七　宏佛塔塔身劈裂缝隙

宏佛塔维修前原状

八　宏佛塔楼阁式塔身

宏佛塔维修前原状

九 埋在地表以下的塔门

一〇 地表以下的第一层塔身

宏佛塔维修施工现场

一一　地表以下的第一层塔身（北壁）　　　　　　一二　地表以下的第一层塔身（北壁）

宏佛塔维修施工现场

一三　地表以下的第一层塔身（西北壁）

宏佛塔维修施工现场

一四　地表以下的第一层塔身

宏佛塔维修施工现场

一五 清理出的第一层塔身上半部（西北—西）
一六 清理出的第一层塔身上半部（南—西南）
一七 第二层塔身壁面白灰皮

宏佛塔维修施工现场

一八　第二层塔身砖砌斗栱、阑额、倚柱等

一九　第二层塔身砖斗栱

二〇　第二层塔身砖斗栱

宏佛塔维修施工现场

二一　第二层塔檐叠涩砖

二二　第二层塔檐叠涩砖

宏佛塔维修施工现场

二三　第二层塔身菱角牙子砖

二四　第二层塔身模印忍冬卷草纹条砖

二五　第二层塔身模印忍冬卷草纹条砖

宏佛塔维修施工现场

二六　第二层塔檐下栱眼壁面彩绘

二七　第二层塔檐下栱眼壁面彩绘

宏佛塔维修施工现场

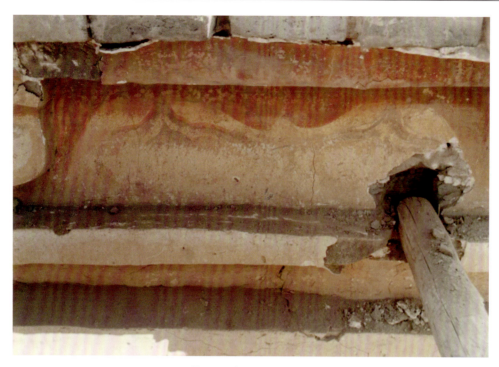

二八　第二层塔檐下栱眼壁面彩绘

二九　第二层塔檐下栱眼壁面彩绘

宏佛塔维修施工现场

三〇 第三层塔身的两层白灰皮（东）

三一 第三层塔身白灰皮上的划痕（南）

三二 第三层塔身白灰皮上的划痕及彩绘（西北）

宏佛塔维修施工现场

三三　第三层塔身塔檐、斗栱、平座栏杆

三四　第三层塔身塔檐

三五　第三层塔身斗栱上的白灰皮及彩绘

三六　第三层塔檐下斗栱间的白灰皮及彩绘

宏佛塔维修施工现场

三七 第三层塔檐下栱眼壁面圆形彩绘

三八 第三层塔檐下栱眼壁面圆形彩绘

宏佛塔维修施工现场

三九　第三层塔檐下栱眼壁面圆形彩绘

四〇　第三层塔檐下栱眼壁面圆形彩绘

四一　第三层塔檐下栱眼壁面彩绘

宏佛塔维修施工现场

四二　第三层塔檐下栱眼壁面彩绘（南面东侧）

四三　第三层塔檐下栱眼壁面彩绘（南面西侧）

四四　第三层塔檐下栱眼壁面彩绘（西面南侧）

宏佛塔维修施工现场

四五　第三层塔檐下栱眼壁面彩绘（西南面西侧）

四六　第三层塔檐下栱眼壁面彩绘（西南面南侧）

宏佛塔维修施工现场

四七 第三层塔身平座下斗栱

四八 第三层塔身平座下栱眼壁面彩绘

宏佛塔维修施工现场

四九　第三层塔身平座下棋眼壁面彩绘

五○　第三层塔檐上斗栱及棋眼壁面彩绘

宏佛塔维修施工现场

五一　第三层塔檐上栱眼壁面彩绘

五二　第三层塔檐上栱眼壁面彩绘

宏佛塔维修施工现场

五三　楼阁式塔身上部的十字折角覆钵式塔

五四　十字折角覆钵式塔塔刹

宏佛塔维修施工现场

五五　覆钵式塔身内的长方孔开口

五六　中心柱木

五七　中心柱木

宏佛塔维修施工现场

五八　中心柱木底端方孔

五九　放置中心柱的横梁木

宏佛塔维修施工现场

六〇　放置中心柱的横梁木

宏佛塔维修施工现场

六一　方形中心柱孔

六二　天宫开口

宏佛塔维修施工现场

六三　天宫上层装藏物堆积

六四　天宫上层装藏物堆积

六五　天宫上层装藏物堆积

宏佛塔维修施工现场

六六　天宫上层装藏物堆积

六七　天宫上层装藏物堆积

宏佛塔维修施工现场

六八 天宫中层泥塑佛造像

宏佛塔维修施工现场

六九　天宫中层西北角泥塑佛头像

七〇　天宫中层西北角泥塑佛头像

七一　天宫中层泥塑身像

宏佛塔维修施工现场

七二　天宫中层泥塑身像

七三　天宫中层泥塑身像

宏佛塔维修施工现场

七四　天宫中层泥塑身像

七五　天宫中层泥塑像

宏佛塔维修施工现场

七六　天宫中层泥塑身像

七七　天宫中层下泥塑像

宏佛塔维修施工现场

七八　天宫下层泥塑身像

七九　天宫中层、下层泥塑像

宏佛塔维修施工现场

八〇　天宫下层泥塑像

八一　天宫下层佛面像

宏佛塔维修施工现场

八二　天宫中层、下层泥塑像堆积

八三　天宫中层、下层泥塑像堆积

八四　天宫中层、下层泥塑像堆积

宏佛塔维修施工现场

八五　天宫中层、下层泥塑像及雕版堆积

八六　天宫中层、下层泥塑佛头像

八七　天宫底部

宏佛塔维修施工现场

八八　天宫中心的砖砌方孔

八九　塔心室

九〇　塔心室平面第59层

九一　塔心室平面第69～70层

九二　塔心室平面第158层

宏佛塔维修施工现场

九三　塔基中部的椭圆形土坑

九四　椭圆形土坑内的泥塔模

宏佛塔维修施工现场

九五　塔基夯筑的三合土层

九六　塔基夯筑的三合土层

九七　塔基夯筑的三合土层

九八　塔基中的建筑残件垫层

宏佛塔维修施工现场

九九　塔基中的绿琉璃构件垫层

一〇〇　塔基中的绿琉璃构件垫层

宏佛塔维修施工现场

一○一　塔身劈裂缝隙

一○二　塔身第三层南面劈裂缝隙

一○三　塔身第三层南面劈裂缝隙

宏佛塔维修前残状

一○四　塔身第三层西南与西面交接处塔檐砖脱落状况　　　　一○五　塔身劈裂缝隙

宏佛塔维修前残状

一〇六　塔刹相轮以上残状

一〇七　塔刹相轮以上残状

宏佛塔维修前残状

一〇八　塔刹十字折角残状

一〇九　塔心室壁面砌砖残状

宏佛塔维修前残状

一一〇 塔身砌砖第158～159层残状

一一一 塔身砌砖第158～159层残状

宏佛塔维修前残状

一一二　塔身砌砖第168层以下残状

一一三　塔身砌砖第180层以下残状

一一四　塔身砌砖第184层以下残状

宏佛塔维修前残状

一一五　塔身砌砖第202层以下残状

一一六　塔身砌砖第202层残状

一一七　塔身砌砖第202层以下残状

一一八　塔身砌砖第253层残状

一一九　塔身砌砖第253层以下残状（西—西北—北）

宏佛塔维修前残状

一二〇　塔身砌砖第253层以下残状（东北）

宏佛塔维修前残状

一二一　塔身砌砖第253层以下残状（东南—南—西南）

一二二　塔身砌砖第253层以下残状（东—东南）

宏佛塔维修前残状

一二三　塔身砌砖第289层劈裂残状

·二四　塔身砌砖第289层劈裂残状

一二五　塔身砌砖第289层以下劈裂残状

一二六　塔身砌砖第289层以下劈裂残状

宏佛塔维修前残状

一二七　塔身砌砖第289层以下塔室
　　　南壁—东南壁交接处残状

一二八　塔身砌砖第289层以下塔室
　　　南壁—西南壁交接处残状

一二九　塔身砌砖第289层以下塔室西南壁—西壁交接处残状

宏佛塔维修前残状

一三〇　塔身砌砖第302层后代修补残状（东南）　　一三一　塔身砌砖第302层后代修补残状（西南）

一三二　塔身砌砖第302层后代修补残状　　一三三　塔身砌砖第302层后代修补残状及供台

宏佛塔维修前残状

一三四　塔身砌砖第317层残状（北—东北）

一三五　塔身砌砖第317层残状（西北—北—东北）

宏佛塔维修前残状

一三六　塔身砌砖第334层以下残状（北—东北）
一三七　塔身砌砖第334层以下残状（东南）
一三八　塔身砌砖第334层以下残状（东北）
一三九　塔身砌砖第334层以下残状（西南）

宏佛塔维修前残状

一四〇　塔身砌砖第345层残状（东南）

一四一　塔身砌砖第345层残状（北）

一四二　塔身砌砖第345层残状（西北）

一四三　塔身砌砖第345层残状（西南）

宏佛塔维修前残状

一四四　塔身砌砖第349～354层残状

一四五　塔身砌砖第349～354层残状

一四六　塔身砌砖第349～354层残状

宏佛塔维修前残状

一四七　第一层塔身底层残状（砌砖第358～367层）

一四八　第一层塔身底层残状（砌砖第358～367层）

宏佛塔维修前残状

一四九　第一次补砌的砖墙（西南—南）

一五〇　第一次补砌的砖墙（塔室东北）

一五一　第一次补砌的砖墙（西北—西）

宏佛塔维修前残状

一五二　第一次补砌的砖墙和券形塔门

宏佛塔维修前残状

一五三　第一次补砌的砖墙和券形塔门　　　　一五四　券形塔门

一五五　塔门门楣装饰

宏佛塔维修前残状

一五六　塔门填土中发现的砖雕

一五七　塔门填土中发现的砖雕

宏佛塔维修前残状

一五八 支护砖墙（东北）

一五九 支护砖墙（东北—北）

宏佛塔维修前残状

一六〇　支护砖墙与支撑墙（北—东北）

一六一　支护砖墙与支撑墙（北—东北）

宏佛塔维修前残状

一六二　支撑墙（北）

一六三　支护砖墙（西北）

宏佛塔维修前残状

一六四　夯土墙

宏佛塔维修前残状

一六五　夯土墙

一六六　夯土层

宏佛塔维修前残状

一六七　堆土

宏佛塔维修前残状

一六八 堆土

一六九 堆土

宏佛塔维修前残状

一七〇　手掌印痕方砖

一七一　手掌印痕方砖（局部）

一七二　"固"字戳记沟纹方砖

一七三　"固"字戳记沟纹方砖（局部）

宏佛塔出土建筑构件

一七四 "沉泥"字戳记沟纹方砖　　　　　　　一七五 手掌印痕条砖

一七六 模印忍冬纹条砖

一七七 模印忍冬纹条砖

宏佛塔出土建筑构件

一七八　划线条砖

一七九　划线条砖

一八〇　墨绘棋盘格方砖

宏佛塔出土建筑构件

一八一　复原后的宏佛塔（南—北）

宏佛塔维修后现状

一八二　复原后的宏佛塔（东北—西南）

宏佛塔维修后现状

一八三　胜乐金刚图

天宫遗物

一八四　胜乐金刚图（局部）

天宫遗物

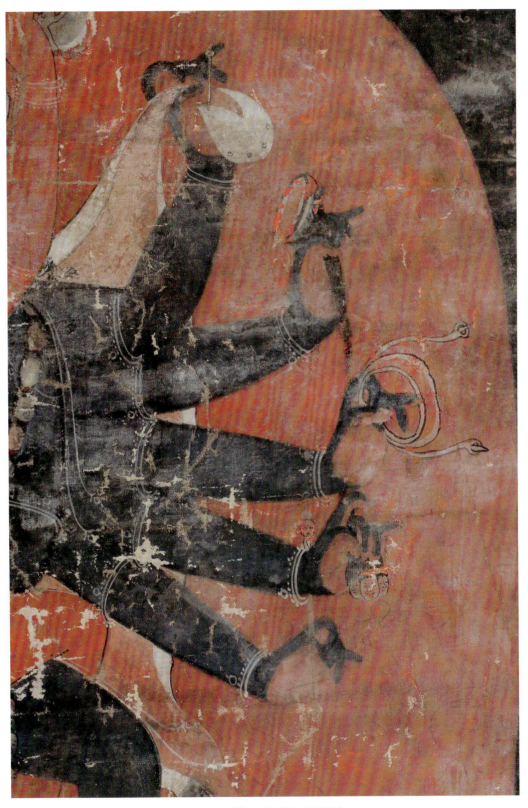

一八五　胜乐金刚图（局部）

天宫遗物

一八六　胜乐金刚图（局部）

天宫遗物

一八七　胜乐金刚图（局部）

一八八　胜乐金刚图（局部）

一八九　胜乐金刚图（局部）

天宫遗物

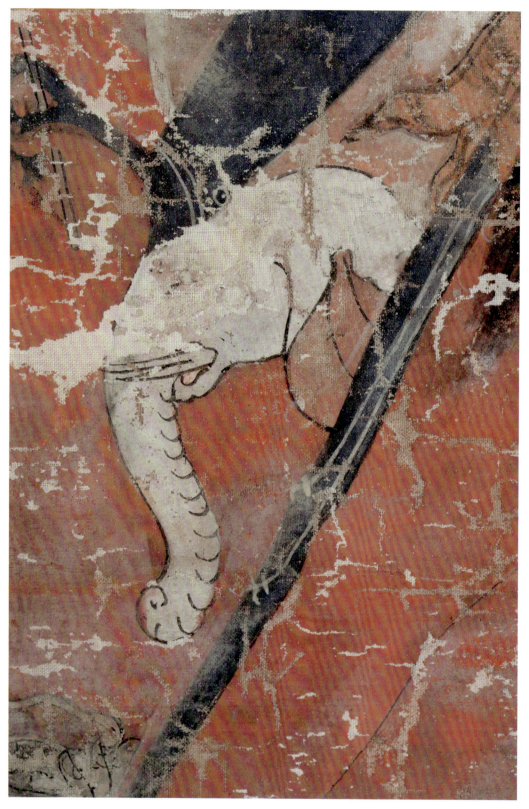

一九〇 胜乐金刚图（局部）

天宫遗物

一九一　胜乐金刚图（局部）

一九二　胜乐金刚图（局部）

天宫遗物

一九三 胜乐金刚图（局部）

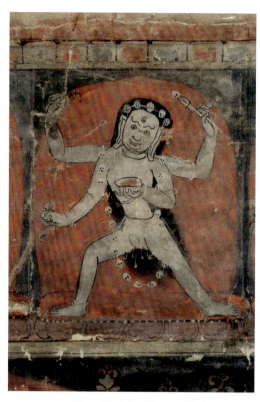

一九四 胜乐金刚图（局部）

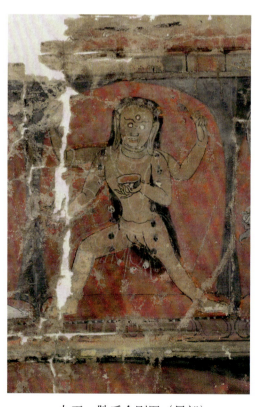

一九五 胜乐金刚图（局部）

一九六 胜乐金刚图（局部）

一九七　胜乐金刚图（局部）　　　　　　　一九八　胜乐金刚图（局部）

天宫遗物

一九九　胜乐金刚图（局部）　　　　二〇〇　胜乐金刚图（局部）

二〇一　胜乐金刚图（局部）　　　　二〇二　胜乐金刚图（局部）

天宫遗物

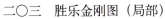

二○三　胜乐金刚图（局部）　　　　　　二○四　胜乐金刚图（局部）

天宫遗物

二〇五　胜乐金刚图（局部）　　　　　　二〇六　胜乐金刚图（局部）

二〇七　胜乐金刚图（局部）　　　　　　二〇八　胜乐金刚图（局部）

天宫遗物

二〇九　千佛图

天宫遗物

二一〇　千佛图（局部）

二一一　千佛图（局部）

二一二　千佛图（局部）

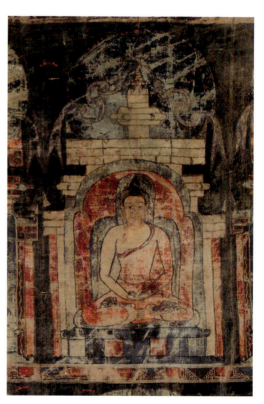

二一三　千佛图（局部）

二一四　千佛图（局部）

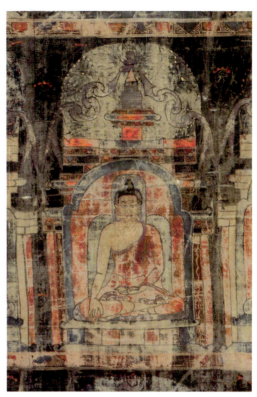

二一五　千佛图（局部）

二一六　千佛图（局部）

二一七　千佛图（局部）

二一八　千佛图（局部）　　　　　　　　二一九　千佛图（局部）

二二〇　坐佛图1

天宫遗物

二二一 坐佛图1（局部）

天宫遗物

二二二 坐佛图1（局部）

二二三 坐佛图1（局部）

天宫遗物

二二四　坐佛图2

天宫遗物

二二五　坐佛图2（局部）

天宫遗物

二二六　坐佛图2（局部）

二二七　坐佛图2（局部）

天宫遗物

二二八 侼星真君图

天宫遗物

二二九 侼星真君图（局部）

天宫遗物

二三〇　侼星真君图（局部）

二三一　侼星真君图（局部）

天宫遗物

二三二　护法神图

天宫遗物

二三三 护法神图（局部）

二三四 护法神图（局部）

二三五　炽盛光佛图1

天宫遗物

二三六 炽盛光佛图1（局部）

天宫遗物

二三七　炽盛光佛图1（局部）

二三八　炽盛光佛图1（局部）

二三九　炽盛光佛图1（局部）

天宫遗物

二四〇　炽盛光佛图1（局部）

二四一　炽盛光佛图1（局部）

天宫遗物

二四二　炽盛光佛图1（局部）

二四三　炽盛光佛图1（局部）

二四四　炽盛光佛图1（局部）

天宫遗物

二四五　炽盛光佛图1（局部）

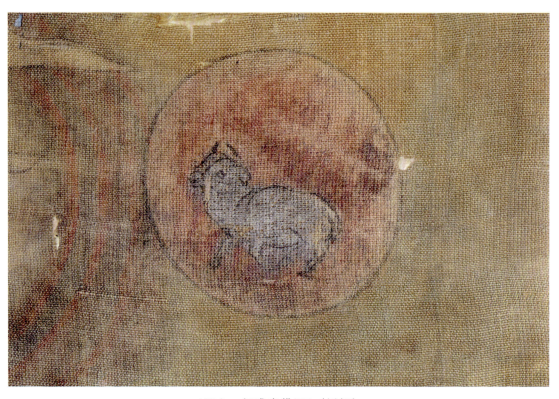

二四六　炽盛光佛图1（局部）

二四七　炽盛光佛图1（局部）

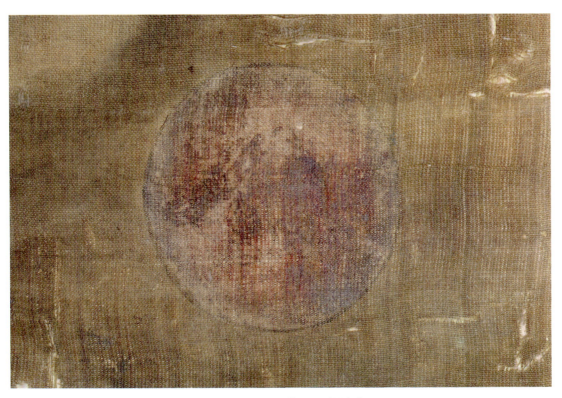

二四八　炽盛光佛图1（局部）

天宫遗物

二四九　炽盛光佛图1（局部）

二五〇　炽盛光佛图1（局部）

二五一　炽盛光佛图1（局部）

二五二　炽盛光佛图1（局部）

二五三　炽盛光佛图1（局部）

二五四　炽盛光佛图1（局部）

天宫遗物

二五五　炽盛光佛图1（局部）　　　　二五六　炽盛光佛图1（局部）

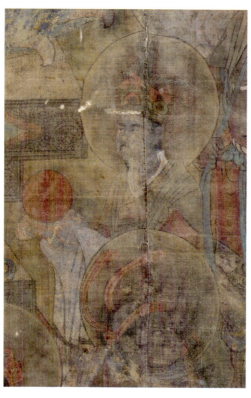

二五七　炽盛光佛图1（局部）　　　　二五八　炽盛光佛图1（局部）

二五九　炽盛光佛图1（局部）　　　　　二六〇　炽盛光佛图1（局部）

二六一　炽盛光佛图1（局部）　　　　　二六二　炽盛光佛图1（局部）

二六三　炽盛光佛图1（局部）　　　　　　二六四　炽盛光佛图1（局部）

二六五　炽盛光佛图1（局部）

二六六　炽盛光佛图1（局部）

天宫遗物

二六七　炽盛光佛图1（局部）

二六八　炽盛光佛图1（局部）

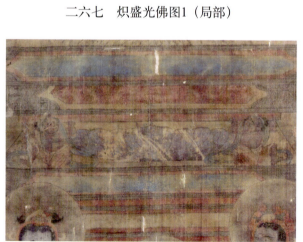

二六九　炽盛光佛图1（局部）

二七〇　炽盛光佛图1（局部）

二七一 炽盛光佛图2

天宫遗物

二七二 炽盛光佛图2（局部）

天宫遗物

二七三　炽盛光佛图2（局部）

二七四　炽盛光佛图2（局部）

二七五 炽盛光佛图2（局部）

天宫遗物

二七六　炽盛光佛图2（局部）

二七七　炽盛光佛图2（局部）

二七八　炽盛光佛图2（局部）

二七九　炽盛光佛图2（局部）

二八〇　炽盛光佛图2（局部）

二八一　炽盛光佛图2（局部）

二八二　炽盛光佛图2（局部）

二八三　炽盛光佛图2（局部）

二八四　炽盛光佛图2（局部）　　　　　二八五　炽盛光佛图2（局部）

二八六　炽盛光佛图2（局部）

二八七　炽盛光佛图2（局部）

天宫遗物

二八八　炽盛光佛图2（局部）

二八九　炽盛光佛图2（局部）

二九〇　玄武大帝图

天宫遗物

二九一　玄武大帝图（局部）

天宫遗物

二九二　玄武大帝图（局部）

天宫遗物

二九三　玄武大帝图（局部）

天宫遗物

二九四　玄武大帝图（局部）

二九五　玄武大帝图（局部）

二九六　玄武大帝图（局部）

天宫遗物

二九七　玄武大帝图（局部）

二九八　玄武大帝图（局部）

二九九　大日如来佛图（修复前）

天宫遗物

三〇〇　大日如来佛图

天宫遗物

三〇一 大日如来佛图（局部）

三〇二　大日如来佛图（局部）

天宫遗物

三〇三　大日如来佛图（局部）

三〇四　大日如来佛图（局部）

天宫遗物

三〇五　大日如来佛图（局部）

天宫遗物

三〇六　大日如来佛图（局部）

三〇七　大日如来佛图（局部）

天宫遗物

三〇八　大日如来佛图（局部）

天宫遗物

三〇九 千手观音图

天宫遗物

三一〇　千手观音图（局部）

三一一　千手观音图（局部）

三一二　千手观音图（局部）

三一三　千手观音图（局部）

天宫遗物

三一四　千手观音图（局部）

三一五　千手观音图（局部）

三一六　千手观音图（局部）

三一七　接引佛图

天宫遗物

三一八　八相塔图

天宫遗物

三一九　八相塔图（局部）　　　　　三二〇　八相塔图（局部）

三二一　八相塔图（局部）

天宫遗物

三二二　八相塔图（局部）　　　　　　　三二三　八相塔图（局部）

三二四 菩萨坐像图
　　　（修复前）

三二五 菩萨坐像图

天宫遗物

三二六　菩萨坐像图（局部）　　　　　　三二七　菩萨坐像图（局部）

三二八　菩萨坐像图（局部）

三二九　绢画残片1

三三〇　绢画残片2

三三一　绢画残片3

三三二　绢画残片4

天宫遗物

三三三　泥塑佛头像1

天宫遗物

三三四　泥塑佛头像2

天宫遗物

三三五　泥塑佛头像3

三三六　泥塑佛头像4

三三七　泥塑佛头像5

三三八　泥塑佛头像6之一

三三九　泥塑佛头像6之二

三四○　泥塑佛头像6之三

三四一　泥塑佛头像6之四（泥塑佛面像4）

三四二　泥塑佛面像1

天宫遗物

三四三 泥塑佛面像2

三四四 泥塑佛面像2（修复后，正、背面）

三四五 泥塑佛面像3

天宫遗物

三四六　泥塑佛像螺髻残块1～5

三四七　泥塑佛像眼1

三四八　泥塑佛像眼2

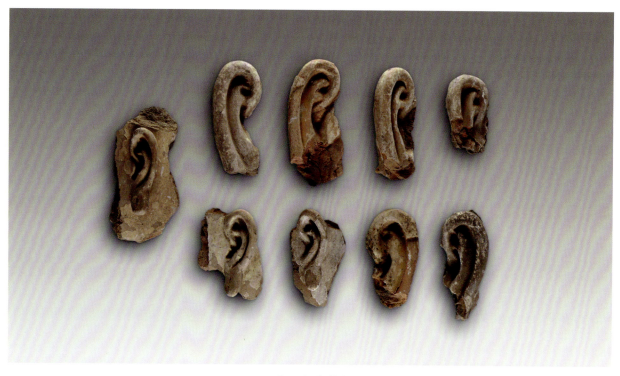

三四九　泥塑佛像耳

三五〇　泥塑佛像鼻

三五一　泥塑佛像手1

三五二　泥塑佛像手2

三五三　泥塑佛像手指1

天宫遗物

三五四　泥塑佛像脚1

三五五　泥塑佛像脚2

天宫遗物

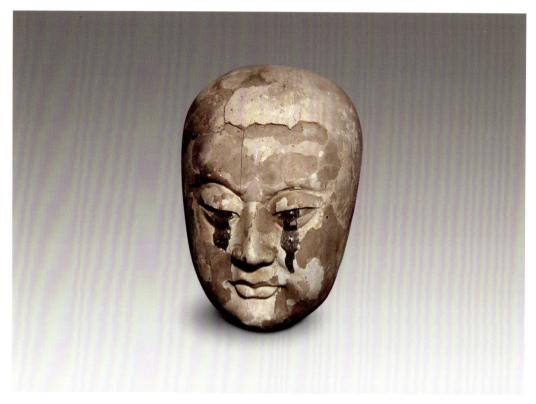

三五六　泥塑罗汉头像1

三五七　泥塑罗汉头像2

天宫遗物

三五八　泥塑罗汉头像3

天宫遗物

三五九　泥塑罗汉头像4

三六〇　泥塑罗汉头像5

天宫遗物

三六一　泥塑罗汉头像6

三六二　泥塑罗汉头像7

三六三　泥塑罗汉头像8

天宫遗物

三六四　泥塑罗汉头像9

三六五　泥塑罗汉头像11

三六六　泥塑罗汉头像12

天宫遗物

三六七　泥塑罗汉头像13

三六八　泥塑罗汉头像14

三六九　泥塑罗汉头像15

三七〇　泥塑罗汉头像16

三七一　泥塑罗汉头像17

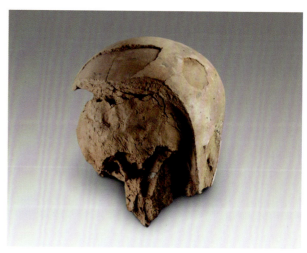

三七二　泥塑罗汉头像18

三七三　泥塑罗汉像身1

三七四　泥塑罗汉像身2

天宫遗物

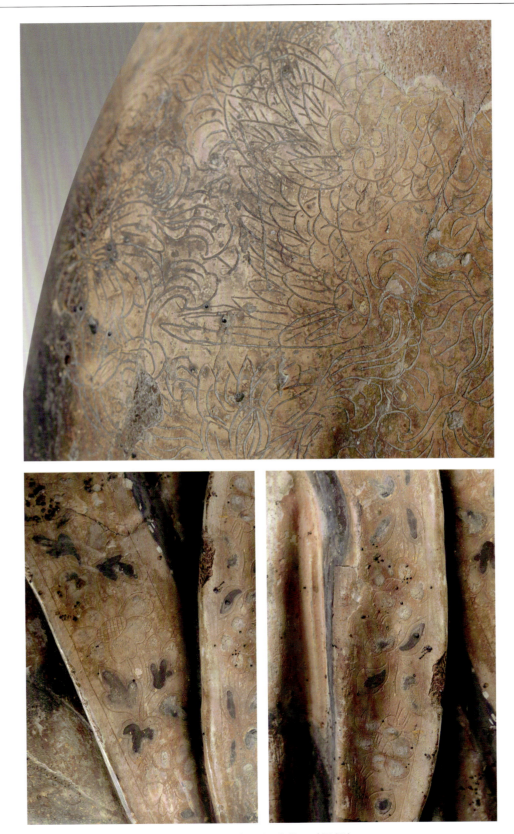

三七五 泥塑罗汉身像2（局部）

天宫遗物

三七六　泥塑罗汉像身2腹内发现的经书

天宫遗物

三七七　泥塑罗汉像身3

三七八　泥塑罗汉像身4

天宫遗物

三七九 泥塑罗汉像身4（修复后）

三八〇　泥塑罗汉像身4（局部）　　　　　　　三八一　泥塑罗汉像身4裂裟上的贴金

三八二　泥塑罗汉像身5

三八三　泥塑罗汉像身5（局部）

三八四　泥塑罗汉像身6

三八五　泥塑罗汉像身7

三八六　泥塑罗汉像身7（修复后）

天宫遗物

三八七　泥塑罗汉像身8

三八八　泥塑罗汉像身8（局部）

三八九　泥塑罗汉像身9（正、背、侧面）

三九〇　泥塑罗汉像身10

三九一　泥塑罗汉像身11

天宫遗物

三九二　泥塑罗汉像身12　　　　　　　三九三　泥塑罗汉像身12（局部）

三九四　泥塑罗汉像身13

天宫遗物

三九五　泥塑罗汉像身14

三九六　泥塑罗汉像身15

天宫遗物

三九七　泥塑罗汉像身16

三九八　泥塑罗汉像身17

三九九　泥塑罗汉像身18

天宫遗物

四〇〇　泥塑像身残块1（正、背面）

四〇一　泥塑像身残块2

天宫遗物

四〇二　泥塑像身残块3

四〇三　泥塑像身残块4

天宫遗物

四〇四　泥塑像身残块5

四〇五　泥塑像身残块6　　　　　　　　　四〇六　泥塑像身残块7

四〇七　泥塑像身残块8

四〇八　泥塑像身残块9

四〇九　泥塑像身残块10

四一〇　泥塑像身残块11

四一一　泥塑像身残块12

四一二　泥塑像身残块13

四一三　泥塑像身残块14

天宫遗物

四一四　泥塑像身残块15

四一五　泥塑像身残块16

四一七　泥塑像身残块18

四一六　泥塑像身残块17

四一八　泥塑像身残块19

天宫遗物

四一九　泥塑像身残块20

四二〇　泥塑像身残块21

四二一　泥塑像身残块22

四二二　泥塑像身残块23

天宫遗物

四二三　泥塑像身残块24

四二四　泥塑像身残块25

四二五　泥塑像身残块26

四二六　泥塑像身残块27

四二七　泥塑像身残块28

四二八　泥塑像身残块29

天宫遗物

四二九　泥塑像身残块30

四三〇　泥塑像身残块31

四三一　泥塑像身残块32

四三二　泥塑像身残块33

天宫遗物

四三三　泥塑像身残块34

四三四　泥塑像身残块35

四三五　泥塑像身残块35（局部）

四三六　泥塑像身残块36

四三七　泥塑像身残块37

四三八　泥塑像身残块38

四三九　泥塑像身残块39

四四○　泥塑像身残块40

四四一　泥塑像身残块41

四四二　泥塑像身残块42

四四三　泥塑像身残块43

四四四　泥塑像身残块44

四四五　泥塑像身残块44（局部）

四四六　泥塑像身残块45

四四七　泥塑像身残块46

四四八　泥塑像身残块47

四四九　泥塑像身残块48

四五〇　泥塑像身残块49

四五一　泥塑像身残块50

四五二　泥塑像身残块51

四五三　泥塑像身残块52

四五四　泥塑像身残块53

天宫遗物

四五五　泥塑像身残块54

四五六　泥塑像身残块55

四五七　泥塑像身残块56

四五八　泥塑像身残块56（局部）

四五九　泥塑像身残块57

四六〇　泥塑像身残块58

四六一　泥塑像身残块59

四六二　泥塑像身残块59（局部）

四六三　泥塑像身残块60

四六四　泥塑像身残块61

四六五　泥塑像身残块62

四六六　泥塑像身残块63

四六七　泥塑像身残块64

四六八　泥塑像身残块65

四六九　泥塑像身残块66

四七〇　泥塑像身残块67

四七一　泥塑像身残块68

四七二　泥塑像身残块69

四七三　泥塑像身残块70

四七四　泥塑像身残块70（局部）

四七五　泥塑像身残块71

四七六　泥塑像身残块72

四七七　泥塑像身残块73

四七八　泥塑像身残块74

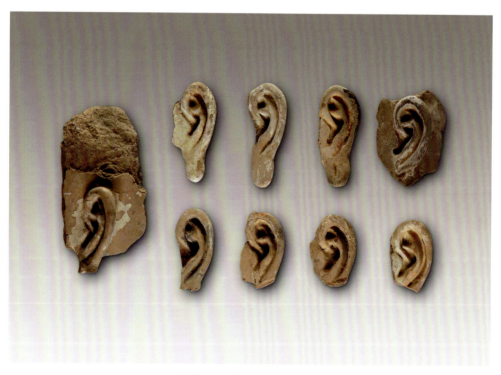

四七九　泥塑佛像和罗汉像耳

天宫遗物

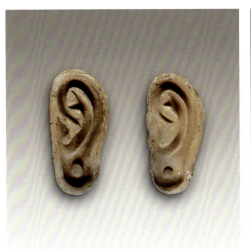

四八〇　泥塑罗汉耳模1、2（正、背面）

四八一　泥塑罗汉像耳1　　四八二　泥塑罗汉像耳2　　四八三　泥塑罗汉像耳3

四八四　泥塑罗汉像耳4　　四八五　泥塑罗汉像耳5　　四八六　泥塑罗汉像耳6

四八七　泥塑罗汉像耳7

四八八　泥塑罗汉像耳8

四八九　泥塑罗汉像耳9

四九〇　泥塑罗汉像耳10（正、背面）

四九一　泥塑罗汉像耳11

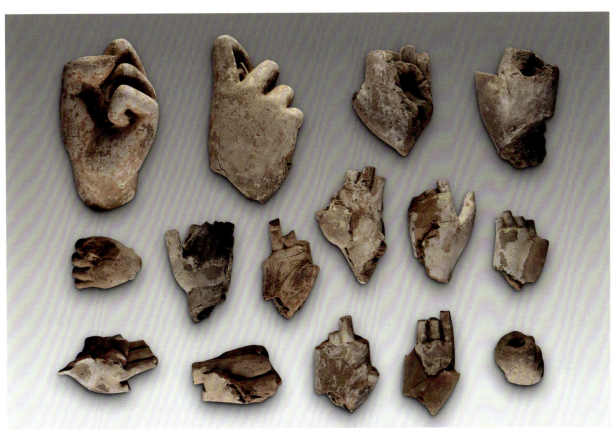

四九二 泥塑佛像和罗汉像手

四九三 泥塑罗汉像手1

四九四 泥塑罗汉像手2

四九五 泥塑罗汉像手指1

天宫遗物

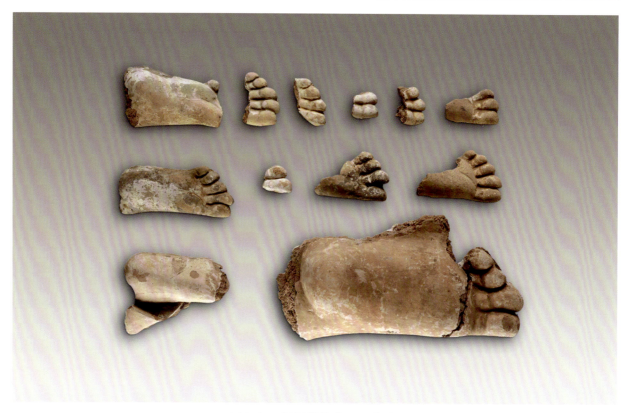

四九六　泥塑佛像和罗汉像脚

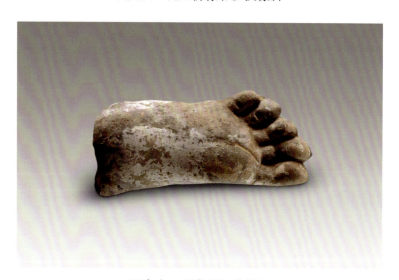

四九七　泥塑罗汉像脚1

天宫遗物

四九八　泥塑罗汉像鼻1

四九九　泥塑罗汉像鼻2

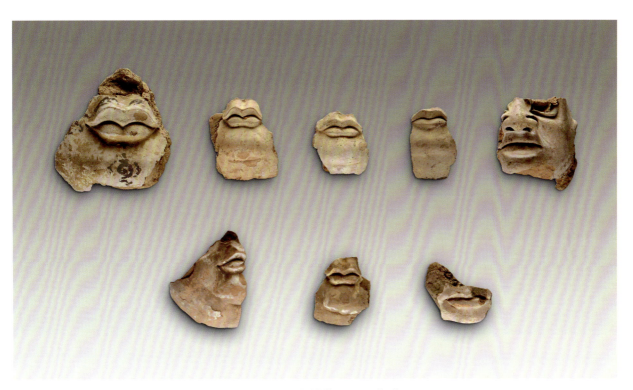

五〇〇　泥塑佛像和罗汉像嘴

五〇一　泥塑罗汉像嘴1

五〇二　泥塑罗汉像嘴2

五〇三　泥塑罗汉像嘴3

五〇四　泥塑罗汉像眼

天宫遗物

五〇五　泥塑力士面像1

天宫遗物

五〇六　泥塑力士面像2

五〇七　泥塑力士面像3

五〇八　泥塑力士面像4

五〇九　泥塑力士面像5

五一〇　瓷眼珠1

天宫遗物

五一一　泥塑彩绘描金残块1

五一二　泥塑彩绘描金残块2

五一三　泥塑彩绘残块3

五一四　泥塑彩绘残块4

五一五　泥塑彩绘残块5

五一六　泥塑彩绘残块6

五一七　泥塑彩绘残块7

五一八　泥塑彩绘残块8

天宫遗物

五一九　泥塑彩绘残块9

五二○　泥塑彩绘残块10

五二一　泥塑彩绘残块11

五二二　泥塑彩绘残块12

五二三　泥塑彩绘残块13

五二四　泥塑工具1

五二五　泥塑工具2

五二六　泥塑工具3

五二七　西夏文雕版大字版1

五二八　西夏文雕版大字版2

天宫遗物

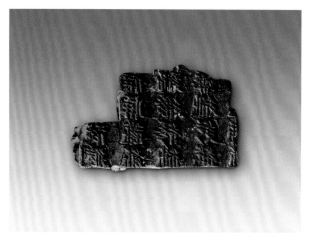 

五二九　西夏文雕版大字版3　　　　　　　　五三〇　西夏文雕版大字版4

五三一　西夏文雕版大字版5（A、B面）

五三二　西夏文雕版大字版6（A、B面）　　　五三三　西夏文雕版大字版7

天宫遗物

五三四 西夏文雕版中字版1

五三五 西夏文雕版中字版2

五三六 西夏文雕版中字版3

五三七 西夏文雕版中字版4（A、B面）

天宫遗物

五三八　西夏文雕版中字版7

五三九　西夏文雕版中字版8（A、B面）

五四〇　西夏文雕版中字版9（A、B面）

天宫遗物

五四一　西夏文雕版中字版10（A、B面）

五四二　西夏文雕版中字版12（A、B面）

五四三　西夏文雕版中字版13

五四四　西夏文雕版中字版14

五四五 西夏文雕版中字版15（A、B面）

五四六 西夏文雕版中字版17

五四七 西夏文雕版中字版19

五四八 西夏文雕版中字版20（A、B面）

五四九　西夏文雕版中字版21（A、B面）

五五○　西夏文雕版中字版22

五五一　西夏文雕版中字版24

五五二　西夏文雕版中字版25（A、B面）

五五三　西夏文雕版中字版26

五五四　西夏文雕版中字版27（A、B面）

五五五　西夏文雕版中字版28（A、B面）

天宫遗物

五五六　西夏文雕版小字版1

五五七　西夏文雕版小字版2（A、B面）

五五八　西夏文雕版小字版3（A、B面）

天宫遗物

五五九　西夏文雕版小字版4

五六〇　西夏文雕版小字版5（A、B面）

五六一　西夏文雕版小字版6（A、B面）

天宫遗物

五六二　西夏文雕版小字版7（A、B面）

五六三　西夏文雕版小字版8（A、B面）

五六四　西夏文雕版小字版9（A、B面）

天宫遗物

五六五　西夏文雕版小字版10　　　　　　　　五六六　西夏文雕版小字版11

五六七　西夏文雕版小字版12（A、B面）

五六八　西夏文雕版小字版13（A、B面）

天宫遗物

五六九　西夏文雕版小字版14（A、B面）

五七〇　西夏文雕版小字版15（A、B面）

五七一　西夏文雕版小字版16（A、B面）

天宫遗物

五七二　西夏文雕版小字版17（A、B面）

五七三　西夏文雕版小字版19（A、B面）

五七四　西夏文雕版小字版20　　　　　五七五　西夏文雕版小字版21

天宫遗物

五七六 西夏文雕版小字版22（A、B面）

五七七 西夏文雕版小字版23

五七八 西夏文雕版小字版24（A、B面）

天宫遗物

五七九　西夏文雕版小字版25（A、B面）　　　　　　五八〇　西夏文雕版小字版26

五八一　西夏文雕版小字版27（A、B面）

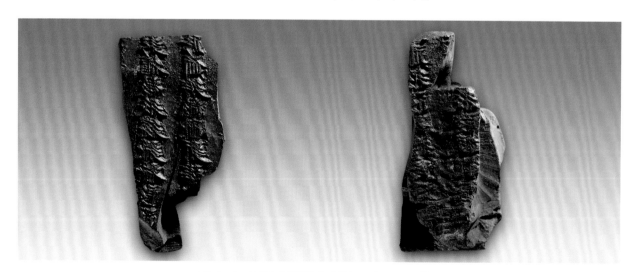

五八二　西夏文雕版小字版32（A、B面）

天宫遗物

五八三　西夏文雕版小字版34

五八四　西夏文雕版小字版35

五八五　西夏文雕版小字版36

五八六　西夏文雕版小字版37

五八七　西夏文雕版小字版38（A、B面）

天宫遗物

五八八　西夏文雕版小字版39（A、B面）

五八九　西夏文雕版小字版40

五九〇　西夏文雕版小字版42

五九一　西夏文雕版小字版43

五九二　西夏文雕版小字版44

五九三　西夏文雕版小字版45（A、B面）

五九四　西夏文雕版小字版46（A、B面）

五九五　西夏文雕版小字版47

五九六　西夏文雕版小字版48

五九七　西夏文雕版小字版49

五九八　西夏文雕版小字版50（A、B面）

五九九　西夏文雕版小字版51（A、B面）

天宫遗物

六〇〇 西夏文雕版小字版52（A、B面）

六〇一 西夏文雕版小字版53（A、B面）

六〇二 西夏文雕版小字版54（A、B面）

天宫遗物

六〇三　西夏文雕版小字版55（A、B面）

六〇四　西夏文雕版小字版56（A、B面）

六〇五　西夏文雕版小字版57（A、B面）

六〇六　西夏文雕版小字版58（A、B面）

六〇七　西夏文雕版小字版60（A、B面）

六〇八　西夏文雕版小字版61（A、B面）

天宫遗物

六〇九　西夏文雕版小字版62（A、B面）

六一〇　西夏文雕版小字版63（A、B面）

六一一　西夏文雕版小字版64（A、B面）

天宫遗物

六一二　西夏文雕版小字版65

六一三　西夏文雕版小字版66（A、B面）

六一四　西夏文雕版小字版67（A、B面）

天宫遗物

六一五　西夏文雕版小字版68

六一六　西夏文雕版小字版69

六一七　西夏文雕版小字版70

六一八　西夏文雕版小字版71

六一九　西夏文雕版小字版72

六二〇　西夏文雕版小字版73（A、B面）

六二一　西夏文雕版小字版74

六二二　西夏文雕版小字版75

六二三　西夏文雕版小字版76

六二四　西夏文雕版小字版77

六二五　西夏文雕版小字版78　　　　　　　　六二六　西夏文雕版小字版79

六二七　西夏文雕版小字版80（A、B面）

六二八　西夏文雕版小字版81（A、B面）

六二九　西夏文雕版小字版82

六三○　西夏文雕版小字版83

六三一　西夏文雕版小字版84

六三二　西夏文雕版小字版85

六三三　西夏文雕版小字版86（A、B面）

天宫遗物

六三四　西夏文雕版小字版87（A、B面）

六三五　西夏文雕版小字版88（A、B面）

六三六　西夏文雕版小字版89

六三七　西夏文雕版小字版90（A、B面）

天宫遗物

六三八 西夏文雕版小字版91（A、B面）

六三九 西夏文雕版小字版92

六四〇 西夏文雕版小字版93

六四一 西夏文雕版小字版94（A、B面）

天宫遗物

六四二　木雕观音菩萨像

天宫遗物

六四三 木雕观音菩萨像（局部）

六四四　木雕女伎像插件

天宫遗物

六四五 木雕女伎像插件（局部）

天宫遗物

六四六　覆钵式小木塔

六四七　木幡顶1、2

六四八　木幡顶（底部）

天宫遗物

六四九　木残臂

六五〇　木雕残件1

六五一　木雕残件2

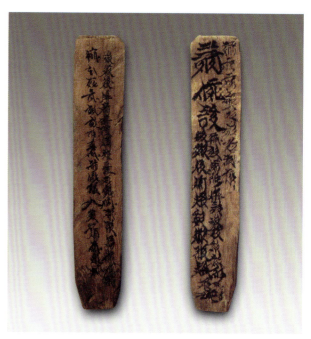

六五二　西夏文木简1（正、背面）　　　　　六五三　西夏文木简2（正、背面）

六五四　木轴杆

六五五　木板残块

天宫遗物

六五六　西夏文书《番汉合时掌中珠》残页（正、背面）

六五七　西夏文书《番汉合时掌中珠》残页（局部）

天宫遗物

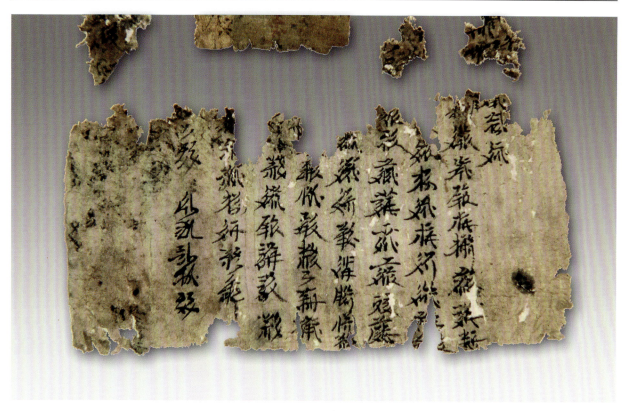

六五八　西夏文书残页

六五九　朽书1

六六〇　朽书2

天宫遗物

六六一　朽书2封面（局部）

六六二　朽书2（局部）

六六三　封面1（局部）

六六四　封面2（局部）

六六五　封面3

六六六　封面4

天宫遗物

六六八　墨书西夏文字残绢

六六九　绢挂带1、2

六六七　黄绢发愿文幡带

天宫遗物

六七〇　蓝花布袋1（正、背面）　　　　六七一　蓝花布袋1（局部）

六七二　花布袋2　　　　六七三　彩条布碎块1　　　　六七四　彩条布碎块2

六七五　彩条布碎块3　　　　六七六　白底黑花绢碎块1　　　　六七七　白底黑花绢碎块2

天宫遗物

六七八　褐釉瓷钵

六七九　莲瓣纹陶塑

六八〇　扇形陶模（正、背面）

六八一　陶莲瓣残块

天宫遗物

六八二　陶莲瓣残块1

六八三　陶莲瓣残块2

六八四　陶莲瓣残块3

六八五　陶莲瓣残块4

六八六　陶如意卷云残件

天宫遗物

六八七　陶如意卷云残件1

六八八　陶如意卷云残件2

六八九　陶如意卷云残件3

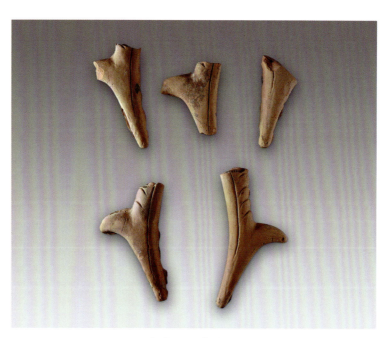

六九〇　陶脊兽残件

天宫遗物

六九一　灰陶滴水

六九二　灰陶残件

六九三　绿琉璃龙爪

六九四　绿琉璃残件

天宫遗物

六九五　青玉石条1（正、侧面）

六九六　青玉石条2

六九七　铁钉

六九八　皇宋通宝（正、背面）

六九九　天禧通宝（正、背面）

七〇〇　嘉祐通宝（正、背面）

七〇一　绍圣元宝（正、背面）

天宫及塔身上与淤土中遗物

七〇二　皇宋通宝1

七〇三　熙宁元宝1

七〇四　开元通宝1（正、背面）

七〇五　太平通宝

七〇六　天禧通宝

七〇七　天圣元宝（正、背面）

塔身上与淤土中遗物

七〇八　元丰通宝（正、背面）

七〇九　祥符通宝（正、背面）

七一〇　治平元宝（正、背面）

七一一　绍圣元宝（正、背面）

七一二　景祐元宝

七一三　政和通宝

塔身上与淤土中遗物

七一四　崇宁重宝（正、背面）

七一五　元祐通宝

七一六　明道元宝

塔身上与淤土中遗物

七一七　石佛头像（正、背面）

塔身上与淤土中遗物

七一八　石碾子莲座

七一九　砖雕残件

塔身上与淤土中遗物

七二〇　铜铎（正、背面）

七二一　铜铎（顶、底部）

七二二　铜铎（局部）

塔身上与淤土中遗物

七二三　铜鎏金佛像

塔身上与淤土中遗物

七二四　铜镜

七二五　玉持荷童子（正、背面）

塔身上与淤土中遗物

七二六　灰陶瓦当1

七二七　灰陶瓦当2

七二八　灰陶滴水1

塔身上与淤土中遗物

七二九　灰陶滴水2

七三〇　灰陶滴水3

七三一　灰陶滴水4

塔身上与淤土中遗物

七三二　泥塔模1

七三三　泥塔模2

七三四　泥塔模3（正、背面）

七三五　泥塔模4

七三六　泥塔模5

七三七　泥塑像手

塔基遗物

七三八 白瓷碗1

七三九 白瓷碗2

七四〇 白瓷碗残件1

七四一 白瓷碗残件2

七四二 白瓷碗残件3

七四三 白瓷碗残件4

七四四 白瓷高圈足碗残件1

七四五 白瓷高圈足碗残件2

塔基遗物

七四六　白瓷八边形残底1

七四七　白瓷八边形残片2

七四八　白瓷八边形残片3

七四九　白瓷残片1

七五〇　白瓷残片2

七五一　白瓷残片3

七五二　白瓷残片4

塔基遗物

七五三　褐釉剔刻花纹残片

七五四　黑釉碗残件

七五五　黑釉残片1

七五六　黑釉残片2

七五七　黑釉残片3

七五八　影青瓷圈足

七五九　青釉印花碗残片

七六○　黄釉瓷片

七六一　黄褐釉瓷片

塔基遗物

七六二　黄琉璃莲瓣残块1

七六三　黄琉璃莲瓣残块2

七六四　黄琉璃莲瓣残块3

七六五　黄琉璃莲瓣残块4

塔基遗物

七六六　黄琉璃莲瓣残块5

七六七　黄琉璃莲瓣残块6

七六八　黄琉璃莲瓣残块7

七六九　黄琉璃莲瓣残块8

七七〇　黄琉璃连珠残件1

七七一　黄琉璃连珠残件2

七七二　黄琉璃连珠残件3

塔基遗物

七七三 黄琉璃脊兽眼1

七七四 黄琉璃凸脊残件1

七七五 黄琉璃凸脊残件

七七六 黄绿釉琉璃残件1

七七七 黄绿釉琉璃残件2

七七八 黄琉璃残片1

七七九 黄琉璃残片2

七八〇 黄琉璃瓦残件

塔基遗物

七八一　绿琉璃筒瓦2　　　　　七八二　绿琉璃筒瓦3　　　　　七八三　绿琉璃筒瓦4

七八四　绿琉璃瓦当1

七八五　绿琉璃瓦当2（正、背面）

塔基遗物

七八六　绿琉璃瓦当3

七八七　绿琉璃瓦当4

七八八　绿琉璃瓦当5

七八九　绿琉璃瓦当6

七九〇　绿琉璃瓦当7

七九一　绿琉璃瓦当8

塔基遗物

七九二　绿琉璃滴水1（正、背面）

七九三　绿琉璃滴水2（正、背面）

七九四　绿琉璃滴水3

七九五　绿琉璃滴水4

塔基遗物

七九六　绿琉璃滴水5

七九七　绿琉璃滴水6

七九八　绿琉璃滴水7

塔基遗物

七九九　绿琉璃摩羯首1

八〇一　绿琉璃鸟首1

八〇〇　绿琉璃摩羯首2

八〇二　绿琉璃鸟首2

塔基遗物

八〇三　绿琉璃龙首1

塔基遗物

八〇四　绿琉璃龙首2

八〇五　绿琉璃龙首3

塔基遗物

八〇六　绿琉璃龙首4

八〇七　绿琉璃龙首5

塔基遗物

八〇八　绿琉璃龙首6　　　　　　　　八〇九　绿琉璃龙首7

八一〇　绿琉璃龙首8

塔基遗物

八一一　绿琉璃龙首9

八一二　绿琉璃龙首10

塔基遗物

八一三　绿琉璃龙首11

塔基遗物

八一四　绿琉璃龙爪

塔基遗物

八一五 绿琉璃龙爪

塔基遗物

八一六　绿琉璃龙爪

塔基遗物

八一七　绿琉璃龙爪

塔基遗物

八一八　绿琉璃龙爪1

八一九　绿琉璃龙爪2

八二〇　绿琉璃龙爪3

八二一　绿琉璃龙爪4

八二二　绿琉璃龙爪5

八二三　绿琉璃龙爪6

塔基遗物

八二四　绿琉璃龙爪7

八二五　绿琉璃龙爪8

八二六　绿琉璃龙爪9

八二七　绿琉璃龙爪10

八二八　绿琉璃兽牙残件

八二九　绿琉璃兽牙残件1

塔基遗物

八三〇　绿琉璃鸱吻角残件

八三一　绿琉璃鸱吻尾部残件

塔基遗物

八三三　绿琉璃兽眼

八三二　绿琉璃鸱吻尾部残件1

八三四　绿琉璃兽眼1

八三五　绿琉璃兽眼5

八三六　绿琉璃兽眼6

塔基遗物

八三七　绿琉璃兽眼7

八三八　绿琉璃兽眼8

八三九　绿琉璃脊兽残块1

八四○　绿琉璃脊兽残块2

八四一　绿琉璃兽身残块3~6

塔基遗物

八四二　绿琉璃兽身残块7

八四三　绿琉璃脊兽残块8

八四四　绿琉璃脊兽残块9～11

八四五　绿琉璃脊兽残块12～14

塔基遗物

八四六　绿琉璃脊兽残块15

八四七　绿琉璃脊兽残块16

八四八　绿琉璃脊兽残块17

八四九　绿琉璃龙首残块1

八五〇　绿琉璃龙首残块2

塔基遗物

八五一　绿琉璃龙首、龙身残块

八五二　绿琉璃龙身残块3

八五三　绿琉璃龙身残块4

八五四　绿琉璃龙爪残块

八五五　绿琉璃鳞纹残块1

塔基遗物

八五六　绿琉璃扇形花草纹残块1

八五七　绿琉璃扇形花草纹残块2

八五八　绿琉璃扇形花草纹残块3

八五九　绿琉璃扇形花草纹残块4

塔基遗物

八六〇　绿琉璃卷云纹残块1

八六一　绿琉璃卷云纹残块2

八六二　绿琉璃卷云纹残块3

八六三　绿琉璃卷云纹残块4

八六四　绿琉璃卷云纹残块5

八六五　绿琉璃管状纹残块1

塔基遗物

八六六　绿琉璃管状纹残块2

八六七　绿琉璃管状纹残块3

八六八　绿琉璃螺旋纹残块

八六九　绿琉璃旋纹残块

塔基遗物

八七〇　绿琉璃纹饰残块1

八七一　绿琉璃纹饰残块2

八七二　灰陶瓦当1（正、背面）

八七三　灰陶瓦当2

塔基遗物

八七四　灰陶瓦当3

八七五　灰陶瓦当8（正、背面）

八七六　灰陶瓦当9

塔基遗物

八七七　灰陶滴水1

八七八　灰陶滴水2

塔基遗物

后　记

　　西夏宏佛塔维修工程是宁夏西夏古建筑抢救保护与出土西夏文物修复和研究的一项系统工程。在国家文物局和自治区文物局的重视支持下，由当年主持此项工程的文博界三位前辈——雷润泽、于存海、何继英，回归阔别二十余年的工作现场，带领几位年轻人，完成了这部考古报告的编写工作，为这项西夏文物保护工程画上句号。

　　本书是西夏宏佛塔与出土的西夏文物抢救保护成果的展示。在报告即将出版之时，首先要向关注和支持与参与此项工程的所有单位、专家学者、各方人士，表示衷心感谢。

　　报告由老、中、青三代人分工协作，合作完成。第一、二章由雷润泽与雷昊明执笔；第三、四章及结语由于存海、何继英、边东冬、雷昊明执笔；报告所用出土遗物线图，聘请上海博物馆陆耀辉绘制；所用出土遗物照片大部分为边东冬拍摄；西夏文木雕版刷印与钱币拓印，由边东冬与钟雅玲完成；部分西夏文木雕版委托北方民族大学西夏研究院王荣飞译释。雷润泽负责全书统稿。

　　报告的整理和书稿的编写，自始至终得到宁夏文物考古研究所领导的重视与指导，及时调配专业人员和工勤人员提供人力保障，完成分散在贺兰县文广局文物库和西夏博物馆与宁夏博物馆文物库内保管的出土遗物的拍照、绘图、拓印。罗丰所长亲自审阅报告文稿，并提出宝贵的建议。贺兰县文化广电局与陈洪龙所长，积极配合编写组顺利完成宏佛塔出土的大量残损文物的分类、拍照、核对与绘图工作。文物出版社王戈同志为此书出版付出大量心血。在此一并致谢。

编　者

2017年6月